MEDICINA ANCESTRAL

"La reverencia a los antepasados es uno de los pilares de la religión tradicional yorùbá. Para mí es un placer recomendar este libro de mi alumno (ọmọ awo), Daniel Foor (Ifábọ̀wálé), que nos habla sobre la curación ancestral. A través de las numerosas visitas de Daniel Foor a nuestra casa en Nigeria, he hecho seguimiento a su iniciación a Ifá/Òrìṣà, y a la sociedad media ancestral (Egúngún), y puedo decir que es una persona de buena reputación. Invito a todos a beneficiarse de su guía en la reconexión ancestral. Sigan siendo bendecidos".

OLÚWO FÁLOLÚ ADÉSÀNYÀ AWOYADÉ, ÒDÉ Rẹ́MỌ,
ESTADO DE OGUN, NIGERIA

"Daniel Foor nos invita a un viaje para conocer a nuestros antepasados: a los que conocemos, a los que nunca hemos imaginado y a los que podrían querer hablar con nosotros. Se basa, no solo en la experiencia personal, sino también en las prácticas relacionales compartidas y probadas de las comunidades indígenas de África, América del Norte y otros lugares. Este poderoso libro surge de años de trabajo con grupos e individuos. Al leerlo, podemos beneficiarnos, no solo de sus enseñanzas, sino también de sus ejercicios prácticos. *Medicina ancestral* ofrece un sinfín de posibilidades para nuestra reflexión y práctica posteriores".

GRAHAM HARVEY, PROFESOR DE ESTUDIOS RELIGIOSOS EN
THE OPEN UNIVERSITY, REINO UNIDO, Y AUTOR DE
ANIMISM: RESPECTING THE LIVING WORLD

"En las sociedades tradicionales, los antepasados, aun después de abandonar sus cuerpos físicos, son venerados y considerados fuentes de sabiduría. En la época contemporánea, son pocos los niños que conocen su herencia cultural y étnica. También son pocos los que conocen la vida, ocupaciones o los nombres de familiares que fallecieron hace solo unas décadas. En su extraordinario libro, Daniel Foor nos ofrece un antídoto para esta lamentable situación. El texto y los ejercicios de Foor, proponen diversas formas de hacer de los progenitores una presencia viva. Las mismas resultan inspiradoras, instructivas y, para muchos lectores, transformadoras; tanto para ellos mismos como para sus familias".

STANLEY KRIPPNER, PH.D., PROFESOR DE PSICOLOGÍA
EN LA UNIVERSIDAD DE SAYBROOK Y COAUTOR DE *PERSONAL MYTHOLOGY*

"Como sacerdote del sistema indígena yorùbá, conocido como Òrìṣà (o, a veces, Ifá en forma de su literatura oral sagrada), honrar y recordar a los antepasados es esencial y transformador. Daniel Foor ofrece una perspectiva y una práctica multicultural, que ayuda a diversas personas en su viaje espiritual para comprender los fundamentos liberadores y potenciadores del trabajo ancestral".

NATHAN LUGO (JEFE ÀÌKÚLỌLÁ IWÍNDÁRÀ), SACERDOTE ÒRÌṢÀ

"La ilusión del aislamiento y el miedo asociado a este, la furia y la vergüenza del abandono, constituyen la herida central en el corazón de la humanidad. La cura está en volver nuestro amor y atención a la corriente por la que hemos surcado. Somos barcos de carne en un río de sangre nacidos para curar a los antepasados, para ser curados por ellos, y para conocer, revelar y hacer crecer nuestras almas... Elevando, así, la corriente. Este río es el bálsamo del alma, y Daniel Foor lo sabe claramente. Su libro —*Medicina ancestral*— es una medicina para el alma de cualquier persona. El mundo lo necesita. La vida lo aplaude. Lean, disfruten, sanen y conviértanse".

ORION FOXWOOD, AUTOR DE
THE CANDLE AND THE CROSSROADS

"Daniel Foor ilumina un campo que ha sido descuidado durante mucho tiempo en la cultura americana dominante: el reconocimiento del papel de los antepasados en nuestras vidas. Foor combina sus muchos años de estudio, al lado de diversos maestros espirituales, con prácticas significativas que ha desarrollado para la gente contemporánea. Esta combinación proporciona un compendio que nos ayuda a reconocer, trabajar y honrar las conexiones con nuestros antepasados humanos, y, en el proceso, sanar las relaciones con nuestra familia y con nosotros mismos. Este libro es profundo, importante e intensamente absorbente".

TREBBE JOHNSON, AUTOR DE
THE WORLD IS A WAITING LOVER

"Este libro es un verdadero tesoro y (¡alabados sean los dioses!) es altamente práctico. Elaborado con minuciosidad, sabiduría y profunda sensibilidad, *Medicina ancestral* nos da las claves para apreciar, aceptar e incluso curar nuestras heridas ancestrales. Más allá de esto, Daniel Foor nos invita a trasladar lo mejor de nuestro pasado al presente y al futuro, así como a vivir plenamente en el lugar y en el tiempo, y de maneras que honren a la Tierra y abran el corazón".

MICHAEL SMITH, PH.D.C., AUTOR DE
JUNG AND SHAMANISM IN DIALOGUE

"En su trabajo ancestral, Daniel combina su amplia experiencia práctica con el rigor intelectual, proporcionando así uno de los mejores enfoques que existen en la actualidad. Recomiendo su trabajo a cualquier persona interesada en conocerse a sí misma y en ganar un terreno sólido en su propio camino espiritual".

GRANT H. POTTS, PH.D., MAESTRO DE LA LOGIA,
SCARLET WOMAN LODGE, ORDO TEMPLI ORIENTIS

"El enfoque del autor, culturalmente inclusivo, aporta mucho a esta obra. La pasión, claridad y compasión contenidas en *Medicina ancestral* ofrecen un valor incalculable para cualquiera que esté interesado en explorar la sanación personal, las conexiones con los antepasados, la rehabilitación de las relaciones familiares o la sanación y rescate de la propia cultura originaria".

BEKKI SHINING BEARHEART, MASOTERAPEUTA,
COFUNDADORA DE LA IGLESIA DE LA SANACIÓN DE LA TIERRA

MEDICINA ANCESTRAL

*Rituales para la sanación
personal y familiar*

Daniel Foor, Ph.D.

Traducción por María Teresa Toro

Inner Traditions en Español
Rochester, Vermont

Inner Traditions en Español
One Park Street
Rochester, Vermont 05767
www.InnerTraditions.com

Papel certificado por la SFI

Inner Traditions en Español es una división de Inner Traditions International

Título original: *Ancestral Medicine: Rituals for Personal and Family Healing*
publicado por Bear & Company, sección de Inner Traditions International.

ISBN 978-1-64411-547-3 (impreso)
ISBN 978-1-64411-548-0 (libro electrónico)

Impreso y encuadernado en Estados Unidos por Lake Book Manufacturing
El material de este texto está certificado por la SFI.
El programa Sustainable Forestry Initative® promueve la gestión forestal sostenible.

10 9 8 7 6 5 4 3 2 1

Diseño de texto por Priscilla Baker y maquetación por Kira Kariakin.
Este libro se ha transcrito en Garamond Premier Pro con Baker Signet Std,
ITC Berkeley Oldstyle Std, y Gill Sans MT Pro como fuentes de visualización.

"When the Rain Begins," poema de Elise Dirlam Ching extraído de *Faces of Your
Soul: Rituals in Art, Maskmaking, and Guided Imagery* de Elise Dirlam Ching
y Kaleo Ching, publicado por North Atlantic Books, copyright © 2006 de Elise
Dirlam Ching y Kaleo Ching. Reimpreso con permiso del editor.

Para enviar correspondencia al autor de este libro, envíe una carta de primera clase
al autor a la atención de Inner Traditions - Bear & Company, One Park Street,
Rochester, VT 05767 y le remitiremos la comunicación, o póngase en contacto con
el autor directamente a través de **ancestralmedicine.org**.

Dedicado a todos los que trabajan
para proteger y renovar, de forma creativa,
las antiguas formas de vida que respetan a la Tierra
y a los muchos seres que habitan en ella.
Que los antepasados nos guíen correctamente
a través de las pruebas que nos esperan.

ÍNDICE

꧁

SEGUNDA PARTE
Sanación mediante antepasados familiares y de linaje

᪥

TERCERA PARTE
Honrar a otros tipos de antepasados

Lista de figuras

AGRADECIMIENTOS

Desde las antiguas costumbres tribales del norte y el oeste de Europa, pasando por siglos de intensos cambios culturales, hasta nuestra reciente llegada como colonos a Norteamérica (en los siglos XVI al XIX), agradezco a mis antepasados su tenacidad, levedad y carácter. Alabo a mis padres, a mis hermanos y sus familias, así como a mi extensa parentela, por su apoyo a mi investigación genealógica y a mi profunda inmersión en los misterios de los antepasados.

Gracias a los espíritus de las tierras del norte y del sureste de Ohio, a los de las cercanías de Chicago y de la bahía de San Francisco, y a los parientes del Piamonte y de la cordillera Azul de Carolina del Norte, todos los cuales han alimentado y siguen sosteniendo mi cuerpo, mi conciencia y mis sueños. Los lugares que he conocido y amado como hogar son una base fundamental para esta ofrenda.

Reconocimiento a mis maestros humanos. Me ayudaron a recordar y activar mi capacidad para el ritual y mi relación con los antepasados. Por mencionar algunos: Ryan Bambao; Bryan Allen y su equipo; Bekki y Crow de la Iglesia de la Sanación de la Tierra; Grant Potts, Clay Fouts, Amanda Sledz y otros miembros de la tribu mágica; Sarangerel Odigan; Jennifer Marchesani-Keyvan; Paul Rubio, Linda Held, Marco y Christine, David y Cheryl, la Iglesia Nativo Americana, y los familiares que recorren el Camino Rojo; el Instituto Pacific Zen, Joan Halifax, y otros maestros del dharma; Martín Prechtel; Malidoma

Somé; Ginny Anderson; Meg Beeler; Graham Harvey; Luisah Teish, Ilé Ọ̀rúnmìlà Ọ̀ṣun, Awo Falokun, y otros maestros americanos de los caminos Yorùbá; y Olúwo Fálolú Adésànyà, Ìyá Ifábùnmi, y la buena gente del linaje Adésànyà de Òdè Rẹ́mọ, Nigeria.

Agradezco a los participantes en los rituales con antepasados, los entrenamientos y las sesiones desde el año 2005 hasta el presente. Su dedicación a la curación y al empoderamiento ayudó a que este libro llegara a su versión actual. Gracias al personal de Inner Traditions por su confianza, al igual que a mi agente Anne Depue. A Elaine Gast, Seyta Selter y Julia Bernard por su valiosísimo apoyo editorial, y a todos los demás que ayudaron con las ediciones. No tenía idea de que escribir un libro fuera una tarea tan colectiva. No me cabe duda de que el producto final es mucho mejor por ello.

Por último, doy las gracias a mi querida esposa, Sarah, por su dedicación, ánimo y apoyo en cada etapa de esta creación. Que las bendiciones producto de este libro contribuyan también a la felicidad, la salud y la longevidad de nuestra familia durante las próximas generaciones.

INTRODUCCIÓN

Cuando piensas en los *antepasados*, ¿quién o qué te viene a la mente? Los antepasados son una realidad biológica e histórica para cada uno de nosotros, independientemente de nuestros orígenes religiosos, raciales o culturales. Tus antepasados incluyen a miles de mujeres y hombres cuya historia se remonta a los primeros seres humanos en África, que vivieron hace más de doscientos mil años. Aunque seas adoptado o huérfano y nunca hayas conocido a tus padres biológicos, tus antepasados siguen hablando a través del ADN en cada célula de tu cuerpo. Se reflejan en tus rasgos físicos, tu salud y muchas de tus predisposiciones.

Más allá de tu linaje, también puedes reconocer como antepasado a cualquier persona cuya vida te haya inspirado, ya sea personal o culturalmente. Esta lista puede incluir a la familia ampliada y adoptiva, a los amigos más queridos y a las personas conocidas que han influido en tu vida antes de fallecer. La mayoría de las tradiciones religiosas consideran a sus fundadores humanos como una encarnación de los valores fundamentales y las enseñanzas espirituales que se han transmitido de generación en generación (por ejemplo, Siddhartha para los budistas, Mahoma para los musulmanes). Incluso en Estados Unidos, los estadounidenses (en apariencia seculares) celebran de manera colectiva la vida de seres humanos inspiradores con fiestas como el Día de Martin Luther King Jr., el Día de los Presidentes, Pascua, el Día de los Caídos en la Guerra, Halloween, Acción de Gracias y Navidad.

Todos sabemos que hay ciertas realidades físicas y psicológicas sobre la muerte. Dicho esto, la mayoría de los habitantes de la Tierra también cree en algún tipo de vida posterior o en la continuidad de la conciencia después de la muerte física. La creencia en sí misma es algo complicada: podemos adoptar una determinada perspectiva y luego tener experiencias que refuercen esos puntos de vista; otras veces, nuevas experiencias desafían nuestra forma de ver el mundo. Para mí ha sido una mezcla de ambas cosas. No fui criado con conciencia de mis antepasados familiares o de mi ascendencia; sin embargo, a través de mi experiencia, la formación clínica en salud mental y dos décadas de inmersión en diversas prácticas espirituales, llegué a considerarlos como una importante fuente de relación y apoyo. Dicho esto, en este libro parto de la suposición de que, tras la muerte, prevalecen aspectos de nuestra esencia y que, por tanto, los antepasados son "reales" y merecen nuestra consideración y respeto.

En las páginas que siguen comparto una estructura sólida para apoyar a aquellos que quieren mejorar sus relaciones con los antepasados. Ofrezco esta información tanto a los que se inician en el trabajo con los antepasados como a los experimentados. He tratado de presentar este material lo más libre posible de dogmas religiosos, compatible con la mayoría de los caminos espirituales y accesible para quienes prefieren no identificarse con una tradición específica. En los casos en los que esta estructura de trabajo difiera de tus creencias y formación personales, explora con curiosidad las diferencias y confía en tu instinto para sortear las diferencias.

Tal vez seas psicoterapeuta, sacerdote, vidente, chamán, ritualista, sanador, anciano de una familia, educador o alguien en posición de apoyar a otros en la exploración de las relaciones con sus antepasados. En este libro encontrarás muchas perspectivas y ejercicios que puedes practicar, siempre y cuando te apoyes primero en relaciones saludables con tus propios antepasados. Si te interesa la genealogía o la historia familiar, y deseas un mayor contexto para venerar a los antepasados, este libro presenta formas de transmitir respeto y gratitud, al igual que puede ayudarte a fortalecer tu relación con ellos a través de un canal de comunicación directo. Tal vez busques dar sentido a los encuentros espontáneos y no solicitados con los espíritus de los muertos. Si es así, a través de este libro podrás contextualizar este tipo de experiencias que pueden resultar confusas o aterradoras. De igual forma, si lo que quieres es comprender mejor a los individuos y las tradiciones que afirman relacionarse de manera directa con los antepasados, este libro puede servirte como una ventana a la veneración y a los rituales con los antepasados.

Beneficios del trabajo con los antepasados

Al empezar a leer, es posible que pienses: "¿Por qué buscar relacionarnos con nuestros antepasados?". Desde mi experiencia personal y mi trabajo como psicoterapeuta y ceremonialista centrado en los antepasados, he descubierto que relacionarse con ellos es sanador y beneficioso a nivel personal, familiar y cultural.

A nivel personal, las investigaciones confirman que relacionarse de forma consciente con los antepasados favorece la salud física y psicológica de las siguientes maneras:

- La reflexión sobre los antepasados aumenta el rendimiento intelectual y la confianza[1].
- La concientización de predisposiciones familiares, incluidos los riesgos para la salud del comportamiento, puede contribuir a hacer elecciones de vida que nos beneficien tanto a nosotros como a las generaciones futuras[2].
- El perdón, un componente común de la sanación familiar y el trabajo de enmienda ancestral, promueve una mayor salud física y mental[3].

El trabajo con los antepasados también contribuye a la introspección y a una mayor claridad sobre nuestro propósito, lo que a su vez crea más satisfacción personal y le da más sentido a nuestra vida. Al conocer y amar a mis antepasados familiares, me siento más seguro, apoyado y cómodo conmigo mismo. Además, mantengo un sentimiento de sano orgullo con mis raíces y mi cultura de origen. Dado que estamos compuestos en parte por el karma o la conciencia familiar, ayudar a los antepasados consanguíneos que aún lo necesitan también mejora nuestro bienestar personal y la salud de nuestra alma.

A nivel familiar el trabajo sostenido con los antepasados puede ayudarnos a sanar la disfunción familiar intergeneracional. Al trabajar con antepasados espiritualmente vibrantes, es posible comprender, contener y transformar patrones de dolor y abuso, ayudándonos a recuperar, de manera gradual, el espíritu positivo de nuestra familia. He visto situaciones una y otra vez en las que una persona se relaciona con sus antepasados y crea una especie de efecto de onda entre los miembros vivos de la familia en donde surgen reconciliaciones repentinas después de años de desacuerdo, o también, se recuperan bendiciones pasadas por alto. Cuando te relacionas con tus antepasados amorosos te será posible impulsar avances en la sanación de tu familia, incluyendo el establecimiento de límites idóneos con los familiares vivos. Además, cuando te pones a disposición del trabajo de enmienda ancestral, los recién fallecidos son, a su vez, más capaces de ayudar a los miembros vivos de la familia en su recorrido para convertirse en antepasados después de la muerte.

Por último, a nivel cultural y colectivo, los antepasados son aliados importantes en la superación de traumas históricos relacionados con la raza, el género, la religión, la guerra y otros tipos de dolor colectivo. Los recientes descubrimientos en epigenética están demostrando que, de manera muy real, el dolor de nuestros antepasados puede perdurar a través de las generaciones. En un histórico estudio sobre la transmisión biológica del trauma realizado en 2013, un equipo de investigadores de Jerusalén demostró que los hijos, así como nietos y otros descendientes de los supervivientes del Holocausto, son especialmente propensos a la depresión, la ansiedad y las pesadillas. Esta tendencia está ligada a un marcador biológico en sus cromosomas que está ausente en quienes no descienden de supervivientes del Holocausto. Esta transmisión transgeneracional del trauma constituye un nuevo campo de estudio, y en muchos aspectos se solapa con el trabajo de enmienda ancestral que se presenta en este libro[4].

Cuando nos reconciliamos con los antepasados que experimentaron diferentes tipos de persecución o que ejercieron la violencia y la opresión, enmendamos nuestra psique personal y nuestra historia familiar, lo que a su vez repara las grietas del espíritu de la humanidad. Esto nos ayuda a ir más allá de la identificación con la conciencia de víctima/victimario y a encarnar lo bello y útil del pasado. Transformar generaciones de dolor familiar y cultural también nos libera para aprovechar el apoyo de los antepasados amorosos y, así, prosperar en nuestra vocación y servicio en el mundo.

Cómo leer este libro

Este libro está organizado en tres partes. La primera parte, "Fundamentos del trabajo con los antepasados", te dará una visión general de los diferentes tipos de antepasados y del compromiso ancestral, así como de las distintas formas en que el ritual y la ceremonia pueden ayudarte en la conexión con tus antepasados. En el capítulo uno comparto mi travesía personal para conocer y amar a mis antepasados familiares. El capítulo dos presenta los diferentes tipos de antepasados y los retos asociados a cada uno de ellos. El capítulo tres explora los tipos de contacto ancestral espontáneo, como las visitas en sueños, las visiones de vigilia y las sincronías. El capítulo cuatro esboza una estructura para la veneración a los antepasados y el ritual que establece la base para los ejercicios y el trabajo ritual de los capítulos posteriores.

La segunda parte, "Sanación mediante antepasados familiares y de linaje", muestra un proceso para establecer líneas de comunicación con los guías ancestrales de apoyo. Esta parte, junto con la tercera, constituye las secciones prácticas del libro. Aquí aprenderás a asociarte con tus antepasados sabios y amorosos, que te permitirán ayudar a las almas de familiares fallecidos que aún no hayan podido unirse a ellos; es este mismo proceso, y mi deseo de compartirlo, lo que me motivó a escribir este libro. El capítulo cinco habla de la genealogía y la investigación familiar y ofrece formas de establecer el primer contacto con los antepasados. El capítulo seis hace hincapié en la conexión con los guías y maestros ancestrales. En los capítulos siete y ocho comparto formas de ayudar tanto a los muertos olvidados o históricos, como a los antepasados más recientes y recordados. La segunda parte concluye con formas de basar el trabajo en la sanación familiar y presenta rituales para la relación continua con los antepasados familiares.

En la tercera parte, "Honrar a otros tipos de antepasados", ofrezco un panorama más amplio de la relación con los antepasados. El capítulo diez considera las relaciones de los antepasados con lugares específicos, e incluye un ejercicio para honrar a los muertos en un cementerio y sugerencias para conocer a los antepasados cerca de tu casa. En el capítulo once, aprenderás formas de honrar a los antepasados de afinidad y de linaje espiritual, incluidos aquellos capaces de apoyar tu trabajo en el mundo. Este capítulo también presenta ejercicios para una mayor integración de tu trabajo con diferentes tipos de antepasados y explora la temática de las almas múltiples, la reencarnación y las vidas pasadas. El capítulo doce se centra en los ritos funerarios, el proceso de morir y el primer año después de la muerte.

Este libro surgió de mi formación con maestros humanos, de mi relación personal con los antepasados y de mi experiencia guiando a otros en el trabajo con los antepasados. Al igual que otros maestros, comparto lo que funciona bien para mí. Por favor, toma lo que te ayude y deja el resto. Hay algunos riesgos inherentes al trabajo con los antepasados; sugiero que leas todo el libro antes de decidir si deseas involucrarte con ellos de forma directa. Si decides trabajar con tus antepasados, sé positivo y busca apoyo en caso de verte superado. Me he arriesgado bastante al escribir un manual que anima a gente que quizá nunca conozca a comprometerse tanto con antepasados solidarios como con muertos atribulados. Sin embargo, mi experiencia me dice que cualquier persona que sea estable a nivel psicológico, tenga buenas intenciones y esté dispuesta a escuchar su intuición puede cultivar una relación fortalecedora con sus antepasados amorosos. Al decir cualquiera, me refiero efectivamente a cualquiera: no es necesario ser un chamán tradicional, un susurrador de fantasmas o un médium entrenado. No hace falta ser descendiente de curanderos cherokees, jefes africanos o maestros taoístas. Tampoco necesitas ser cristiano, budista, pagano o identificarte con alguna tradición religiosa o espiritual; todos tenemos antepasados cariñosos y solidarios y podemos recurrir a estas relaciones para obtener una mayor claridad sobre el propósito de la vida, un aumento de la salud y la vitalidad y un apoyo tangible en nuestra vida diaria.

A pesar de los desafíos, no hay que temer a los antepasados más que a los vivos. Cada uno de nosotros, por muy problemática que sea nuestra familia reciente, desciende de linajes que incluyen seres humanos amorosos y empoderados. Estos antepasados no están más lejos de nosotros que nuestra sangre y nuestros huesos, y están esperando ser acogidos en nuestras vidas y ayudarnos a desarrollar nuestro potencial. Rezo para que este libro te ayude a aprovechar el apoyo de tu pueblo para expresar los dones de tu alma, para tu propia felicidad y para el bienestar de tu familia, de la Tierra y de las generaciones futuras. También rezo para que este libro conduzca a un mayor cuidado y consideración en la forma en que nos relacionamos con los muertos humanos y ayude a restablecer a los antepasados como una fuerza esencial y una comunidad en la ecología más amplia de lo sagrado.

Primera parte

FUNDAMENTOS
DEL TRABAJO
CON ANTEPASADOS

Esta parte presenta las enseñanzas fundamentales sobre:

- Diferentes tipos de antepasados (por ejemplo: familiares, históricos, colectivos).
- Tipos de contacto espontáneo con antepasados.
- Prácticas comunes a la veneración de los antepasados.
- Formas en que el ritual y la ceremonia pueden facilitar el contacto con los antepasados.

También te invitaré a reflexionar sobre tu propia experiencia con tus antepasados biológicos, incluidos tanto los antepasados familiares recientes, como aquellos cuyos nombres ya no recuerdes. Las prácticas de veneración a los antepasados pueden poner en tela de juicio tus creencias sobre la vida después de la muerte y la relación entre los vivos y los muertos. Deja espacio para la reflexión personal mientras lees, y mantente abierto a las visitas oníricas útiles o a cualquier otro contacto espontáneo de tus antepasados amorosos y compasivos.

UNO

MI TRAVESÍA PERSONAL CON MIS ANTEPASADOS

El contacto inicial

Mis antepasados más recientes fueron, en su mayoría, colonos luteranos y metodistas que llegaron a Norteamérica desde Inglaterra, Irlanda y Alemania; cruzaron el Atlántico hace al menos cuatro generaciones, algunos mucho antes. Eran agricultores, madres, mineros del carbón y soldados de Pensilvania y Virginia Occidental, cuyas vidas parecían centrarse en el trabajo duro y el cuidado de la familia. Hace unos dos mil años, en sus respectivos lugares de origen, comenzaron a darse grandes disrupciones en los estratos históricos más recientes de las culturas tribales europeas con la expansión militar del Imperio Romano (40 a. C.- 230 d. C.). Roma introdujo el culto imperial de los emperadores a los pueblos indígenas de Europa y a muchos otros, y para el siglo IV de nuestra era, el imperio había adoptado el cristianismo. Durante los ochocientos años siguientes, líderes cristianos como el emperador del Sacro Imperio Romano Germánico, Carlomagno (742-814 d. C.), llevaron a cabo campañas de expansión militar y conversión por toda Europa occidental. Esto significa que, en algún segmento importante de toda mi genealogía, puede que no se hayan practicado rituales con los espíritus de nuestros antepasados durante más de mil años, con lo cual ninguno de los resultados de mi investigación sobre los últimos siglos de historia y tradición familiar explica fácilmente mi vocación de centrarme en ellos.

Tampoco hay algo en mi vida temprana que explique mi afinidad por los antepasados. Habiendo nacido en los suburbios de Ohio, en el seno de una familia juiciosa y cariñosa de clase media, no fui criado con una fuerte conciencia de mis antepasados ni con ningún tipo de estructura para relacionarme con los muertos. A diferencia de algunos psíquicos o médiums naturalmente dotados, de joven no hablé con los muertos ni vi espíritus, ni experimenté un trauma profundo que me abriera a otras realidades. Tampoco me ha caído un rayo, ni he tenido una experiencia cercana a la muerte, ni he padecido una enfermedad que pusiera en peligro mi vida. Lo que sí sé es que las largas horas de juego en los bosques y arroyos cercanos cuando era niño, me ayudaron a sentirme en el mundo natural como en casa, y que la lectura de novelas de fantasía cuando era joven sentó una base desde la cual explorar los rituales y otras formas de ver el mundo.

Mi primer contacto consciente con lo invisible se produjo cuando siendo adolescente puse en práctica las instrucciones rituales básicas de un libro de introducción al chamanismo. A través de estos primeros experimentos, entré en contacto con seres no físicos o espíritus que experimenté como muy reales. Recuerdo que me sentí como si hubiera tropezado con una puerta a otra dimensión, y la respuesta que recibí de estos espíritus me hizo buscar una forma de dar sentido a mis experiencias. Por suerte, a los dieciocho años, llamé por un anuncio de un taller público y ahí empecé a aprender de mis primeros maestros formales de chamanismo y espiritualidad respetuosa con la tierra, Bekki y Crow, de la Iglesia de la Sanación de la Tierra[1]. Sus enseñanzas, combinadas con mi inmersión en la cultura pagana contemporánea y el estudio académico de las religiones del mundo, proporcionaron un contexto crítico y sentaron las bases para mis primeras experiencias con el trabajo ritual y espiritual.

Recuerdo un día clave de entrenamiento en 1999 que me puso en contacto directo con los antepasados de la familia. En ese momento, ya había practicado el trabajo de viaje chamánico, la magia ritual y otros tipos de trabajo de trance durante unos cuatro años. Durante la formación, fui guiado por Bekki para conectar con un guía ancestral de mi familia, e hice contacto con un antepasado europeo espiritualmente vibrante, pero históricamente distante del linaje de mi abuelo paterno.

Más tarde, me invitaron a preguntarle a ese solidario antepasado si había alguno entre los recién fallecidos que necesitara sanar. De inmediato supe que me encontraría con mi abuelo, quien murió de una herida de bala autoinfligida cuando yo tenía siete años. Su muerte afectó a toda la familia, en especial a mi abuela, que estaba en casa cuando se quitó la vida, y a sus hijos, incluido mi padre, que estaba de guardia en el cuerpo de bomberos local en ese momento. Cuando era niño, me protegieron mucho de este impacto. Antes de este evento, nunca había buscado el contacto con mi abuelo como antepasado, ni había considerado de forma real los posibles efectos de su muerte en la familia, pero quince años después de su fallecimiento, los guías ancestrales y yo contactamos con mi abuelo Foor en espíritu, y determinamos que seguía en un estado de relativa confusión*. Apareció ante mí fragmentado; le faltaba parte de su cuerpo energético en el abdomen, donde se había disparado. Los guías ayudaron a reparar este daño y a comprender quiénes éramos y qué había pasado. A continuación, mi abuelo compartió un amable mensaje para mi abuela que más tarde le transmití mientras estábamos juntos ante la tumba de él. Ese día crucial de enmienda ritual terminó cuando los guías y yo ayudamos a mi abuelo a asumir su lugar entre nuestros antepasados amorosos de apoyo.

Investigación familiar y sanación personal

Mi trabajo con mi abuelo y los guías despertó en mí el deseo de comprender mejor mi historia familiar. Esto me llevó a ocho años de investi-gación genealógica y a viajes familiares ocasionales para visitar a parientes mayores. En 2007, compartí un momento con mi familia en un pequeño

---

* Los individuos que mueren por suicidios, asesinato, accidentes, guerra o muertes súbitas y/o violentas poseen un riesgo mayor de presentar dificultades para unirse a los antepasados.

cementerio del condado rural de Fayette, en Pensilvania, que me mostró qué tan estrechamente pueden entrelazarse el ritual de los antepasados, la investigación genealógica y la sanación familiar. En conversaciones con miembros de la familia extendida durante el año anterior, me enteré de que los padres de mi abuela materna estaban enterrados en una tumba sin nombre, en un lugar que solo recordaba un pariente vivo. A través del ritual, me puse en contacto con estos antepasados en espíritu y les pregunté qué tipo de lápida les gustaría para marcar su lugar de descanso. Deseando hacerles este regalo y sintiéndome seguro de haber recibido su petición, la compré. Entonces ocurrió algo curioso: a los pocos días, me di cuenta de que las bases de datos genealógicos en línea que había consultado numerosas veces en años anteriores estaban de repente repletas de información histórica sobre estos antepasados irlandeses e ingleses en concreto. Era como si estos linajes, en respuesta a mi gesto de atención, se abrieran ante mí de una forma que antes no estaba disponible. Semanas más tarde, cuando estuve ante la tumba con mis padres y un puñado de otros familiares, este avance me permitió nombrar a los antepasados de estos bisabuelos antes de colocar formalmente la lápida. Esta ceremonia de homenaje ayudó a mi madre y a nuestros parientes mayores a sentirse vistos y apreciados por sus conocimientos de la historia familiar y acercó a mi familia.

Mi afinidad por honrar a los antepasados también me motivó a comprender a mis antepasados europeos más antiguos, que vivieron antes del cristianismo y del Imperio Romano. Las culturas irlandesas/celtas y nórdicas previas al cristianismo poseían tradiciones establecidas de reverencia a los antepasados. Las máscaras que millones de niños y adultos estadounidenses llevan durante Halloween se remontan a una antigua fiesta celta llamada Samhain, traída a Norteamérica por los inmigrantes irlandeses y escoceses. Esta fiesta tradicional se incorporó al calendario católico como Víspera de Todos los Santos en el siglo IX, y todavía la celebran los paganos y los cristianos modernos como un momento para recordar, festejar y quizá comunicarse directamente con los antepasados. Los practicantes modernos del eterismo nórdico o

Ásatrú han revivido un ritual conocido como *seidhr*, detallado en *La saga de Erik el Rojo* del siglo XIII[2]. Tanto en el texto como en el ritual moderno, un médium ancestral entrenado asciende a un asiento elevado y desde allí sirve a la comunidad como oráculo o voz de los muertos, respondiendo a las preguntas de los asistentes (para una descripción más detallada, véase el capítulo nueve, página 181). Los médiums ancestrales nórdicos y los rituales celtas de mascaradas y celebración a los muertos, me ayudan a apreciar hasta qué punto mis antepasados de sangre practicaban alguna forma comunitaria de reverencia a los antepasados y cómo algunas tradiciones continúan hoy en día.

Antes de conocer en espíritu a mis antepasados más antiguos, nunca había pensado en ver mi historia familiar o cultural como una fuente de fortaleza y riqueza espiritual. Al enmascarar el dolor personal con un egoísmo inconsciente, no cabe duda de que a veces hice daño a mi familia y a otras personas cercanas a mí. Mi formación en religiones del mundo y artes curativas me ayudó a comprender gradualmente que la decepción con la que había lidiado de joven se debía más a las lagunas en mi educación de la cultura en general que a las deficiencias de mi familia. Estos puntos ciegos habían existido durante generaciones y me parecían una especie de traición sistémica. Por ejemplo, no me educaron en el conocimiento de las canciones, los cuentos o los rituales tradicionales; no me enseñaron a dialogar de manera consciente con el mundo natural; y tampoco recibí ninguna referencia para relacionarme de forma segura con los espíritus o los mundos invisibles. Sin embargo, ¿cómo podía esperar que mis padres o abuelos me enseñaran estas cosas, cuando este conocimiento había desaparecido en gran medida de la cultura durante más de mil años? Al ver mi sanación personal en el contexto no solo de las rupturas familiares, sino también de las rupturas culturales más amplias de las tradiciones que honran a la Tierra, pude liberarme de los viejos juicios sobre mi familia. Ahora, soy capaz de ver los retos que surgen en un contexto histórico más amplio; lo que me recuerda que no todos los problemas familiares son personales o tienen su origen en el pasado reciente.

Aprender y enseñar el trabajo con los antepasados

En las casi dos décadas transcurridas desde mi primer contacto con los guías ancestrales y con mi abuelo, he tenido la suerte de trabajar con diferentes maestros espirituales y tradiciones que honran conscientemente a los ancestros. Entre las tradiciones indígenas que honran a la Tierra, mis influencias más importantes son el paganismo europeo, el chamanismo mongol, las formas nativas norteamericanas y la tradición Ifá/Òrìṣà del África Occidental de habla yorùbá y de la diáspora africana.

El paganismo moderno y las formas revividas de chamanismo me proporcionaron mis primeras experiencias con las enseñanzas que honran a la Tierra y los rituales comunitarios. Sumergirme en el estudio y la práctica de la magia ceremonial, el ocultismo occidental y las tradiciones paganas inspiradas en la Europa precristiana (por ejemplo, las culturas celtas, nórdicas y mediterráneas) me ayudó a cultivar un hábito de introspección, a aprender habilidades fundamentales para relacionarme con el mundo espiritual y a apreciar las profundas raíces de mi propia ascendencia. Veo las enseñanzas de este libro respecto a los antepasados como una extensión de las formas de honrar a la Tierra de mis antepasados europeos más antiguos, y siento un gran cariño y consideración por los practicantes que buscan reavivar las formas más antiguas de la Europa continental y las islas británicas. En 2014, durante mi primera visita a los sitios megalíticos de Escocia e Inglaterra, el simple hecho de estar frente a esos monumentos de piedra de cuatro mil años de antigüedad que rendían honor a los muertos, me confirmó que la reverencia a los antepasados no es nada nuevo.

Antes de su fallecimiento en 2006, mi amiga Sarangerel Odigan, una mujer buriatomongola, chamán y maestra, alentó mi trabajo con los ancestros y compartió la visión de su tradición respecto a mis primeras experiencias. Fue la primera representante de una tradición indígena intacta con la que trabajé en profundidad, y fue una mentora excepcionalmente amable y generosa a cuyas obras me remito a lo largo de este libro. Aprender de Sarangerel amplió mi comprensión de lo invisible, me proveyó de un modelo humano vivo que encarnaba la sabiduría indígena de corazón, y avivó mi anhelo de aprender todo lo posible de los ancianos y las tradiciones indígenas. Su repentina muerte también me enseñó, de manera inesperada, cómo continuar la relación con un mentor espiritual después de su viaje al reino de los antepasados.

La participación regular en cabañas de purificación o sudoración durante los últimos quince años, en expediciones por la naturaleza y en otras tradiciones indígenas norteamericanas, me introdujo a la belleza, la dignidad y el sano orgullo de los pueblos cuya conexión con el lugar y sabiduría ancestral permanecen relativamente intactas. La mayor parte de mi experiencia con las costumbres nativas ha sido con las ceremonias al estilo lakota y con la Iglesia Nativa Americana. Como participante en estos espacios sagrados, aprendí a rezar desde el corazón y a honrar el protocolo tradicional como un regalo de los antepasados. El tiempo en círculo con los maestros y las comunidades nativas también me enseñó mucho sobre el perdón: he sido testigo de la tremenda resistencia y apertura de corazón de los líderes tribales que comparten las formas tradicionales con individuos no nativos (muchos de los cuales son descendientes directos de los colonos que llevaron a cabo el genocidio contra los pueblos indígenas). Comprender mejor este aspecto de la historia de Estados Unidos también me ayudó a entender de corazón las dolorosas historias de mis primeros antepasados europeos y la encomienda de participar en la sanación de los legados de racismo y opresión en Estados Unidos.

Durante la última década, también he sido estudiante, y más recientemente, fui iniciado en la tradición Ifá/Òrìṣà. La cultura yorùbá, que originalmente llegó a las Américas a través del comercio transatlántico de esclavos, posee diversas ramas que incluyen hoy en día a más de cincuenta millones de practicantes en todo el mundo, en lugares como Nigeria, Cuba y el Caribe, Brasil, Venezuela, Estados Unidos e incluso Europa. Durante cuatro peregrinaciones a Nigeria, tuve el privilegio de adentrarme en la tradición como iniciado de Ifá (la deidad del destino y la adivinación), de Ọbàtálá y Òṣun (deidades de la sabiduría y el amor), y de Egúngún (el espíritu colectivo de los antepasados) en el linaje de Olúwo Fálolú Adésànyà Awoyadé de Òdè Rémọ.

Esta bienvenida a la sociedad de médiums ancestrales fue en lo particular muy significativa y me sirvió como culminación de años de trabajo con mis propios antepasados, así como en mi búsqueda de ancianos que me ayudaran a desarrollar la llamada a la veneración a los antepasados. Por supuesto, la iniciación es solo el comienzo de un nuevo ciclo de aprendizaje y crecimiento; sigo buscando aprender de otros practicantes y sobre su enfoque hacia la veneración a los antepasados, tanto en Estados Unidos como en Nigeria.

Aunque me refiero a estas tradiciones y a otras a lo largo de este libro, *no pretendo representar ninguna tradición o linaje específico*. Las enseñanzas y prácticas compartidas en este libro hacen hincapié en la similitud transcultural; pretenden ser ampliamente accesibles y estar libres de las limitaciones de cualquier tradición específica. Cuando recurro a un linaje cultural específico para destacar algún aspecto de la reverencia a los antepasados, me remito a fuentes establecidas y a representantes de esa tradición. Soy consciente de que muchos lectores no sentirán el llamado a seguir el camino espiritual, y creo firmemente que tú, como lector, no necesitas adoptar ninguna identidad religiosa en particular, ni necesitas verte como una persona religiosa para amar y honrar profundamente a tus antepasados. Asimismo, asumo toda la responsabilidad por cualquier deficiencia en las enseñanzas y prácticas presentadas.

Además del trabajo con maestros y tradiciones espirituales, mi formación como doctor en Psicología y terapeuta matrimonial y familiar brinda orientación a mi enfoque del trabajo con los antepasados. Como terapeuta, he visto de primera mano cómo se transmiten las heridas ancestrales a través de las generaciones, así como algunos medios por los que se pueden sanar estos ciclos. Como persona comprometida con el trabajo interior, también he visto cuántas formas hay de procrastinar o evitar la disciplina necesaria para cultivar la sabiduría y un corazón abierto. Algunas culturas tradicionales designan a un miembro vivo de la familia para que se ocupe de las relaciones con los antepasados en nombre del resto de la familia. A veces son los propios antepasados los que eligen a esta persona. Desde que asumí este papel en mi familia hace aproximadamente una década, he tratado de estudiar los venenos y las medicinas familiares en el contexto de mi propia vida y mis relaciones. Aceptar la responsabilidad de mi salud psicológica y mi felicidad, incluidas mis relaciones con la familia y la comunidad, es fundamental para mi trabajo ritual con los ancestros.

En la década transcurrida desde que dirigí mi primer fin de semana de trabajo intensivo con los antepasados en 2005, he dirigido esta formación más de cien veces para más de mil personas en todo Estados Unidos. Durante ese período, he hablado con varios miles de personas a través de charlas, círculos mensuales y sesiones personales. Al sostener un espacio para que otros contacten con sus antepasados, he sido testigo de profundas transformaciones que benefician a los miembros vivos de la familia. Las tres lecciones clave que he aprendido son: 1) el trabajo consiste en relacionarse; 2) todos tenemos antepasados amorosos; y 3) relacionarse con nuestros antepasados es totalmente normal. En primer lugar, llegar a conocerlos y amarlos requiere un reconocimiento profundo y sostenido de nuestra familia, nuestra cultura de origen y de nosotros mismos. Este proceso no se termina en un fin de semana, ni siquiera en meses; se lleva a cabo durante años. Los antepasados no son una "asignatura" que podamos dominar o completar; se trata de construir una relación con el espíritu colectivo de la familia, de manera que nos ayude a convertirnos en seres humanos sabios y amorosos. Nuestra relación con los antepasados no termina hasta que nos unimos a ellos después de nuestra muerte. Incluso, eso no es más que el comienzo de un nuevo ciclo. El trabajo con los antepasados es profundamente personal e inherentemente relacional.

En segundo lugar, todos tenemos antepasados que, en íntima relación con la Tierra, vivieron, amaron y veneraron. Conocerlos puede sanar y empoderar a personas de cualquier origen, incluidos los adoptados que no conocen a su familia biológica. Aunque no tengo familiares recientes que hayan practicado la veneración a los antepasados en sí, he llegado a comprender mi afinidad con la espiritualidad que honra a la Tierra en el contexto de mis raíces europeas. Lo que quiero decir es que no es necesario sentir algún tipo de llamada espiritual de los propios antepasados; está bien ir y simplemente tocarles la puerta. En mi caso, confié en mis primeros maestros de espiritualidad de la Tierra cuando me dijeron que sería una buena idea hacer los talleres de antepasados que ofrecían, y me alegro mucho de haberles hecho caso. Aunque sería una historia más interesante, no creo necesariamente que mis antepasados me pusieran un camino de migas de pan para que yo lo siguiera y me conectara con ellos. Ni siquiera es necesario sentir un anhelo emocional por conocer a tus antepasados; a veces uno solo decide comprometerte, y así comienza un nuevo tipo de relación. Todos somos únicos y fuimos bendecidos; nadie es más especial, más humano o más merecedor de respeto.

Por último, me he dado cuenta de que, al contrario de lo que se teme y de las ideas erróneas populares, trabajar con los antepasados puede hacernos menos extraños en lugar de más. En mi caso, aunque ayudar a otros a comunicarse con los muertos es parte de mi trabajo diario, soy un habitante del Medio Oeste de Estados Unidos, con los pies en la tierra, que ama y respeta a su familia, a su país (casi siempre) y a sus raíces culturales. Pago impuestos, leo las noticias y voto, a veces como comida rápida, me gusta ir al cine y me cuesta ir al gimnasio. También soy psicoterapeuta y doctor en Psicología, educado en el marco de la medicina occidental y con un profundo amor y respeto por las ciencias físicas. En ocasiones, la gente supone que relacionarse con los antepasados requiere dejar el trabajo, hacer peregrinaciones a Egipto o Perú, comer hongos alucinógenos o adoptar algún tipo de identidad nueva y extraña. Por el contrario, el trabajo con los antepasados ha funcionado en mi vida como un antídoto contra el esnobismo espiritual, ya que me ha ayudado a afianzarme en esta realidad y a valorar a mi familia y a mí mismo. He visto efectos similares en las vidas de otras personas que se lo toman en serio. No hay nada raro en tener una relación sana y continua con nuestros antepasados; de hecho, es una de las cosas más humanas que podemos hacer.

DOS
¿QUIÉNES SON LOS ANTEPASADOS?

La genética, la familia y la consanguinidad son formas de abordar la pregunta: "¿Quiénes son los antepasados?". Los parientes consanguíneos son la primera forma en que la mayoría de la gente piensa y experimenta a los antepasados. También son el centro de gran parte de este libro. Al igual que las muñecas rusas anidadas, nuestra experiencia con los antepasados familiares recientes se inscribe en patrones más amplios de linaje, cultura y prehistoria humana. Nuestros antepasados más antiguos vivieron en África hace al menos doscientos mil años, y es así como ellos expresan la sabiduría colectiva de la humanidad. Son ancianos que recuerdan todo nuestro recorrido evolutivo como seres humanos, y son custodios de nuestra memoria genética y cultural.

Este capítulo presenta las creencias clave que comparten muchas culturas diferentes sobre los antepasados y su relación con los vivos. En su recorrido, aprenderás a distinguir entre los antepasados familiares recientes y los muertos colectivos más antiguos. De igual manera, podrás diferenciar entre los antepasados sanos y los espectros problemáticos, y conocerás los retos y los efectos positivos con los que probablemente te encontrarás al relacionarte con los antepasados. El capítulo dos concluye con un ejercicio para reflexionar sobre tu percepción de la familia y los antepasados más antiguos. A medida que leas, supón que algunas de estas almas están profundamente en paz, mientras que otras pueden estar todavía trabajando en ello. A menos que ya tengas práctica en relacionarte de forma directa con tus antepasados, te invito una vez más a que leas todo el libro antes de buscar intencionalmente hacer contacto.

Los muertos no están muertos

Creo que la mayoría de los pueblos indígenas, animistas, chamanes, paganos, sanadores espirituales y otros que se relacionan intencionalmente con los muertos, estarían de acuerdo con las siguientes cuatro afirmaciones. Estas creencias son los fundamentos de mi enfoque sobre la reverencia a los antepasados y los rituales y sustentan los ejercicios y rituales de este libro. A medida que leas, observa qué perspectivas te parecen naturales y en qué pueden diferir con tus creencias y experiencias.

1. La conciencia continúa después de la muerte.
2. No todos los muertos están igual de bien.
3. Los vivos y los muertos pueden comunicarse.
4. Los vivos y los muertos pueden afectarse mutuamente.

La conciencia continúa después de la muerte
Las tradiciones de reverencia a los antepasados suponen que estos son tan metafísicamente reales como tú o como yo. Al igual que las galaxias lejanas o las bacterias microscópicas, las almas o los espíritus de los fallecidos existen independientemente de que creas o no en ellos o que puedas percibirlos. Hay varios factores que influyen en el grado de apertura de una persona hacia la temática de los antepasados: *las opiniones religiosas o espirituales, la experiencia personal directa*, y lo que yo denomino *la sensación visceral o creencia instintiva*. Cualquiera de ellas es suficiente para fomentar una postura de apertura hacia los espíritus de los muertos. Mientras leas, fíjate en qué tan abierto estás a la realidad de los antepasados y de dónde viene dicha receptividad.

Cuando la gente piensa en los antepasados suele imaginarse a personas mayores, fotografías en blanco y negro y/o familiares fallecidos. Es cierto:

los antepasados incluyen a los que han vivido y muerto antes que nosotros; sin embargo, como escribe el erudito religioso Graham Harvey: "Ser un antepasado es seguir relacionándose"[1]. Cuando un ser querido fallecido visita a los vivos, se trata de un acontecimiento, un encuentro *en el momento presente* entre un humano encarnado y un espíritu ancestral que antes caminaba por la Tierra. Desde esta perspectiva, los muertos siguen vivos. Los antiguos egipcios a veces se referían a sus seres queridos muertos como "los vivos" y a Osiris, guardián de los muertos, como "Señor de los vivos". ¿Por qué insistir en que los muertos están, de hecho, vivos? Si permitimos que las almas o espíritus de los muertos puedan relacionarse con los vivos, conviene tener claro qué queremos decir cuando describimos a alguien o algo como "muerto". ¿Podría significar que esa alma sigue existiendo mientras nosotros hemos dejado de relacionarnos conscientemente con ella, y que en ese sentido pueda estar muerta *para nosotros*?

En la medida en que los espíritus ancestrales siguen relacionándose con los vivos, no están más "muertos" que los ángeles, los dioses, los espíritus de las plantas y los animales u otras fuerzas invisibles. En lugar de pensar en los vivos y los muertos, tal vez sea más exacto distinguir entre las almas humanas que están encarnadas actualmente (los vivos) y las almas que estuvieron encarnadas anteriormente, pero con las que podemos seguir relacionándonos en el presente (los antepasados). Al igual que los humanos encarnados, los antepasados viven y habitan en el presente, aunque tengan sus propias comunidades y residan en lugares distintos de nuestra existencia en la Tierra. En palabras del poeta senegalés Birago Diop en su poema "Espíritus": "Los muertos no están muertos".

La existencia de espíritus ancestrales se fundamenta en el hecho de que cierto aspecto de lo que somos continúa siendo después de la muerte. Casi todos los credos predican algún tipo de continuidad *post mortem* de la conciencia; esto no significa necesariamente que todos los "creyentes" tengan experiencias directas y personales con los muertos. Las investigaciones señalan que el 64% de los estadounidenses cree en la vida después de la muerte y el 45% en los fantasmas, aunque la mayoría no haya tenido una experiencia cercana a la muerte y muchos afirmen que nunca hayan visto un fantasma[2].

Si tu fe afirma que algún aspecto del alma continúa después de la muerte, la creencia en los antepasados es natural. Asimismo, si has experimentado personalmente el contacto con los antepasados, la "creencia" en los espíritus de los muertos es una función de conocimiento directo. Pero, ¿por qué millones de estadounidenses que no se identifican como espirituales o religiosos en particular y que no informan acerca de encuentros directos siguen actuando como si los antepasados fueran reales?

Consideremos la multimillonaria industria de los funerales y cementerios en Estados Unidos como un ejemplo de lo que yo denomino *sentimiento visceral* o creencia instintiva en los antepasados: actuar como si fueran reales. La gente invierte en funerales, urnas de cremación y parcelas para honrar la memoria de los difuntos y también para mostrarles amor y respeto, como realidades continuas en el presente. Las leyes estadounidenses que prohíben la profanación de los cementerios y los restos humanos, refuerzan el tabú generalizado de no perturbar los restos humanos, una opinión que se basa en un supuesto vínculo entre los restos y el alma del difunto. Hollywood entiende el poder de la creencia en este tema: películas como *Poltergeist*, en la que la construcción de una casa sobre un cementerio provoca eventos paranormales, y la idea de la "maldición de los faraones", que deriva en la muerte de cualquiera que perturbe las tumbas de los antiguos gobernantes egipcios, juegan con la asociación entre el espíritu del difunto y sus restos. Programas de televisión populares como *Ghost Hunter, Medium, Ghost Whisperer* y *Crossing Over* se basan en la creencia generalizada de que, de alguna forma, el alma o la conciencia continúan después de la muerte. Este tipo de historias siguen vendiéndose porque la mayoría de los estadounidenses tienden a actuar como si los antepasados fueran reales. Solo por si acaso.

No todos los muertos están igual de bien

Cuando aceptamos que algún aspecto de lo que somos puede continuar después de la muerte, de forma natural surgen preguntas respecto a dónde nos dirigimos exactamente. La mayoría de las tradiciones religiosas afirman la existencia de un mundo invisible o espiritual, algún otro aspecto de la realidad (y de lo que somos) que no está totalmente circunscrito al mundo físico.

Esta afirmación se encuentra estrechamente relacionada con la creencia en la continuidad de la conciencia después de la muerte; si alguna parte de lo que somos perdura cuando el cuerpo muere, deben existir al menos dos lugares o dimensiones, un "aquí" y un "allá" metafísicos. El lugar al que vamos después de la vida en la Tierra sería el "allá" existencial; el lugar donde habitan otros antepasados, el mundo espiritual o el otro mundo.

Muchas tradiciones describen este "otro mundo" de formas que implican la integridad estructural del sistema general. El pueblo yorùbá del suroeste de Nigeria y otros practicantes de la religión tradicional yorùbá (también conocida como Ifá/Òrìṣà), algunas veces emplean la imagen de la calabaza esférica para transmitir la dualidad dentro de una totalidad mayor. En la realidad observable, la mitad superior de la calabaza es la cúpula del cielo (ọrun), y la mitad inferior representa la tierra (ayé). A menudo traducido como cielo, *ọrun* también se refiere al reino invisible que rodea y se cruza con el mundo físico o *ayé*. El viaje del reino ancestral (antes del nacimiento) a la vida encarnada y de vuelta (después de la muerte) es un viaje de ọrun a ayé a ọrun. Un verso de adivinación (odù Ìrosùn-Ìwòrì) de la cultura yorùbá afirma: "La gente seguirá yendo al cielo y volviendo a la tierra después de la muerte hasta que todos alcancen el lugar que les corresponde"[3]. El verso implica que, en un momento dado, algunas almas humanas residen en el otro mundo y otras en la Tierra, pero todas participan en la historia mayor de la conciencia humana que se desarrolla en la gran calabaza del mundo, tanto visible como invisible.

El binomio cielo (allá) y tierra (aquí) también se extiende por el judaísmo, el cristianismo y el islam, y puede verse en términos de las siguientes dicotomías:

Los vivos — Los ancestros
Tierra — Cielo
Este mundo — El más allá
La realidad físicamente perceptible — El mundo invisible o espiritual

Muchas tradiciones también creen que la condición de los muertos refleja o se iguala a la de los humanos vivos en la Tierra. Algunos son sabios y amables, mientras que otros son peligrosos y atormentados; las representaciones del otro mundo suelen reflejar todo este espectro. Para tener en cuenta estas diferencias, los mapas de los reinos ancestrales suelen elaborar dos o más ubicaciones, siendo algunas claramente más cómodas que otras. Por ejemplo, las fuentes cristianas describen el cielo y el infierno de formas radicalmente distintas, aun cuando ambos sean el lugar de residencia, y quizá estados de conciencia, para las almas después de la muerte. El budismo reconoce la existencia de un reino de fantasmas hambrientos, poblado por almas que sufren; también reconoce la existencia de maestros ancestrales benévolos. A veces las tradiciones dicen que los muertos atormentados permanecen aquí entre los vivos como espíritus terrestres; fantasmas que necesitan ayuda para hacer su transición tardía para unirse a los antepasados en el otro mundo.

Las enseñanzas presentadas en este libro son coherentes con la tradición al reconocer que los niveles de conciencia entre las almas de los muertos abarcan todo el espectro. Desde antepasados amorosos, sabios e inspirados, hasta fantasmas peligrosos y malintencionados. Este hecho requiere que los practicantes del culto a los antepasados demuestren un discernimiento similar al utilizado al conocer a nuevos seres humanos vivos. Si no distinguimos entre los niveles de conciencia de los muertos, corremos el riesgo de ver a los antepasados como algo totalmente aterrador y peligroso, o como una fuente idealizada de amor y luz, cuando la realidad tiene más matices. A lo largo de este libro me refiero a "los antepasados" indistintamente de "los muertos" (es decir, todas las almas humanas que no están encarnadas en la Tierra en este momento), pero a veces utilizo el término antepasado de forma más restringida para referirme a las almas que están bien en espíritu. En el segundo uso, el término antepasado es una especie de cumplido: se refiere a un estatus ganado o adquirido y contrasta con los fantasmas, los muertos problemáticos o los que aún no son antepasados.

Una suposición relacionada e importante, es que al igual que nosotros, las almas de los muertos cambian. Cuando muere un padre o un pariente, nuestros recuerdos y filtros psicológicos pueden distorsionar la conexión o intentar bloquear la relación en el pasado. Malidoma Somé, maestro y líder ritual del pueblo dagara de Burkina Faso (África occidental), se refirió a este problema:

> En esta dimensión, una vez que se comete un error siempre se refieren a la persona desde la perspectiva de ese error. Hay una suposición tácita de la cualidad irremediable del ser humano. Es por esto que los delincuentes siguen siendo delincuentes el resto de su vida; es la razón por la cual la gente vive su vida intentando evitar tener algún tipo de antecedente. El problema es que esta situación acaba por extenderse al otro mundo, de modo que los antepasados, los difuntos que durante su vida no fueron muy sabios y que cometieron errores por los que pagaron muchas otras personas, se mantienen dentro de ese tipo de marco, como si ni siquiera la muerte fuera capaz de redimirlos[4].

Somé enfatiza cómo los mismos antepasados cuyas vidas fueron más problemáticas durante su estancia en la Tierra pueden en realidad estar muy motivados para trabajar por el bien después de su muerte. El fantasma de Jacob Marley en *Cuento de Navidad*, de Charles Dickens, encarna de forma maravillosa esta sabiduría al advertir a Ebenezer Scrooge que cambie sus costumbres y evite cometer los errores de Marley. Incluso el cristianismo y el islam, que tienden a considerar el cielo y el infierno como estados relativamente duraderos, reconocen que después de la muerte el alma se somete a una purificación, un ajuste de cuentas o algún tipo de refinamiento o crecimiento.

En mi experiencia de apoyo a otras personas para enmendar su relación con los antepasados recientes, me he encontrado con situaciones en las que el espíritu del fallecido parecía ser brillante, cariñoso y se encontraba disponible para la conexión, mientras que los vivos, a menudo hijos adultos del fallecido, no eran capaces de ir más allá de los recuerdos de su padre en vida. Lo ideal es que las personas resuelvan cualquier problema con sus familiares mientras estén vivos, o bien en el período de tiempo posterior a la muerte del individuo. Sin embargo, el dolor emocional no sanado de una relación pasada puede impedir que una persona viva se relacione y apoye en el presente a los espíritus ancestrales.

Los vivos y los muertos pueden comunicarse

El contacto entre los vivos y los muertos puede adoptar muchas formas. A veces, los difuntos vienen sin ser solicitados, como visitantes en nuestros sueños. A veces hablan a través de visiones de vigilia o sincronicidades, o en momentos en que nuestras defensas psicológicas son escasas (por ejemplo, experiencias cercanas a la muerte o estados alterados). Cuando las personas no cuentan con una estructura para realizar este tipo de contacto y tienen estas experiencias, pueden sentirse inquietas o preguntarse "si han perdido la cordura". En la mayoría de los casos, las experiencias de contacto ancestral espontáneo no representan mayores síntomas de psicosis de los que pudiera haber en las interacciones espontáneas que podemos tener con seres humanos vivos aquí en la Tierra. De hecho, algunas personas se involucran en tradiciones espirituales precisamente porque buscan dar sentido al contacto espontáneo, no solicitado o incluso no deseado con los muertos.

Muchos también buscan contactar con los muertos a través de prácticas de veneración a los antepasados, que pueden incluir la oración, la meditación, el canto inspirado y la expresión creativa centradas en los antepasados, prácticas psíquicas y de mediumnidad, algunos tipos de adivinación, y cualquier otra práctica que facilite la comunicación con los espíritus. En casi todos los rituales centrados en los antepasados en los que he participado en las últimas dos décadas, los participantes vivos han intentado comunicarse con los difuntos. Por supuesto, el contacto espontáneo y el contacto intencional con los antepasados no son mutuamente excluyentes. Los que se relacionan intencionalmente con los antepasados suelen informar de casos ocasionales de contacto espontáneo (por ejemplo, sueños o sincronicidades). Para aquellos que consiguen establecer contacto, es importante tratar de perfeccionar la precisión de la comunicación con el tiempo.

Cuando pienses en la comunicación entre los vivos y los muertos, recuerda lo que sabes sobre las relaciones entre los humanos vivos: que el contacto no es necesariamente consciente ni beneficioso. Las personas pueden ser conscientes de ti antes de que tú seas consciente de ellas, y pueden tener intenciones buenas o malas hacia ti. Por ejemplo, muchas personas disfrutan del apoyo de antepasados amorosos, sean o no conscientes o incluso crean o no en la existencia de estos amigos y protectores invisibles. El contacto en este caso puede considerarse inconsciente pero beneficioso. Cuando los muertos que aún no están en paz pesan sobre los que no tienen conciencia de lo invisible, se trataría de un caso de contacto inconsciente y perjudicial entre los vivos y los muertos. Los practicantes del ritual centrado en los antepasados también saben que es posible dirigir nuestra atención hacia los seres del reino invisible, incluidos los antepasados, sin llamar su atención hacia nosotros. En resumen, podemos llegar a los antepasados con intención, o ellos pueden comunicarse con nosotros por su propia voluntad. Para cualquiera de las partes implicadas, el contacto resultante puede ser útil o perjudicial, consciente o inconsciente.

Los vivos y los muertos pueden influirse mutuamente con mucha fuerza

De los cuatro supuestos clave, este es quizá el más extraño para los occidentales modernos. Sin embargo, sin esta consideración, las prácticas para involucrar a los antepasados no serían importantes. Los practicantes del culto a los antepasados suelen dar por sentado que estos nos influyen en un grado realmente importante y que nosotros también tenemos influencia sobre ellos. El impacto mutuo es más que un hecho, lo que sí puede variar es si la influencia será consciente o inconsciente, beneficiosa o perjudicial. Muchos rituales se centran en mantener relaciones positivas entre los vivos y los muertos, precisamente para garantizar que su influencia sea beneficiosa y no perjudicial. En una conversación, un sacerdote vudú haitiano, Manbo Maude, me enseñó una imagen de uno de los Guédé (espíritus ancestrales) cavando su tumba mientras otro intenta cubrirla. Los antepasados pueden conferir bendiciones de salud y longevidad, o pueden enviarnos a una tumba antes de tiempo.

Consideremos en primer lugar algunas de las formas útiles en que los antepasados pueden influir en los vivos. En el nivel más fundamental, los antepasados sanos pueden otorgar un legado de buena salud, prosperidad y arraigo en un lugar y en la cultura. Los antepasados que en vida encarnaron la bondad y la integridad, pueden servir como fuentes de inspiración y motivación para los familiares vivos. Los muertos amorosos también pueden trabajar para guiar, elevar y proteger a sus descendientes, tanto si la familia viva es consciente de este apoyo, como si no. Según mi experiencia, los antepasados que son fuertes y brillantes en espíritu son también los mejores guías y aliados para los familiares vivos que buscan transformar y acabar con las difíciles cargas intergeneracionales. Nosotros somos sus ojos y sus manos en esta dimensión, y ellos están profundamente comprometidos con los buenos resultados. Los antepasados que están bien en espíritu aportan bendiciones adicionales a los principales acontecimientos de la vida, como el nacimiento, las bodas y el regreso de los vivos a sus filas en el momento de la muerte. En resumen, cuando disfrutamos del apoyo activo de nuestros antepasados amorosos, la vida tiende a transcurrir de forma más fluida, con mayores niveles de suerte, soltura y vitalidad.

Nosotros en la Tierra también podemos beneficiar a los antepasados. Ellos, como cualquier otro ser de otra dimensión, necesitan alimentarse. Cuando hablamos bien de ellos y los alimentamos con ofrendas de corazón (por ejemplo, comida, bebida, flores), reciben el placer de la nutrición y el recuerdo. También aportamos honor y alegría a nuestros antepasados cuando sanamos los desafíos intergeneracionales, apoyamos a las familias sanas y vivimos como personas buenas y éticas en la Tierra. Recordemos que la muerte en nuestro mundo es el comienzo de un rito de paso para los recién fallecidos, y que este viaje solo se completa cuando se unen plenamente a las filas de los antepasados. Los vivos pueden desempeñar un papel importante en esta transformación. Cuando ayudamos a los recién fallecidos, y a los que aún no están bien de ánimo para completar su transición, apoyamos la salud de los antepasados. En general, cualquier acto de servicio que fomente la salud de las familias, los niños y el futuro de los humanos en la Tierra, también repercute de forma positiva entre los antepasados. ¿Se te ocurren otras formas en las que te beneficias del apoyo de los antepasados o aportas honor y bendiciones a tu pueblo?

¿Y los muertos que están "cavando su tumba", los que aún no están en paz? Recuerda que las tres máximas anteriores afirman que los antepasados son reales, que todos no están igual de bien y que pueden comunicarse con nosotros (aunque no busquemos el contacto). Buenas noticias: si alguna vez tienes la sensación de que un abuelo o padre querido está pendiente de ti, es muy probable que así sea. Malas noticias: si tienes la sensación de que las almas de los antepasados de la familia no están en paz o están interfiriendo con la familia viva, también es muy probable que tengas razón. No podemos tener las dos cosas, al igual que no podemos creer que en la Tierra solo existen personas amables y simpáticas. Cuando los antepasados no están bien de ánimo, los ancianos vivos pueden sentirse a menudo mal física y psicológicamente, y así sucesivamente a lo largo de las generaciones. Las manifestaciones pueden incluir legados de enfermedad, adicción, abuso físico y emocional, aislamiento, pobreza y muerte temprana. Las acciones destructivas de los antepasados recientes pueden repercutir en la familia viva durante generaciones, funcionando como una especie de maldición ancestral, karma intergeneracional o mala suerte generalizada. ¿Cuáles son tus creencias sobre los muertos problemáticos y su efecto en los vivos? El impacto de los fantasmas o de los muertos mal avenidos se explorará en profundidad en los siguientes capítulos, y el proceso de reparación que constituye el núcleo de este libro hace hincapié en las formas de transformar y sanar estos difíciles legados.

Aunque los miembros vivos de la familia suelen estar al margen de los problemas ancestrales, las acciones realizadas (o evitadas) por los vivos pueden perjudicar a los antepasados. Como en muchos tipos de relaciones, la forma más común en la que los vivos lo hacen es no observar el respeto básico o no presentarse a la conexión. Muchas comunidades contemporáneas (religiosas y de otro tipo) rechazan la existencia o la relevancia de los antepasados. Esta falta de consideración funciona como una especie de amnesia ancestral con respecto a la familia, la herencia y la cultura. Cuando olvidamos nuestros orígenes, es más probable que promulguemos y reforcemos patrones intergeneracionales poco útiles, aunque solo sea porque nadie nos haya advertido de las cargas familiares. En la medida en que los antepasados esperan que sanemos los problemas transmitidos a lo largo de los vínculos sanguíneos, la falta de voluntad para sanar puede impedirles cumplir su papel en la labor de reparación. La repetición de patrones antiguos y dañinos puede mantener a los antepasados atrapados junto con nosotros. La falta de consideración hacia los miembros de la familia después de la muerte también aumenta el riesgo de que no se eleven por completo y logren alcanzar la condición de antepasados. Además, los vivos también pueden causar trastornos a los muertos al profanar lugares importantes para ellos, como cementerios, santuarios de los antepasados y santuarios naturales. ¿Se te ocurren otras formas en las que los habitantes de la Tierra pudiesen tener una relación poco sana con los difuntos?

Partiendo de esas cuatro suposiciones o principios subyacentes de la veneración a los antepasados y los rituales, la siguiente sección explora:

- Los diferentes tipos de antepasados en función de la antigüedad de su vida en la Tierra.
- Las distinciones entre los antepasados individuales, los linajes y los muertos colectivos.
- Los desafíos comunes a la hora de relacionarnos con los distintos tipos de antepasados.

Cuando leas, reflexiona o toma notas sobre cómo estas perspectivas se alinean o difieren de tus creencias y experiencias personales. El capítulo concluye con una invitación a la reflexión personal sobre cómo te sientes con tus antepasados.

La familia y los antepasados recordados

La familia puede ser una fuente de gran alegría, así como de dolor devastador, y nuestra familia, ya sea por presencia o por ausencia, moldea profundamente nuestra identidad y visión de la vida. Tu experiencia familiar probablemente influya en la percepción que tienes de tus antepasados más antiguos.

Antepasados familiares

Cuando piensas en la familia es probable que te venga a la mente la imagen de tus padres biológicos, sobre todo si son los que te han criado desde la infancia. Para los adoptados, las personas que nunca han conocido a sus padres biológicos y los que proceden de familias mixtas o elegidas, el tema de los antepasados familiares puede ser complicado. Tal vez el lente más estrecho a través del cual visualizar a los antepasados es la relación del ADN con la sangre. Muchos rasgos físicos y predisposiciones de salud derivan directamente de los ascendientes consanguíneos, y tienen impacto en la vida. Los antepasados pueden otorgar dones como la longevidad, la fertilidad y un temperamento uniforme, al igual que pueden transmitir vulnerabilidades frente a enfermedades físicas y mentales. Las personas adoptadas, huérfanas o alejadas de sus parientes consanguíneos probablemente no conozcan sus predisposiciones genéticas. También pudiesen no tener acceso a las historias de sus antepasados biológicos. Sin embargo, aquellos que no tienen una conexión viva con la familia de sangre pueden relacionarse con los espíritus de los antepasados muertos y de sangre que estiman, a través de prácticas de honra y rituales. Además de los ancianos del linaje directo (por ejemplo, los abuelos, los padres), los antepasados de la familia pueden incluir a los hijos, los hermanos, los tíos, los primos y cualquier persona vinculada a través de los mismos lazos de sangre.

La familia también puede incluir a la *familia elegida*, aunque no siempre seamos nosotros quienes tomemos las decisiones. En este sentido, los individuos no relacionados genéticamente se convierten en parientes de sangre, a menudo a través de rituales de adopción formales. Por ejemplo, algunas tribus nativas norteamericanas tienen ceremonias para establecer relaciones, tras las cuales se entiende que los individuos adoptados son familia, con todos los privilegios y responsabilidades que ello conlleva. La adopción legal puede funcionar como una especie de ritual contemporáneo de establecimiento de relaciones, y algunos adoptados descubren que su nueva familia y sus antepasados tienen el mismo peso psicológico que los antepasados biológicos. En mi propia experiencia de convertirme en "hermano de sangre" de un amigo de la infancia, seguí soñando con él años después de dejar de tener contacto regular. La sangre, de este modo, también es simbólica, y la familia que eliges o que te elige puede influir no solo en tu identidad, sino también en tu sangre y tu cuerpo. Los antepasados familiares también pueden incluir a seres queridos sin relación genética que en algún momento pasaron de ser amigos a miembros de la familia. Aunque este libro hace hincapié en la reparación del linaje con nuestros antepasados biológicos, puedes extender algunos de esos mismos principios y prácticas a otros tipos de antepasados y linajes.

Los muertos recordados

Independientemente de a quienes consideremos familia, es nuestro recuerdo de esas personas el que determina el alcance de los antepasados que recordamos. Los muertos recientes o recordados incluyen a los padres, abuelos, hijos, hermanos y otros parientes que nos conocieron durante su vida en la Tierra. También pueden incluir generaciones anteriores de antepasados recordados a través de la tradición familiar o la investigación genealógica. Piensa en estos antepasados como aquellos que recuerdas por su nombre, su rostro o sus actos.

Los practicantes del culto a los antepasados a veces animan a conocer los nombres de los antepasados hasta siete generaciones atrás. Si se asume este reto, siete generaciones a lo largo de cada línea de sangre exigen memorizar los nombres de 254 antepasados. La mayoría de las personas que conozco saben los nombres de sus abuelos y quizá de uno o dos bisabuelos. Esta falta de conocimiento es comprensible, ya que la investigación familiar no es para los débiles de corazón. Por ejemplo, los nativos americanos y las personas de ascendencia africana que son capaces de rastrear su historia familiar a través de las generaciones recientes, se enfrentan inevitablemente a un muro histórico en el que los nombres documentados dan paso a los registros poco personalizados de la esclavitud, la ocupación forzada y el genocidio. Aquellos con interrupciones recientes en el conocimiento ancestral (por ejemplo, adopción, guerra y desarraigo, concepción a través de la violencia, migraciones repentinas) suelen tener un conocimiento aún más limitado de la historia familiar. En mi caso, años de investigación revelaron nombres y conocimientos de los antepasados familiares que se remontan a más de trescientos años a lo largo de algunas líneas de sangre, pero para otros solo hasta cuatro generaciones. Si conoces los nombres de tus antepasados, aunque sea en una sola línea, hasta siete generaciones, ¡es una bendición! Recuerda que cualquier esfuerzo por comprender la historia familiar o investigar su genealogía puede ayudar a despertar tu relación con los antepasados, tanto conocidos como desconocidos (consultar el capítulo 5 para ver sugerencias de investigación).

Relacionarse con la familia y los antepasados recordados

¿Qué obstáculos pueden surgir al relacionarse con los antepasados recientes? En primer lugar, puede que simplemente tengas poca o ninguna información sobre ellos. En segundo lugar, es posible que tengas experiencias y percepciones negativas de los familiares, lo cual puede afectar tu entusiasmo por relacionarte con esa línea familiar. En tercer lugar, puede haber problemas que provengan de los propios espíritus ancestrales.

Veamos cada uno de estos tres desafíos. Aunque te sientas desanimado al tener poca información sobre tus antepasados familiares recientes, todavía puedes conectar directamente con ellos en espíritu. Los antepasados genéticos no están más lejos de ti que tu sangre y tus huesos. De hecho, los que no tienen experiencia con una familia biológica son menos propensos a proyectar recuerdos de los fallecidos en sus relaciones actuales con los antepasados. A los adoptados y a los que se encuentran en circunstancias similares les sugiero que confíen en su intuición y en su capacidad a la hora de interactuar tanto con sus antepasados de sangre como con los adoptivos.

Otra pregunta habitual que escucho es más o menos la siguiente: "si mi familia viva o mis antepasados recientes son o fueron abusivos, poco cariñosos, disfuncionales, están ausentes o son poco inspiradores, ¿por qué demonios querría conectar con ellos?". Una de las razones es asegurarse de que ya no estén conectando contigo de forma perjudicial. Hasta que los difuntos no se unan a los antepasados amorosos, pueden pesar sobre las conexiones de los familiares vivos entre sí y con los antepasados más antiguos. A la inversa, su transición exitosa puede liberar viejos bloqueos y apoyar la sanación personal y familiar. *Pero relacionarse con los antepasados no exige, en ningún momento, abrirse a las energías dañinas o abusivas de la familia, viva o fallecida.* Por el contrario, un cambio positivo puede exigirte que establezcas límites saludables tanto con tus familiares vivos como con cualquier difunto que está atribulado en espíritu.

Otra razón para comunicarse con los antepasados recientes es ayudar a facilitar un camino mejor para ellos, para su familia viva y para ti mismo. Los familiares que conocimos durante su vida en la Tierra son también los antepasados que más pudiesen afectarnos en el presente, y esto hace que queramos asegurarnos de que todo vaya bien para ellos. En ocasiones, la gente se da cuenta de que sus queridos difuntos ya están bien en espíritu, aunque nuestra percepción de ellos siga siendo negativa y arraigada en el pasado (para saber más sobre las formas de determinar si los antepasados están bien, revisar el capítulo 5, páginas 91 a la 92). Malidoma Somé ha animado a aquellos que buscan la sanación familiar a través del trabajo con los antepasados, a "desprenderse del pensamiento de que los antepasados que una vez tuvieron un registro (de comportamiento dañino) en esta dimensión, siguen llevando esa misma frecuencia en el otro mundo"[5]. Los antepasados cuyas vidas en la Tierra fueron problemáticas pudiesen estar dedicados a hacer enmiendas en nuestro mundo como parte de su propio viaje de sanación, y pudiesen inclusive haberse ya unido a los sabios y antepasados amorosos después de la muerte. Cuando un antepasado familiar está bien en espíritu, las condiciones contribuyen al perdón y la reconciliación entre los vivos y este antepasado, surgiendo la oportunidad de una relación de apoyo mutuo que puede no haber sido posible en vida. Si todos tus antepasados recientes ya son brillantes y están bien de ánimo, puedes trabajar con ellos para mantener la salud y la vitalidad de tu familia y de tu comunidad.

Por desgracia, no todos los que han muerto se han asentado plenamente en su condición de antepasados familiares solidarios. Si no se toman las precauciones adecuadas, relacionarse con los muertos problemáticos o con los que aún no son propiamente antepasados, puede causar trastornos y desequilibrios a los vivos. A menos que te sientas seguro de que un determinado antepasado familiar está bien en espíritu, considera primero relacionarte con los guías ancestrales más antiguos e iniciar el proceso de reparación del linaje descrito en los capítulos del 5 al 9. De este modo, cualquiera de los muertos recientes que aún no esté bien puede "graduarse" con el tiempo y convertirse en un antepasado elevado.

Algunos signos de que este proceso de compromiso está "funcionando" incluyen relaciones más conscientes con los miembros vivos de tu familia, una mayor conexión con el linaje y el apoyo ancestral, así como la elevación de los espíritus de los muertos recordados. Sentir el apoyo de los antepasados amorosos puede ayudarte a actualizar viejas percepciones, a establecer límites saludables, a perdonar daños del pasado y a mostrarte de forma más consciente con tu familia viva. Incluso, si no tienes contacto o conocimiento de tu familia biológica o eres el último de tu linaje, puedes invocar la ayuda de los antepasados amorosos y fortalecer esta relación con el tiempo. Amar y perdonar a nuestros antepasados de sangre recientes, también les ayuda a ellos a llegar a la paz y, a su vez, a apoyarnos mejor desde su mundo.

Antepasados mayores y los muertos colectivos

Contrasta la luz de una vela con la de una hoguera. Con poco conocimiento de la historia familiar, la noche, más allá de la memoria, habita cerca del presente. Por otra parte, aquellos con registros más extensos o tradición oral, tienen recuerdos más brillantes que llegan más atrás en el tiempo. Aun así, en todos los linajes hay un umbral a partir del cual se olvidan los nombres, los rostros y las historias familiares. Las líneas de sangre entre los muertos colectivos más antiguos incluyen al antepasado más reciente de cualquier linaje cuyo nombre se ha perdido en la memoria (por lo general alguien de las últimas generaciones) a través de los últimos miles de años de historia, hasta los primeros humanos que caminaron por la Tierra hace al menos doscientos mil años. La gran mayoría de nuestros antepasados se encuentra entre los muertos cuyos nombres se han olvidado.

Cuando ya no se encuentran atados a la Tierra por su nombre o por su memoria viva, estos antepasados más antiguos suelen aparecerse a las personas vivas en forma de grupo o energía colectiva. No obstante, puedes experimentar a los antepasados de cualquier época como espíritus individuales, como un linaje distinto o como una presencia colectiva. Lo ideal es que te sientas amado y apoyado por tus antepasados más antiguos; sin embargo, acceder a su apoyo puede requerir curación y reparación con la familia viva y con los antepasados recientes. Si sientes la conexión con los antepasados más antiguos de tu linaje cuyos nombres ya se han olvidado, ¿hasta dónde se remonta esto en el tiempo? Incluso los practicantes de la veneración a los antepasados parecen relacionarse principalmente con aquellos de los últimos dos o tres mil años. Considera las siguientes cuatro categorías como punto de partida generalizado para distinguir a los antepasados cuyos nombres están olvidados:

- Antepasados humanos antiguos: de 200.000 a 10.000 años atrás.
- Primeros agricultores y habitantes urbanos: de 10.000 a 2.000 años atrás.
- Antepasados anteriores conocidos por la historia: de 2.000 a 500 años atrás.
- Antepasados recientes conocidos por la historia: hace 500 años, familia nombrada.

Mis comentarios anteriores no pretenden insinuar que los agricultores, los urbanitas o los que escriben la historia sean de alguna manera mejores o que la cultura humana progrese en una dirección determinada. Más bien, estoy haciendo hincapié en que, a medida que la memoria retrocede en el pasado, los conocimientos específicos dan paso a trazos cada vez más amplios de la historia y de la prehistoria. La siguiente sección aborda algunos de los obstáculos y los indicadores de sanación, al momento de relacionarse con los antepasados más antiguos.

Antiguos antepasados humanos

Los biólogos evolutivos y los paleoantropólogos suelen situar nuestra aparición como especie diferenciada hace doscientos mil años en África oriental[6]. De igual manera, y también en África[7], sitúan nuestra llegada a la plena modernidad conductual hace unos cincuenta mil años. Según esta teoría dominante de "venidos de África", todos nuestros antepasados humanos tienen su origen en la antigua África, al igual que las cualidades que más asociamos con la humanidad. De cincuenta mil a diez mil años atrás aproximadamente, algunos humanos emigraron de África para habitar la mayoría de las demás regiones de la Tierra. Durante miles y miles de años, casi todos nuestros antepasados (en todo el mundo) vivían en comunidades de unos pocos cientos a unos pocos miles de personas y practicaban un estilo de vida de cazadores y recolectores, y eran seminómadas o agrícolas a pequeña escala. ¿Qué sabes de la vida de tus antepasados durante este período? En mi caso, sé que los primeros restos humanos conocidos en Europa datan de hace unos cuarenta y cinco mil años[8], y que al menos algunos de mis antepasados personales emigraron del norte de África al sur de Europa en algún momento posterior. También sé que, al igual que otras personas de ascendencia europea, tengo entre uno y cuatro por ciento de composición genética neandertal, lo que significa que algunos de mis primeros antepasados humanos tuvieron hijos y convivieron con nuestros parientes neandertales en Europa, hasta la extinción de estos últimos hace unos veinticinco mil años.

En los últimos diez mil años, las culturas de todo el mundo experimentaron grandes cambios mediante la adopción de la agricultura a gran escala, el lenguaje escrito, la minería y la metalurgia intensivas (solo el cinco por ciento más reciente de nuestra historia como especie). Estas innovaciones condujeron a la aparición de grandes ciudades y civilizaciones modernas. En 2014, más de la mitad de los seres humanos vivían en zonas urbanas[9]. Aunque algunos de nuestros linajes abandonaron los modos de vida tribales hace miles de años, un pequeño grupo de culturas indígenas sigue sin tener un lenguaje escrito y viven cerca de la tierra de forma más tradicional. ¿Cuánto hace que tu pueblo no vive en una cultura tribal o no practica un modo de vida indígena? ¿Qué sabes de los estratos tribales, preimperiales y precoloniales de tu ascendencia?

En mi caso, como persona con ascendencia del norte de Europa, mi pueblo dejó de practicar formas de vida tribales y respetuosas con la Tierra hace aproximadamente mil o dos mil años. Aunque me relaciono en espíritu con estos antepasados que habrían sido "indígenas" según los estándares actuales, no pretendo ser una persona indígena; más bien, soy un animista practicante que cultiva la sabiduría que honra a la Tierra.

Antepasados de los últimos dos mil años

¿Cuándo surgen, por primera vez, tus antepasados más antiguos en tu conciencia de la historia como pueblos distintos? Para mí, esta transición se centra en la conquista y conversión de la Europa precristiana por parte del imperio romano e imperios cristianos posteriores. Antes de eso, mis antepasados vivían en gran medida como pueblos tribales e indígenas, y este es el estrato de mi historia con el que más resueno. Si eres afroamericano, ¿qué sabes o imaginas de la vida de tus antepasados en las generaciones anteriores a la trata transatlántica de esclavos? ¿Qué hay de los antepasados que vivieron antes de la llegada del cristianismo y el islam al África subsahariana? Si eres miembro de una de las cientos de naciones nativas de América del Norte, ¿tienes conocimiento y sensación de la vida de tu pueblo antes de la llegada de los europeos al continente? Si tu gente procede de Asia, ¿cuánto sabes de su historia antes de que comenzara el contacto regular de los europeos con Asia en el siglo XVI?

Los muertos olvidados más influyentes (desde el punto de vista psicológico) suelen ser los que están más allá del alcance de los nombres recordados. Podemos considerar a estos antepasados como olvidados por su nombre, pero conocidos por la historia. Su impacto reverbera a través de la cultura y los hábitos compartidos, la identidad histórica y nacional, así como la influencia epigenética a nivel corporal. En la medida en que el legado del colonialismo europeo de los últimos cinco siglos ha sido un reto para gran parte del mundo, este período de problemas sigue reflejándose e informando las experiencias de muchos pueblos con sus antepasados. Pero incluso si tu pueblo ha experimentado graves dificultades en los últimos siglos, asegúrate también de recordar a los que vivieron antes de estos problemas, y no permitas que las dificultades definan completamente tu percepción de ellos. Cada uno de nuestros linajes incluye miles de años de historia humana, con antecedentes de opresores, oprimidos y cualquier otra configuración.

Ancestros individuales, de linaje y colectivos

Los espíritus ancestrales individuales suelen ser personas que conocimos durante su vida en la Tierra. Mis abuelos y varios amigos que han fallecido son así para mí. Por lo general, cuando las personas afirman hablar con los muertos, experimentan a sus antepasados como espíritus individuales que murieron en algún momento del siglo pasado. Cualquier espíritu ancestral puede estar en un estado amoroso y pacífico o en uno de inquietud y dolor. Los muertos con problemas suelen aparecer como espíritus individuales y pueden o no ser considerados antepasados propiamente hablando, ya que algunos reservan el término antepasado para aquellos que son conscientes de que están muertos y están bien en espíritu. La distinción importante aquí es que te estás relacionando con el espíritu de un antepasado específico, en contraposición a un colectivo.

El linaje puede experimentarse como una especie de conciencia colectiva compuesta por los espíritus ancestrales individuales de una línea determinada. Los antepasados familiares recientes pueden adoptar la cualidad de linaje, como un padre fallecido que parece estar conectado en espíritu con sus padres y abuelos. Cuando el espíritu de un antepasado reciente se fusiona con el linaje mayor, la comunicación a través de ese antepasado, por ejemplo, durante un sueño, puede parecer influenciada con el peso o la autoridad del linaje y dar la sensación de estar en presencia de una energía mayor.

El linaje también puede incluir guías ancestrales más antiguos, que se presentan como espíritus individuales. El proceso de reparación del linaje familiar, que constituye el núcleo de este libro (revisar los capítulos 5 al 9), exige conectar con los guías ancestrales y trabajar con ellos para realizar las reparaciones necesarias entre los antepasados familiares más antiguos y más recientes. Por ejemplo, he experimentado la conexión con un antepasado de la línea de mi abuelo paterno que vivió en el norte de Europa hace unos dos mil años. Para mí, este guía encarna el linaje como conciencia de grupo, una faceta que adopta el linaje para facilitar el diálogo conmigo. Detrás de la máscara del antepasado individual está el espíritu del linaje.

Al igual que los espíritus individuales pueden presentarse como un linaje más amplio, los diferentes linajes ancestrales pueden armonizarse aún más en una encarnación colectiva de la conciencia ancestral. De este modo, el linaje puede funcionar como un concepto intermedio entre las almas de los antepasados individuales recientes y los muertos colectivos. Cuando los antepasados individuales a lo largo de las líneas de sangre de tu familia son vibrantes y están bien en espíritu, tienes la posibilidad de armonizar estos diferentes linajes en tu cuerpo y experiencia (ver capítulo 9). A lo largo de este libro, me muevo con relativa libertad entre el enfoque de los espíritus individuales, los linajes ancestrales y los muertos colectivos. Las diferentes tradiciones y prácticas tienen sus propios estilos y protocolos para honrar estas distinciones. Si tu familia tiene una historia reciente de reverencia a los antepasados, ¿cómo entiendes los diferentes tipos de antepasados humanos? Si practicas una tradición que incluye la veneración a los antepasados, ¿cómo ves tu camino a los antepasados cuyos nombres están ahora olvidados?

La relación con los linajes y los antepasados más antiguos

Es posible experimentar desafíos cuando nos relacionamos con nuestros antepasados más antiguos. Entre ellos se encuentran la desconfianza en nuestra capacidad para comunicarnos con ellos de forma segura, las percepciones negativas de nuestra historia y los problemas no resueltos entre los propios antepasados.

Dado que pocas personas en el Occidente moderno fueron criadas en un marco de relación con los antepasados, a menudo escucho preguntas como "¿cómo sé que no me estoy inventando todo esto?", y esa es una pregunta importante. Incluso quienes hablan con los muertos de forma habitual reconocen que es posible inventarse cosas, pensar que se está en conexión cuando no es así o simplemente estar fuera de lugar. Una de las preocupaciones más comunes se centra en distinguir la imaginación, la fantasía o la ensoñación del contacto con los espíritus, un perfeccionamiento que, según he comprobado, solo se consigue con un equilibrio entre la fe y un sano escepticismo, combinado con la práctica a lo largo del tiempo. Ten paciencia mientras aprendes poco a poco a confiar en tu intuición cuando te relacionas con los reinos invisibles, y consulta el capítulo 6 para obtener más sugerencias.

Otra preocupación común es el miedo a no ser capaz de cerrar una puerta una vez abierta, es decir, la preocupación de que hablar con los muertos haga que los demás te vean como un loco o desestabilice tu vida. Hablar con los muertos, aunque sean tus muertos, suele levantar algunas cejas. Y aunque no suele ser el caso, es totalmente posible que ese trabajo desestabilice en cierta forma tu vida. Ciertas condiciones psicológicas o antecedentes pueden no combinarse bien con el trabajo directo con los antepasados; sin embargo, rara vez veo que la gente se desestabilice por el mero hecho de dedicarse a prácticas para honrar y conocer a sus antepasados amorosos.

Buscar la relación con los antepasados más antiguos puede hacer que se tome conciencia de la evitación multigeneracional, antes inconsciente, de períodos dolorosos de la historia familiar. Esto puede manifestarse como el rechazo o la devaluación de la historia personal y del pasado, incluyendo la consideración de ciertos grupos como no perdonados y tal vez, incluso, imperdonables. Mantener percepciones negativas de los antepasados (por ejemplo, personas abusivas, soldados del lado equivocado de la historia, propietarios de esclavos, fanáticos, conquistadores) pone de relieve una oportunidad para la curación personal y cultural. Aquellos a los que juzgamos o despreciamos pueden estar bien de ánimo, en cuyo caso el trabajo de perdón y reconciliación se hace más sencillo. Si tienes motivos para creer que esos antepasados con los que tienes problemas pueden estar en un estado de sufrimiento, conecta primero con guías ancestrales amorosos y sabios (revisar el capítulo 6).

¿Cuáles son los signos de sanación y mejora de las relaciones con tus antepasados colectivos? Por un lado, puede que puedas percibir sus vidas con mayor claridad y compasión. En tu propia vida, puede que sientas una mayor sensación de apoyo ancestral y una voluntad de comprometerte y sanar las heridas familiares y colectivas. Recuerda: tus antepasados, tanto amorosos como elevados, tienen un gran interés en tu bienestar, y a medida que empieces a conocerlos en el espíritu del perdón, más podrás acceder o recurrir a su apoyo.

Una de las mejores formas de honrar a estos antepasados más antiguos es transformar el dolor y la disfunción heredados, y en su lugar, encarnar las bendiciones y los dones que has obtenido de tu pueblo. Esto incluye reparar las heridas colectivas que viven en tu familia y comunidades y dentro de tu propio cuerpo y alma. Quienes están comprometidos con la sanación interior, ya saben que los patrones familiares, incluida la variedad menos útil, pueden parecer a veces como "un regalo que nunca se acaba". Por ejemplo, los hombres de mi ascendencia paterna no siempre han sido las personas más expresivas a nivel emocional. En ocasiones me recuerdan que necesito expresar más mis sentimientos. Las adicciones o las tendencias violentas también pueden funcionar como legados intergeneracionales. Si tus antepasados tuvieron problemas con el alcohol, es probable que alguien de tu familia, o incluso tú, se enfrente a ese mismo problema y lo supere o sucumba a él.

Este capítulo comenzó con la pregunta: "¿Quiénes son los antepasados?". Para resumir, nuestros antepasados incluyen tanto a los muertos recordados como a los antepasados cuyos nombres se han olvidado. Tanto nuestros antepasados recientes como los más antiguos y colectivos influyen en nuestra identidad y en el sentido de nuestro lugar en el mundo; lo ideal es que incluyamos a ambos en nuestras prácticas de reverencia a los antepasados. Aunque este libro se centra en las relaciones con los antepasados familiares, es importante recordar que todos somos parientes y que todos compartimos una ascendencia común en África.

ᢒᢙᢒ

EJERCICIO UNO

¿CÓMO TE SIENTES RESPECTO A TUS ANTEPASADOS?

OBJETIVO: Reflexionar solo o con un amigo sobre lo que sabes y cómo te sientes respecto a tus antepasados.

QUÉ NECESITAS: Un diario, alguien con quien puedas hablar o alguna forma de expresar tus reflexiones.

Date espacio para reflexionar sobre cada conjunto de preguntas, haciendo también una pausa para dar cabida a tus sentimientos, intuiciones y percepciones. Este proceso de reflexión e "inventario" es la base para cualquier compromiso posterior con tus antepasados.

¿Conoces los nombres de tus antepasados? ¿Cuántas generaciones de tus antepasados conoces? ¿Cómo se siente este conocimiento o falta de conocimiento? ¿Tienes los nombres de tus antepasados a través de tus familiares o de la investigación?

¿Qué historias has escuchado sobre tus antepasados recientes? ¿Quién de tu familia ha compartido contigo historias sobre las generaciones recientes? ¿Cómo afectan estas historias la forma en que ves a estos antepasados?

¿Has visitado las tumbas de tus antepasados recientes? Si sabes dónde fueron enterrados (o conmemorados) y has visitado estos lugares, ¿aprovechaste la oportunidad de conectar con ellos en espíritu? Si es así, ¿qué significó para ti?

¿Tienes algún objeto físico que les haya pertenecido en vida? ¿Hay algo en tu casa o en tu almacén que te vincule físicamente con tus antepasados recientes? Si es así, ¿cómo te sientes con esos objetos y el lugar que ocupan en tu vida actual?

¿En qué medida conoces la historia de tu pueblo en los últimos siglos? ¿Has tratado de comprender mejor la vida y la época de sus antepasados recientes? A partir de tus conocimientos, ¿de qué manera la historia ancestral reciente ha configurado tu familia, tus circunstancias y tu visión del mundo?

¿Hay algo que deba ser perdonado entre tú y tus antepasados recientes? ¿Tus sentimientos hacia tus antepasados son en su mayoría positivos, en su mayoría negativos, o están en un punto intermedio? ¿Cómo te sentirías si tuvieras la oportunidad de reunirte con tus antepasados directamente? ¿Hay asuntos no resueltos, no perdonados o que necesitan ser enmendados?

❦❧ ANCESTROS DE LA HISTORIA Y LA PREHISTORIA ❦❧

¿Qué sabes de la historia de tus antepasados de los últimos dos mil años? ¿En qué momento el registro de nombres da paso a agrupaciones de personas y a especulaciones históricas sobre su origen? Entre las personas que reclamas como antepasados, ¿conoces bien su historia? ¿Has explorado la época en que vivían de forma tradicional y tribal?

¿Qué sabes de las tradiciones y formas de vida de tus antepasados? ¿Has conectado a nivel intuitivo y de corazón con las formas de vida que tu pueblo practicaba antes de la industrialización y la modernidad, así como antes de las grandes religiones organizadas? ¿Algunas de estas formas más antiguas siguen influyendo en tu acercamiento al espíritu o a la vida en el presente?

¿Has visitado o vives en las tierras de algunos de tus antepasados más antiguos? Si has viajado a algunas de las tierras de tus antepasados, ¿cómo fue para ti? Si todavía vives allí, ¿cómo influye esto en tu experiencia del hogar o en tu sentido de pertenencia y arraigo?

¿Hay algo en tu vida diaria que te conecte a esos antepasados? Además del ADN de cada célula de tu cuerpo, ¿qué cosas físicas, prácticas, símbolos, películas, canciones o intereses te conectan todavía a estos antepasados?

¿Cómo te sientes al ser descendiente de esas personas? ¿Te sientes orgulloso, avergonzado, inspirado o indiferente respecto a tus antepasados más antiguos? ¿Qué imagen de tus antepasados tienen tu cultura, tu comunidad y tu familia actuales? Si pudieras elegir a tus antepasados, ¿elegirías a los mismos?

¿Hay algo que deba ser perdonado entre tú y tus antepasados más antiguos? ¿Hay acciones históricas que te hacen juzgarlos? ¿Te identificas más con ciertos antepasados debido a estos juicios? Si es así, ¿has explorado alguna vez la posibilidad de perdonar y reconciliarte con tus antepasados menos valorados?

CONTACTO ANCESTRAL ESPONTÁNEO

La comunicación entre los vivos y los muertos puede cultivarse intencionalmente o producirse de forma espontánea. Cualquiera de los dos tipos de contacto puede ser útil, perjudicial o ambos. Los antepasados se ponen en contacto con las personas que afirman su realidad, pero los muertos también pueden aparecerse a quienes no creen en ellos o en una vida después de la muerte.

En este capítulo aprenderás sobre los diferentes tipos de contacto no solicitado con los muertos, incluyendo las visitas en sueños, las sincronicidades y los encuentros durante la vigilia, tanto en estados de conciencia ordinarios o poco ordinarios. Los ejemplos incluyen tipos de contacto útiles y perjudiciales, así como algunas formas de responder a ellos. El ejercicio que aparece al final de este capítulo podrá ayudarte a evaluar tus propias experiencias y creencias sobre los antepasados y su papel en tu vida.

Contacto en sueños

Muchas personas que han perdido a un ser querido acaban soñando con el fallecido. Algunos de estos sueños van acompañados de la impresión de encontrarse realmente con el espíritu del difunto. Cuando son edificantes, pueden centrarse en la reconexión con los antepasados, la sanación personal y la recepción de mensajes útiles sobre el presente. Por desgracia, no todos los sueños con los muertos son así; si aceptas que algunos de los fallecidos (muy probablemente incluyendo algunos de tus propios antepasados) aún no están en paz y que ellos también pueden ponerse en contacto contigo en sueños, tendrás la receta perfecta para una pesadilla espeluznante.

Si has soñado con un ser querido fallecido y has sentido que estabas en contacto con su espíritu durante el sueño, es posible que así fuera. Si parecía estar bien de ánimo, el simple hecho de estar abierto a un contacto positivo favorece la relación en curso y es una forma de honrarlo. Es posible que quieras reconocer el encuentro de alguna manera mientras estás despierto, y de este modo, seguir trabajando con el sueño. Por ejemplo, puedes hacerles una ofrenda sencilla (como una oración, encender una vela, libaciones) o experimentar seguir sus pautas, siempre que no contradiga radicalmente el sentido común. Si te mantienes receptivo al contacto con los amados antepasados durante tus sueños, mantendrás al menos un canal de comunicación abierto con ellos.

No todos los sueños con los muertos implican la sensación de encontrarse de verdad con el difunto. Cuando tengas un sueño de este tipo, pregúntate al despertarte si estuvo acompañado de una sensación de contacto directo. Si no es así, ¿qué puede estar pidiéndote el sueño que veas, que comprendas, perdones o celebres algo sobre tu conexión con el fallecido? ¿Aparece esta persona como un reflejo de algún aspecto de ti? Si es así, ¿qué buscan tus sueños que comprendas sobre ti mismo y sobre tu relación con esta persona?

¿Qué ocurre si sueñas (o tienes pesadillas) con los muertos problemáticos, aquellos que aún no se han unido a los antepasados? Los sueños inquietantes pueden incluir la sensación de que el difunto está perdido, sufriendo o amenazando de algún modo a los vivos. Los extraños o los espíritus relacionados con un lugar concreto también pueden aparecer más como fantasmas que como antepasados elevados. Si los sueños de este tipo vienen acompañados de una sensación de contacto, después de considerar lo que pueden ser tus propios asuntos no resueltos con la figura del sueño, puedes optar por hacer oraciones, dedicar ofrendas, dirigir energía positiva e incluso llevar a cabo rituales de sanación para la elevación de estos antepasados (revisar el capítulo 8, página 144). Si meditas o rezas, observa al difunto a la luz de claridad y compasión, y visualízalo rodeado de luz curativa, recibiendo lo que pueda necesitar de tus antepasados solidarios. Si realizas estas prácticas u otras similares, fíjate en tus sueños e intenta intuir qué acciones u ofrendas pueden ayudar a resolver la situación. Si eliges dedicar ofrendas y rituales a esas almas, respeta tus propios límites energéticos y tu espacio personal, y aprende a cerrarte a su energía cuando lo necesites. Ayudar a los muertos a convertirse en antepasados elevados es un trabajo honorable, pero debes hacerlo de una manera que sea efectiva para los difuntos y segura para los vivos. Busca la ayuda de un guía o maestro experimentado cuando lo necesites.

Sincronicidad

Popularizado por el psiquiatra suizo Carl Jung, el término sincronicidad se refiere a dos o más acontecimientos que están relacionados de manera significativa, pero que de otro modo sería improbable que ocurrieran[1]. Supongamos, por ejemplo, que a tu pareja fallecida le gustaban las lilas, y que en el aniversario de su muerte, estás en el porche tomando una copa y sintiéndote triste. En ese momento, tu nueva vecina se acerca de la nada para contarte que está pensando en plantar un arbusto de lilas y te pregunta si te gustan. Sientes que una ola de energía recorre tu cuerpo y percibes que algo mágico está ocurriendo, un acercamiento temporal de los mundos. Respondes que sí, que te gustan las lilas. Aunque no has experimentado a tu compañera como un espíritu, después de la conversación te queda la sensación, contra toda lógica, de que te ha tendido la mano para consolarte.

En este ejemplo, los antepasados hablan a través de un acontecimiento improbable que implica una sorprendente convergencia de significados. Las canciones de la radio, los signos y mensajes escritos, los encuentros espontáneos con animales y los signos de la naturaleza son solo algunas de las formas en las que el mundo que nos rodea puede responder a algún aspecto de nuestra vida interior y generar un acontecimiento significativo. Para mí, notar una sincronización se parece a un *déjà vu* en el sentido de que nunca es algo que pueda predecirse, y la sensación inicial no suele durar demasiado. Sin embargo, soy más proclive a atribuir un significado a las sincronicidades que a las experiencias de *déjà vu*. Para mí, las sincronías también suelen ir acompañadas de una sensación de contacto o comunicación con otro ser o fuerza, como los antepasados.

A veces, el contacto onírico y la sincronización pueden mezclarse, o una serie de sincronicidades pueden desarrollarse en un corto espacio de tiempo. Cuando estaba conociendo a los antepasados de mi madre, recibí por correo una vieja Biblia que pertenecía a mi tío abuelo John y que incluía un certificado de defunción de su sobrina Maude. Esto me llevó a conversar con miembros vivos de la familia sobre su relación, y me enteré de un niño nacido de la complicada unión de estos dos antepasados emparentados. Esto me llevó a realizar un ritual de sanación y a rezar por su bienestar, que pareció ser bien recibido. Por esa época también soñé con el padre de este tío abuelo John, mi tatarabuelo Ressin Litton; en el sueño este tenía un distintivo bigote. Varios días después, para mi sorpresa, unos familiares de Pensilvania me enviaron por correo unas fotos de él. Recordando el sueño, me detuve antes de abrir el sobre, y al ver la foto de Ressin Litton con bigote fue un momento mágico, uno que alineaba la investigación familiar que había hecho con mis experiencias de contacto con los sueños, el ritual de los antepasados y, por supuesto, la sincronización.

Una forma de apoyar el contacto con los antepasados a través de la sincronicidad es desarrollar un vocabulario que relacione ciertos símbolos con ellos. Por ejemplo, si asocias a tu abuela favorita con cuervos y cornejas, el color rojo, la Virgen María, la dirección del sur y el número seis, esto crea símbolos o asociaciones comunes que tu abuela puede utilizar para llamar tu atención. No puedes forzar las sincronicidades, pero tener este lenguaje simbólico compartido con los antepasados puede animarte a permanecer abierto a este tipo de contacto a lo largo del tiempo.

Ten en cuenta que también existen riesgos al interpretar de manera demasiado profunda las señales y los acontecimientos del mundo que nos rodea o al centrarse demasiado en la sincronización. Una forma de reducir el riesgo de confusión es contar con varias formas diferentes de comunicarse de forma fiable con los antepasados, como a través del contacto en sueños, la meditación en vigilia, la adivinación, etc. Esto te permite cotejar mejor la orientación y los mensajes que recibes. Por ejemplo, si crees que tus antepasados te están diciendo que compres una nueva casa o que pongas fin a tu matrimonio, primero deberás contrastar esta sugerencia con tu propio sentido común. También es útil hablar con amigos y asesores de confianza, pedir a tus antepasados un sueño de confirmación o utilizar cualquier otro medio para obtener una segunda opinión antes de actuar.

Encuentros durante la vigilia en estados no ordinarios

La conciencia ordinaria en vigilia es el tipo de conciencia en el que probablemente pases la mayor parte de tu tiempo; este te permite navegar por la realidad física y operar de manera funcional. La distinción entre estados ordinarios y no ordinarios o alterados de conciencia es a veces borrosa, y hay muchos tipos de estados no ordinarios de conciencia despierta. Estos cambios de conciencia pueden estar asociados al esfuerzo físico (por ejemplo, deportes, ejercicio, danza), a las sustancias tóxicas (como el alcohol, los medicamentos psicoactivos o productos farmacéuticos), a la meditación, a los estados de inspiración artística y científica, al sexo, a la caza, al combate y a algunos tipos de rituales. En ocasiones, estos estados van acompañados de un encuentro con algún tipo de presencia o fuerza, y a veces esta presencia es claramente identificable como el espíritu de los antepasados.

La muerte clínica es un tipo de estado no ordinario a menudo asociado con el contacto ancestral espontáneo. Los relatos de quienes tienen experiencias cercanas a la muerte (ECM) sugieren que la conciencia y la memoria pueden continuar después de que la actividad cerebral y otros signos vitales hayan cesado, lo que algunos consideran una prueba de la continuidad de la conciencia después de la muerte. Muchos de los que han tenido experiencias cercanas a la muerte informan de que se han encontrado con seres de luz, ángeles o algún tipo de presencia benévola, y algunos de estos relatos incluyen encuentros con los antepasados de la familia.

Si los antepasados te han visitado de manera espontánea mientras estabas en un estado no ordinario o alterado de conciencia, lo primero que debes saber es que se trata de una experiencia relativamente común, y que por lo general no significa que te estés volviendo loco. En segundo lugar, debes estar seguro de que te estás relacionando principalmente con antepasados amados y evolucionados, y no con muertos problemáticos. ¿Cómo distinguir la diferencia? Si la sensación que te produjo el encuentro fue positiva, es probable que te estés relacionando con los antepasados solidarios o los muertos elevados. Entonces, puedes intentar extender esa energía a un estado ordinario de conciencia despierta reconectando con estos antepasados o con lo que fue positivo del encuentro original. Por ejemplo, si has tenido una ECM y ahora te sientes en paz con respecto a la muerte, podrías aprovechar esa experiencia para reconfortar a otros que sienten miedo a morir. Cuando puedes extender la bondad de un estado o experiencia a otros aspectos de tu vida, esto ayuda a cimentar tu contacto con el espíritu mejorando tu vida y la de los demás.

Si tuviste un encuentro inesperado con los espíritus de los difuntos y después te sentiste ambivalente o perturbado, es posible que te hayas topado con los muertos atribulados. Consulta tu instinto personal para determinar si algún espíritu es, en líneas generales, cariñoso y bien intencionado. Como pauta general, si tu contacto con un espíritu no te parece intuitivamente correcto o sientes que te está impidiendo ser una mejor persona, considera alejarte de esa conexión y obtener una segunda opinión. Una vez más, es importante establecer límites claros con los que aún no son antepasados elevados, ya que su energía puede ser una fuente de perturbación. Para saber más sobre cómo lograr esto, consulta "Consideraciones previas al trabajo directo con tus antepasados" en el capítulo 5 (página 82).

Encuentros durante la vigilia en estados ordinarios

A veces, en los momentos más extraños, incluso para quienes no creen en los espíritus, los muertos simplemente se manifiestan. No hacen una gran entrada, sino que tan solo aparecen tumbados en la cama junto a nosotros por la mañana, o sentados junto a nosotros en el auto, o a nuestro lado mientras trabajamos. A veces, estos encuentros pueden ser sutiles y se descartan como imaginación o fantasía. También puede pasar que los encuentros ni siquiera sean visuales o auditivos, sino que solo implican sentir su presencia por un momento. Para quienes tienen un fuerte vínculo con los reinos invisibles, estas visitas pueden ser relativamente comunes y no necesariamente están cargadas de más significado que una llamada telefónica de un amigo. Sin embargo, para quienes no tienen la costumbre de hablar con los muertos o no creen que existan, las visitas espontáneas de los antepasados pueden ser aterradoras.

Los niños, en particular, son muy famosos por hablar con los muertos como si no fuera la gran cosa. Películas populares como *El sexto sentido*, *Poltergeist*, *Casper*, *El laberinto del fauno* y las películas de Harry Potter, así como programas de televisión como *Psychic Kids* y *Medium*, presentan diálogos entre niños y muertos. Muchas personas de los círculos espirituales consideran que los niños pequeños son más intuitivos y están más abiertos al otro mundo porque acaban de llegar a la Tierra. Algunos de estos niños crecen y se convierten en psíquicos y médiums de gran talento, y muchos intuitivos conocidos (por ejemplo, George Anderson, Sylvia Browne, José Ortiz y Danielle Egnew) afirman que sus dones se manifestaron desde una edad temprana, incluso si tenían poco apoyo por parte de la cultura circundante.

En algunas culturas, los ancianos de la comunidad reconocen la capacidad de los niños para comunicarse con los antepasados y los animan a desarrollar este don a lo largo de su vida. Parte de la magia de la serie de Harry Potter es el modo en que los niños con aptitudes para la magia son reclutados y entrenados para relacionarse con otros reinos. La serie también advierte del peligro de reprimir los aspectos mágicos en la vida de los niños y en nosotros mismos. Si te encuentras en un entorno que condena tu experiencia de comunicación con los antepasados, puedes seguir honrando tu verdad personal y buscar aliados humanos y espirituales que te apoyen. Si eres padre o trabajas con niños, mantente abierto y curioso en caso de que comenten haber tenido conversaciones con los muertos.

Otro grupo de personas que tiende a informar de contactos lúcidos con los muertos es el de las personas que saben o creen que están muriendo de forma inminente. Los relatos sobre el proceso de la muerte mencionan habitualmente que el paciente moribundo dialoga con los fallecidos. Las personas que mueren en estado lúcido dicen haberse reunido con sus seres queridos y antepasados antes de morir y, por otro lado, las personas con demencia o enfermedades debilitantes también pueden experimentar momentos en los que conversan con los muertos o les hablan, a veces con una precisión sorprendente.

Si descubres que los muertos te hablan (y no estás consumiendo muchos medicamentos), aquí tienes mis sugerencias sobre cómo puedes proceder:

1. Empieza por descartar cualquier tipo de enfermedad mental o física, y asegúrate de que te sientes bien explorando la conexión.
2. Identifica al menos una persona en tu vida con la que puedas compartir tus experiencias sin miedo a ser juzgado.
3. Recuerda que el contacto con los antepasados está reconocido por muchos sistemas religiosos. Si sigues una tradición que lo hace, esa puede ser una fuente de apoyo para relacionarte con los antepasados.
4. Si tu contacto con los antepasados se siente como un apoyo, un amor y una ayuda, busca formas de honrarlos.
5. Si los muertos que te contactan no son amistosos o si quieres que el contacto cese, puedes pedir de manera clara que se detenga. Eso suele ser suficiente para cerrar la puerta.
6. Si lo anterior no funciona, busca apoyo y haz todo lo que te ayude a mantenerte en tierra, sano y en equilibrio mientras resuelves tus relaciones con los antepasados.

Aunque no experimentes personalmente el contacto espontáneo con los antepasados, puedes encontrarte en la posición de apoyar a otros que sí lo han hecho. Por ejemplo, los profesionales de la salud de todo tipo pueden tener contacto con los niños, los moribundos, los que están en estados alterados de conciencia y los practicantes de las tradiciones que honran a los antepasados. Cuanto más comprensivo y abierto seas cuando alguien te confíe una experiencia de este tipo, más útil podrás ser.

ᥫᩣ

EJERCICIO DOS
¿Cuáles son tus experiencias con tus antepasados?

OBJETIVO: Reflexionar solo o con un amigo sobre las formas en que te relacionas con tus antepasados.

QUÉ NECESITAS: Un diario, alguien con quien puedas hablar o alguna forma de expresar tus reflexiones.

Date espacio para reflexionar sobre cada conjunto de preguntas, haciendo también una pausa para dar cabida a tus sentimientos, intuiciones y percepciones. Este proceso de reflexión e "inventario" es la base para cualquier compromiso posterior con tus antepasados.

ᥫᩣ Contacto ancestral espontáneo ᥫᩣ

¿Has soñado alguna vez con los muertos de tal forma que te pareció una suerte de contacto? Si es así, ¿qué te ayuda a distinguir entre los sueños de contacto y los sueños personales sin contacto con los difuntos? ¿La calidad de los sueños ha sido edificante, preocupante o ambas cosas?

¿Has sentido alguna vez que los antepasados intentan llamar tu atención a través de circunstancias ordinarias? Si es así, ¿hay ciertas asociaciones a través de las que hablen (por ejemplo, canciones, animales, plantas, lugares)? Cuando sientes que te hablan, ¿respondes y dialogas o simplemente lo notas? ¿Esos momentos son pacíficos, perturbadores o una mezcla de ambos?

¿Has tenido alguna vez una experiencia cercana a la muerte, un accidente grave o una enfermedad que haya puesto en peligro tu vida y que haya ido acompañada de una sensación de contacto ancestral? En caso afirmativo, ¿qué papel crees que desempeñaron los antepasados en este proceso? ¿Has sentido alguna vez que los antepasados te protegían del peligro? ¿Alguien cercano a ti ha compartido contigo alguna vez este tipo de experiencia?

¿Se han contactado los antepasados contigo en alguna ocasión de forma espontánea durante la vigilia? En caso afirmativo, ¿estabas en un estado de conciencia alterado o en un estado ordinario? ¿Fue algo aterrador, reconfortante o normal para ti? ¿Has sentido alguna vez que los antepasados te guiaban a un lugar determinado o que actuaban para influir en los acontecimientos de tu vida?

⊛⊛ FORMAS DE RELACIONARSE CON EL CONTACTO ⊛⊛ ESPONTÁNEO DE LOS ANTEPASADOS

¿Cómo te sientes ante la posibilidad de un contacto no solicitado con tus antepasados? En un nivel básico, ¿estás en paz con la posibilidad de que los muertos se pongan en contacto contigo? ¿Qué mensajes has recibido al respecto de tu familia, tradición religiosa y cultura de origen?

Si crees que se han puesto en contacto contigo, ¿cómo has respondido? Tras el contacto inicial, ¿expresaste tu disposición a seguir contactando, estableciste un límite claro o no hiciste nada? Si pediste que cesara el contacto, ¿por qué? Si estás abierto a un nuevo contacto, ¿lo has perseguido activamente?

¿Has compartido tus experiencias de contacto con alguien? Si es así, ¿cómo fue recibida? ¿Tienes algún amigo o mentor con el que puedas compartirlo si lo necesitas? ¿Alguien ha compartido contigo alguna vez este tipo de experiencias? En caso afirmativo, ¿cómo respondiste?

¿Has aprendido a manejar el contacto con los muertos? ¿Alguien, en persona o a través de libros, ha compartido contigo formas de responder con seguridad al contacto ancestral? Si es así, ¿te han ayudado estas habilidades a saber cómo responder a tus propias experiencias?

CUATRO

RITUAL
Y VENERACIÓN
A LOS ANTEPASADOS

Existen muchas maneras de relacionarse con los antepasados. Muchas de ellas entran en la categoría de veneración. La veneración a los antepasados se refiere a las formas de vida y de culto que reconocen y honran a los muertos humanos como un tipo de persona importante o una especie de fuerza en la red más amplia de relaciones. Las tradiciones de veneración a los antepasados son en especial frecuentes dentro de las comunidades animistas, chamánicas e indígenas; religiones como el cristianismo y el budismo (así como muchas culturas seculares) también transmiten respeto a los espíritus de los difuntos, aunque estos grupos no siempre se identifiquen como practicantes de la veneración a los antepasados en sí.

Los rituales con los antepasados son prácticas o eventos que a menudo traen a los vivos y a los muertos a un estado de contacto aumentado. Estos rituales o ceremonias suelen estar guiados por quienes tienen un interés y un lenguaje ritual común para relacionarse con ellos. Aunque el contacto con los antepasados no requiere que adoptes ninguna creencia o identidad específica, el estudio de las tradiciones establecidas de reverencia a los antepasados y de los rituales puede darte más contexto y apoyo para que tú mismo hagas el contacto.

57

Intenciones comunes para los rituales con los antepasados

Estamos unidos a los antepasados como la vida a la muerte, o como la luz a la sombra. La elección no consiste en relacionarse o no con ellos, sino en que estas relaciones sean conscientes y recíprocas. Los rituales centrados en los antepasados son una forma de relacionarse más conscientemente con los muertos y de abogar por nuestros intereses y por el bienestar de nuestra familia y nuestro mundo. Una de las razones para involucrar a los antepasados es recibir, de forma más plena, su apoyo en nuestra vida cotidiana. Otra razón es ayudar más a los muertos atribulados. Además, los antepasados pueden desempeñar un papel importante en el mantenimiento de las tradiciones religiosas o seculares, así como en el recorrido por las transiciones de la vida humana. Aunque los estilos y las formas varían de una cultura a otra (incluso entre los practicantes de una misma tradición) esta sección examina algunos de los tipos más recurrentes.

Rituales para buscar y mantener el apoyo en los antepasados

Los antepasados amados y sabios, también llamados guías ancestrales o antepasados elevados, desean el bien para sus descendientes vivos. Muchos rituales con antepasados hacen hincapié en traer a esta dimensión sus bendiciones, sanación y guía (revisar los capítulos 6 y 9 para ver ejemplos). Los rituales que nos conectan con los guías ancestrales promueven la sanación y la alineación con el destino personal. Mantenerse abierto a los antepasados también funciona como un sistema de alerta temprana que protege a los vivos de dificultades innecesarias, enfermedades o muertes prematuras. Los rituales para mantener estas relaciones aparecen en festividades como el Samhain celta, el Día de los Muertos mexicano y el festival japonés Obon. En otros momentos del año, las comunidades pueden recurrir a los antepasados para que les guíen y les sanen durante rituales de mediumnidad, posesión y personificación, trabajo oracular o adivinación. La invocación (o la elevación, si se prefiere) de los amados antepasados puede producirse en rituales regulares de mantenimiento o en momentos de crisis o de celebración. La razón más común para invocar a los antepasados es cuidar la relación de una forma continuada con estos.

Rituales para ayudar a los muertos problemáticos

Los fantasmas, los muertos problemáticos, los espíritus ligados a la tierra y otros tipos de no ancestros pueden ser una fuente de enfermedad, angustia y otros problemas para los vivos, por lo que existen rituales para tratar estas preocupaciones. En los capítulos 7 y 8 se detallan las formas de elevar y asistir a los espíritus de los muertos cuando estos aún no están bien de ánimo. Si los fantasmas se han apegado a un lugar, los vivos pueden realizar bendiciones a la casa y otros rituales para abordar la perturbación. También pueden ayudar a que el espíritu del difunto se reúna con los amados antepasados.

En la circunstancia más extrema, cuando los muertos perturbados se apegan a una persona viva y no a un lugar específico, puede ser necesario realizar un exorcismo completo para desligar el espíritu del difunto de los vivos. Por lo general, se realiza un ritual para permitir que el difunto haga la transición y que el cuerpo energético del paciente vivo pueda limpiarse y repararse, si es necesario. Las prácticas de exorcismo en el cristianismo, el islam, el hinduismo y muchas otras tradiciones suelen reconocer a espíritus humanos como una de las presencias problemáticas más comunes. Las ceremonias comunales, como el Festival de los Fantasmas Hambrientos que se celebra anualmente en la cultura china tradicional, tratan de transmitir atención y compasión a los muertos menos pacíficos mediante el recuerdo, las ofrendas, la oración y otras prácticas.

Rituales con antepasados de linaje y lugar

Mi énfasis en los lazos sanguíneos y en la familia me lleva a considerar el compromiso con los antepasados no familiares como algo ritualmente distinto. Sin embargo, algunas personas pudiesen considerar que las distinciones entre los antepasados de la familia, el linaje espiritual y el lugar son borrosas o incluso irrelevantes.

La mayoría de las religiones tienen algún elemento de linaje espiritual que no necesariamente se basa en la ascendencia sanguínea, por ejemplo, los linajes del dharma del budismo, la cadena de transmisión en las órdenes sufíes islámicas o los linajes de los gurús del hinduismo. Estos antepasados encarnan las enseñanzas de la tradición. Se puede recurrir a ellos mediante la práctica espiritual habitual, así como durante los ritos de paso y las iniciaciones. El linaje también puede girar más en torno a la vocación que a la identidad religiosa; por ejemplo, los escultores de madera pueden pedir inspiración a escultores famosos, los científicos pueden ser visitados en sueños por científicos fallecidos, y los líderes vivos pueden experimentarse a sí mismos en una sucesión de líderes anteriores, la mayoría de los cuales son ahora consejeros ancestrales (revisa los rituales para honrar a los ancestros del linaje espiritual y vocacional en el capítulo 11).

Los antepasados relacionados a un lugar incluyen a los espíritus de cualquier persona que haya vivido y muerto en una zona específica. Aunque no estén emparentados a alguien por sangre o cultura, estos son relevantes por su proximidad y su relación con la tierra. Los cementerios y los sitios de entierro son lugares naturales para contactar con los antepasados del lugar. Por ejemplo, en la zona de la bahía de San Francisco, los antepasados de la tierra incluyen a los pueblos indígenas de California, como las tribus de los ohlone, los miwok de la costa, los miwok de la bahía y los wappo, así como a los inmigrantes españoles, rusos, británicos, africanos, asiáticos y otros de los últimos 250 años. El trabajo ritual con estos antepasados puede incluir su invocación respetuosa en búsqueda de fuente de sabiduría respecto a medicinas locales y otras cuestiones que afectan a la tierra. Los rituales también pueden invitar a los antepasados locales a participar en actos de enmienda y reparación en lugares de alteración histórica; la ceremonia del árbol de la paz que se expone en el capítulo 10 es un ejemplo de la cultura buriata mongol de un ritual centrado en los antepasados del lugar. Además, para cualquier individuo o grupo que entre en un nuevo lugar, especialmente para asentarse o llevar a cabo un ritual, los protocolos indígenas animan a las personas a relacionarse con los habitantes humanos anteriores y actuales de la forma más consciente y directa. Estos protocolos pueden incluir el acercamiento a los ancianos vivos de las comunidades locales, o si esto no es posible, solicitar el permiso de ritual a los antepasados de forma directa y con la humildad del caso. Como mínimo, hay que reconocer a los espíritus de las personas que habitaron en estas tierras.

Rituales de transición vital

Las transiciones vitales comprenden nacimientos, ritos de transición a la edad adulta, matrimonios, transiciones a la vejez y muertes. Casi todas las culturas incorporan el uso de rituales en cada una de estas transiciones. La gente puede invocar a los antepasados para que bendigan o presidan estas transiciones, ya que cada transición es una especie de muerte simbólica (o literal) y un cambio de estatus comunitario. Los nacimientos implican la llegada reciente de un individuo desde el reino de lo invisible o de los antepasados. Como tal, las bendiciones relacionadas con el nacimiento pueden incluir un ritual de liberación del recién nacido del reino de los antepasados a esta dimensión terrenal. El matrimonio es un acto mediante el cual se acercan dos linajes; la unión de la pareja puede ser más armoniosa cuando esta o sus familiares recurren a los antepasados de cada familia para asegurarse sus bendiciones. La muerte es quizás la circunstancia más común para los rituales que invocan explícitamente a los antepasados. Los vivos pueden invocar a los sabios y amados antepasados del linaje para que acompañen al recién fallecido a través de los reinos posteriores a la muerte. Con esto, los vivos pueden hacerse la imagen y hasta sentir la reunión del recién fallecido con los antepasados. El capítulo 12 incluye sugerencias para realizar rituales de invocación de apoyo ancestral para los moribundos y los recién fallecidos, así como formas de incorporar el apoyo ancestral en las prácticas funerarias.

Prácticas para mantener la conexión ancestral

Los rituales centrados en los antepasados incluyen a los seres humanos vivos, a los espíritus de los fallecidos y, potencialmente, a cualquier otro ser. En esta sección esbozo algunos de los tipos de prácticas más recurrentes que conforman el grueso de los rituales de este libro. Estos son los pilares en el proceso de la veneración a los antepasados, y forman parte de la mayoría de los rituales que preparo.

Altares, santuarios y espacios consagrados

Preparar espacios sagrados para los antepasados puede consistir en apartar un lugar en la mesa del comedor o dejar una silla o un puesto abierto para ellos. Este comunica de forma simbólica, entre otras cosas, que "nosotros, los humanos vivos, reconocemos que ustedes, los antepasados, existen y les damos la bienvenida". Estos espacios sagrados pueden ser individuales o comunitarios, y pueden establecerse de forma permanente o solo temporalmente durante un ritual. Los espacios comunales permanentes para honrar a los muertos comprenden cementerios y cualquier espacio sagrado que surja en torno a los restos de un antepasado de fama; por ejemplo, la Mezquita del Profeta al-Masjid an-Nabawi en Medina, Arabia Saudí (revisa la lámina 10), o el Templo del Diente de Buda en Kandy, Sri Lanka. Los monumentos en memoria a grupos importantes de antepasados (como los que murieron en la trata transatlántica de esclavos, los muertos durante la guerra cuya identidad se desconoce o los que fallecieron en el Holocausto) también funcionan como lugares para rememorar a los antepasados (revisa el capítulo 10).

A nivel personal o doméstico, los santuarios dedicados a los antepasados pueden ser tan modestos como un estante especial en un pequeño armario cerrado, o pueden ser tan elaborados como una sala o estructura ceremonial independiente. De forma ritual, el santuario doméstico sirve como punto central de comunicación con los antepasados de la familia y como recordatorio de su presencia en la vida cotidiana. A manera personal, llevo más de una década cuidando un altar de antepasados del tamaño de una mesa pequeña. La superficie de mi altar incluye ofrendas como fuego, incienso, flores y agua, plegarias y ongones ancestrales (para más información, revisa el capítulo 6, página 116), algunas herramientas de adivinación como cartas del tarot, runas y conchas, instrumentos y otras medicinas diversas. Si decides dedicar un espacio para honrar a tus antepasados, intenta evitar situar el santuario en tu dormitorio, o si no tienes otra opción, busca alguna forma de contener la energía cuando duermas, por ejemplo, mediante un armario cerrado o una tela sobre el santuario. Si tienes fotografías de los muertos, personalmente recomiendo incluirlas en tu altar solo si sabes que esos antepasados están bien en espíritu, si estas fotos no incluyen también a los vivos, y si tus antepasados están de acuerdo con que coloques sus fotos en el santuario. En última instancia, confía en tu guía e intuición sobre qué te inspirará a conectar con tus amados antepasados.

Con respecto al ritual comunitario, la necesidad suele impulsar la creatividad y se vale de las herramientas y medios que estén a disposición. En los rituales en los que he participado, hemos utilizado desde una simple mesa hasta un trozo de tierra sobre el que se disponen imágenes de los muertos, así como velas, incienso, ofrendas y otros elementos consagrados para servir como lugar de veneración a los antepasados. En la naturaleza, ciertos árboles, piedras u otras formaciones excepcionales pueden funcionar como santuarios vivientes para generaciones que se remontan en el tiempo (o por la duración de una tarde). En todos los casos, el principio es el mismo: los vivos dicen a los antepasados que son bienvenidos y que siguen viviendo y hablando en esta dimensión.

Discurso inspirado, oración, invocación y canciones

No hay fiesta sin invitados. Del mismo modo, un ritual eficaz centrado en los antepasados requiere que los espíritus de los muertos asistan de una u otra forma. En el nivel más básico, el simple hecho de pedirles que estén presentes puede servir de mucho. Incluso si no tenemos un santuario ni nada físico que ofrecerles, tan solo dirigirnos a ellos diciéndoles lo mucho que los queremos y lo agradable que sería que se nos unieran en el ritual, aumenta en gran medida las posibilidades de que hagan presencia. Cuando nuestros antepasados se sienten presentes en espíritu o incluso estando presentes en nuestro campo de conciencia como recuerdos, se nos hace posible hablar en voz alta de forma espontánea e inspirada (por supuesto, es necesario sopesar las reacciones que tendrán las personas que nos rodean cuando nos oigan hablar con los muertos).

La oración dirigida a los antepasados puede incluir palabras de alabanza y agradecimiento, así como peticiones específicas. Algunos estilos de invocación siguen un patrón establecido para nombrar a los antepasados del linaje y pueden incluir formas tradicionales y fórmulas de llamamiento a los muertos que se repiten de un ritual a otro y de una generación a otra. Los cánticos a los antepasados tienen la misma intención subyacente; estos pueden invocar su presencia y funcionar como una oración directa o simplemente aumentar la intimidad y la conexión sentida con los muertos queridos. Muchas tradiciones cuentan con un conjunto de cánticos que honran a los antepasados. Numerosos practicantes, entre los que me incluyo, creen que los antepasados responden a la energía emocional y a la intención sincera, por lo tanto, las canciones populares, aquellas que los difuntos pudiesen reconocer y la vocalización improvisada y sincera pueden abrir vías de conexión con los antepasados.

Ofrendas de esencia y belleza

El espíritu de reciprocidad y recuerdo están en el centro de la práctica de las ofrendas: damos para reconocer el don de la vida y para asegurar un flujo de apoyo ancestral continuo. Muchas culturas honran a los antepasados con comida y bebida, ya sea a través de elaborados festines o simplemente derramando un poco de bebida a la tierra como libación. Otras ofrendas tradicionales incluyen velas, incienso, flores, piedras, conchas, cenizas, polen, semillas, cestas, huesos, monedas, fotografías, telas bonitas y creaciones hechas a mano. Las personas con una práctica establecida de veneración a los antepasados suelen presentar ofrendas a los muertos en lugares de mayor contacto ancestral, como altares personales, monumentos comunitarios, el lugar de las muertes (por ejemplo, santuarios al borde de la carretera) o lugares de sepultura. Las ofrendas menos físicas pueden incluir canciones, historias, poesía, oraciones, acciones inspiradas, votos, actuaciones rituales, actos de servicio dedicados, contribuciones caritativas o cualquier otro gesto de belleza, amor y respeto. Al igual que con los regalos para los vivos, las ofrendas a los antepasados suelen incluir algún tipo de explicación, intercambio personal u otra forma de dirigirse a los muertos.

Una forma específica que sugiero a los participantes en rituales grupales para realizar ofrendas a los antepasados es la práctica sudamericana del despacho. Las ceremonias de despacho, originarias de los pueblos indígenas de habla quechua de los Andes peruanos, ecuatorianos y bolivianos, comprenden oraciones sinceras y abundantes ofrendas colocadas en un fardo ceremonial que suele entregarse a los espíritus quemándolo en un fuego sagrado. La intención de las ceremonias de despacho puede variar mucho, pero en mi experiencia con los despachos centrados en los antepasados, la combinación de oraciones específicas con y para los antepasados, junto con ofrendas nutritivas y belleza ritual, parece ser especialmente bien recibida por los muertos queridos. Siempre que sea posible, favorece las ofrendas locales, reflexivas y ecológicamente sensibles para tu trabajo ritual (ver láminas 2 a 5).

Comunicación a través de la meditación, el trance, y la intuición directa

Como señalé en el capítulo 3, los vivos pueden experimentar el contacto directo con los espíritus de los difuntos en cualquier momento, sin intención previa de conectar y sin que exista un contexto para hablar con ellos. En lugar de esperar a que se acerquen a nosotros, los practicantes a veces buscamos el contacto con los antepasados de diversas maneras y cualquiera de ellas puede combinarse con los elementos rituales explorados anteriormente. Una de las estrategias consiste en aquietar el corazón y la mente para provocar un cambio de conciencia que nos permita escuchar a los espíritus ancestrales con mayor claridad. Las prácticas que pueden apoyar este cambio incluyen la meditación, la contemplación, las búsquedas de visión, el ayuno, los retiros y otras formas de disipar las distracciones externas. La sobrecarga sensorial puede lograr un propósito similar: algunos ejemplos de prácticas en el extremo extático incluyen la conducción sónica (por ejemplo tambores, cascabeles), el canto y la danza intensos, las pruebas psicológicas y físicas, y el uso intencional de sustancias psicoactivas*.

Sugiero experimentar con diferentes prácticas para obtener una mayor comprensión de los canales perceptivos que sean más fuertes para ti de forma natural, y de los que pudieses obtener más beneficios. En mi caso, soy visual por naturaleza y siento una conexión bastante fuerte con los sueños, soy

---

*Las substancias que alteran la consciencia no son necesariamente útiles para el trabajo ritual o la invocación de antepasados. Adicional a los riesgos legales y de salud inherentes, las plantas psicoactivas, enteógenas, y sustancias similares no son buenas elecciones para algunos temperamentos y ambientes.

moderadamente empático, y tiendo a obtener información a través de una especie de conocimiento directo que, si no tengo cuidado, puede pasar por alto como un pensamiento al azar. A través del esfuerzo y la práctica, he desarrollado la capacidad de aquietar mi mente y acceder a la sabiduría de mi cuerpo como otro canal intuitivo de una manera más plena.

Los que se relacionan regularmente con los antepasados pueden tener cambios de atención más eficaces mientras permanecen en estados ordinarios de conciencia al comunicarse con los muertos. A menudo, los psíquicos, los médiums y los que tienen años de experiencia en el contacto con los muertos informan de poca o ninguna alteración en su conciencia básica durante sus procesos de comunicación. Al igual que no necesitamos estar en trance profundo para hablar con un amigo por teléfono, no tenemos que estar necesariamente en un estado alterado para hablar con nuestros antepasados. A este nivel, la práctica consiste simplemente en notar, probar y confiar con el tiempo en la claridad de la conexión, y luego, en el momento oportuno, hacer uso del receptor para escuchar y hablar. Los expertos en multitareas intuitivos pueden conversar con los vivos sobre temas mundanos mientras mantienen conversaciones silenciosas con los antepasados. Los individuos con esta capacidad suelen favorecer estilos de ritual más sencillos y menos formalizados.

Adivinación, trabajo con los sueños e interpretación de las señales

El significado de la adivinación puede variar. Algunos utilizan el término para referirse a cualquier proceso de consulta con aliados espirituales, mientras que otros asocian la adivinación con la predicción del futuro. Para otras personas la adivinación es un elaborado sistema simbólico para diagnosticar y tratar todo tipo de problemas de la vida; los antepasados pueden expresarse en cualquiera de estos sentidos. En cualquier caso, es posible comunicarnos con los muertos a través de símbolos con significados predeterminados culturalmente, incluidos los sistemas de adivinación antes señalados. Por ejemplo, al formular preguntas del tipo "sí o no", los practicantes de la tradición Ifá/Òrìṣà del África occidental de habla yorùbá y de la diáspora africana suelen utilizar las partes divididas de una nuez de cola de cuatro lóbulos o un sustituto (por ejemplo, trozos de coco o cáscaras de cauri). Cuando el adivino determina que la mejor manera de plantear una pregunta es dirigiéndose a los antepasados (después de pedirles que estén presentes y de aclarar la pregunta), lanza los cuatro trozos de cola o su sustituto para alcanzar uno de los cinco a ocho resultados posibles. Algunos resultados o lanzamientos se interpretan como un tipo de "sí", y otros como un tipo de "no". Otros ejemplos comunes de métodos de adivinación del "sí o no" incluyen el lanzamiento de monedas, péndulos, algunos sistemas de piedras, huesos o cartas, y arrancar pétalos de flores ("me quiere, no me quiere").

La mayoría de los sistemas de adivinación son mucho más complejos que las preguntas de sí o no. Las prácticas más elaboradas pueden incluir invocaciones, oraciones, ofrendas, santuarios y contactos espontáneos con los espíritus. Por ejemplo, el tarot tiene 78 cartas; el *I Ching*, 64 hexagramas; y el oráculo nórdico, 24 runas de uso común. Los mayas, los aztecas y otras tradiciones indígenas de América Central utilizan elaborados sistemas de mantenimiento del día y de ordenación del mundo, algunos con 260 configuraciones energéticas primarias (13 por 20). El sistema Ifá/Òrìṣà trabaja con 256 resultados o patrones energéticos diferentes (16 por 16). Cada sistema tiene ciertos patrones que se refieren más fuertemente a los antepasados. Cuando estas energías hablan, corresponde al adivino entender lo que los ancestros desean transmitir.

Los sueños también pueden dar lugar a buenas prácticas de interpretación y rituales. Carl Jung y otros psicólogos profundos están de acuerdo con los ancianos indígenas en que los sueños pueden ser cultivados como una potente vía de conocimiento y de contacto directo con fuerzas mayores, como nuestros antepasados. Además de aprender a interpretar los sueños a nivel simbólico, algunos maestros invitan a cultivar el sueño lúcido (ser consciente de soñar durante el sueño), así como la práctica de reunirse con los antepasados o guías durante los mismos. Los sueños con los muertos pueden servir para confirmar el trabajo ritual realizado mientras se está despierto, para llamar la atención sobre preocupaciones que deben abordarse durante la vigilia, o simplemente como otro tipo de contacto ancestral.

Como mencioné en el capítulo 3, los antepasados pueden hablar a través de sincronicidades no solicitadas, es decir, eventos cargados de significado que incluyen la presencia sentida de los muertos. Las mismas habilidades utilizadas en el trabajo con los sueños pueden aplicarse a la interpretación de estos signos y acontecimientos. Aquellos que buscan el contacto ancestral pueden estar más disponibles para este tipo de sincronicidades durante la conciencia despierta, haciendo hincapié en la conciencia "como si estuviera soñando" en determinados momentos o lugares. Los espacios rituales atraen intrínsecamente este tipo de acontecimientos cargados de significado: por ejemplo, las búsquedas en la naturaleza o las visiones son cada vez más populares en Norteamérica. Estas suelen incluir retiros de varios días en solitario en la naturaleza con períodos de ayuno de comida, agua y/o contacto con otras personas. Durante las búsquedas, los encuentros con animales, el clima u otros movimientos de la naturaleza adquieren a menudo un mayor significado. Una rama que cae o un pájaro que aparece mientras el buscador está pensando en un familiar fallecido puede ser una forma en la que ese antepasado está confirmando su presencia para iniciar un diálogo de vigilia. Es más probable que las visitas a lugares especiales para los antepasados como sepulcros, antiguas viviendas o sitios sagrados, el tiempo dedicado a la familia y los acontecimientos que rodean el nacimiento y la muerte de sus miembros propicien el contacto ancestral. Si se adopta una atención más relajada que permita la comunicación simbólica con los antepasados, cualquier momento puede convertirse en uno de contacto directo e íntimo. Esta capacidad de leer el movimiento del espíritu y la presencia de los antepasados en los acontecimientos de la vigilia es algo que se desarrolla lentamente a lo largo de muchos años de rituales, trabajo con los sueños e introspección.

∞∞

EJERCICIO TRES

RITUAL PARA INICIAR CONTACTO CON TUS ANTEPASADOS

INTENCIÓN: Ofrecer un ritual para agradecer e invitar a un contacto más consciente con tus ancestros.

QUÉ NECESITAS: Un espacio tranquilo y cualquier elemento que te ayude a conectar con tus antepasados.

ᚔ ESTABLECER LA INTENCIÓN DEL RITUAL ᚔ

Como con cualquier ritual, **aclarar tu intención** es primordial y sirve de fundamento a todo lo que sigue. En este caso, te sugiero que establezcas la intención de iniciar un contacto consciente con los antepasados familiares que te apoyan y te quieren, a un nivel de intensidad que te sea útil en este momento. Si ya sientes que estás en contacto con tus antepasados, puedes modificar la intención para renovar las relaciones e invitarlos a darte su apoyo y guía continuos. Te sugiero que te mantengas abierto a la posibilidad de que el contacto venga de antepasados recientes o más lejanos (o de ambos); sin embargo, deja claro que en este momento solo buscas el contacto de ancestros amados y útiles.

Después de establecer la intención del ritual, suelo seguir una **progresión o plan básico** que sustente la espontaneidad, la creatividad y el contacto con el espíritu. Para este ritual, sugiero lo siguiente:

1. Elige un espacio sagrado.
2. Dirígete directamente a tus antepasados amados que te apoyan.
3. Haz ofrendas.
4. Pasa tiempo en conciencia abierta y receptiva.
5. Concluye el ritual.

Puedes realizar esta progresión en una media hora de concentración o extenderla a la mitad de un día. El ritual puede realizarse solo o con la familia y amigos.

ᚔ ESTABLECER EL CONTACTO ᚔ

1. **Elige un espacio sagrado:** un lugar tranquilo en la naturaleza o un lugar limpio, privado y pacífico en tu casa o cerca de ella. Si ya tienes un lugar para honrar a tus antepasados, puedes centrar el ritual allí. Si no es así, el espacio que elijas no tiene por qué convertirse en tu santuario permanente para los antepasados, simplemente puede servir como punto focal por el tiempo que dure el ritual. Puedes formar la base de un altar sencillo con una tela de colores, una vela, un vaso de agua, incienso o una piedra especial. Puedes incluir fotografías de los antepasados, pero si no estás seguro de que los retratados están bien en espíritu, no incluyas ninguna imagen.

2. Céntrate física y emocionalmente: esto puede incluir la meditación, la oración

personal o el movimiento no estructurado, o puede ser simplemente una pausa para recordar tu intención. Cuando te sientas preparado, **dirígete directamente a tus amados y solidarios antepasados**, en voz alta si es posible, en silencio si es necesario. Si no estás seguro de que tus antepasados recientes estén bien en espíritu, comunícate solo con las generaciones más antiguas, cuyos nombres ya hayan sido olvidados. Preséntate y habla con el corazón sobre el motivo por el que te diriges a ellos. Puede que quieras invitarles a que te apoyen en tu vida y en la de tu familia, pidiéndoles que te ayuden a sanar los problemas familiares o a elevar a los recién fallecidos, o puede que simplemente desees conocer a los antepasados en aras de la relación y la intimidad. Tu invocación puede incluir cantos espontáneos, tonadas o cánticos. Continúa hasta que te sientas completo o sientas que han escuchado tu llamada.

3. En círculo, ahora con los antepasados, **haz ofrendas** en o cerca del espacio del altar que has preparado. Las ofrendas comunes incluyen cualquier alimento o bebida que creas que pueden disfrutar, flores, incienso, obras de arte o artesanías personales y objetos naturales. Las ofrendas pueden hacerse antes de las invocaciones, durante o hacia el final del ritual. En esta secuencia en particular, estarás invocando a los antepasados antes de hacer un gesto de buena voluntad y sinceridad. Cuando presentes las ofrendas, puedes compartir por qué las has traído. Recuerda que un vaso de agua ofrecido de corazón tendrá mayor impacto que una elaborada comida ritual carente de conexión emocional.

4. Después de presentar tus ofrendas, **pasa algún tiempo en un estado de conciencia receptiva y abierta**. Esto podría consistir en permanecer cinco minutos tumbado en el suelo con los ojos cerrados, pasar media hora en algún tipo de proceso creativo o una tarde de tiempo a solas en la naturaleza. La cuestión es asumir una mente abierta y curiosa que permita cualquier eco de respuesta de parte de los antepasados. Si estar quieto es una práctica relativamente nueva para ti, te recomiendo que te tomes un tiempo para no hacer nada a nivel externo, para soñar despierto mientras escuchas suavemente tu intuición. Si recibes algún tipo de mensaje, toma nota para revisarlo más tarde.

5. Cuando sientas que has terminado, **finaliza el ritual** con una simple oración, agradecimiento o reconocimiento de que has terminado por ahora. Esto puede incluir apagar una vela o devolver a la tierra cualquier ofrenda natural y biodegradable. Si tienes un santuario habitual, puedes dejar que las ofrendas descansen allí durante unos días o hasta que sientas que han cumplido su propósito, para luego proceder a devolverlas a la tierra, si es posible. En los días o semanas posteriores al ritual, mantente abierto a nuevas comunicaciones de los antepasados, a través de sueños, sincronías y otros tipos de contacto. A veces, un ritual puede parecer relativamente sencillo, pero pone en marcha fuerzas que actúan en nuestras vidas durante años.

Segunda parte

SANACIÓN MEDIANTE ANTEPASADOS FAMILIARES Y DE LINAJE

La segunda parte presenta un marco y ejercicios para apoyar el compromiso directo con los amados y sabios antepasados, con la intención de la sanación personal, familiar y del linaje. En esta parte del libro te invitaré a:

- Saludar a los guías ancestrales y a otros antepasados elevados.
- Practicar la transformación de las cargas ancestrales y reclamar los regalos ancestrales.
- Buscar la sanación emocional y el perdón con tus antepasados.
- Ayudar a los muertos que no están en paz a unirse a los amados antepasados.
- Incorporar el apoyo de los guías ancestrales mientras se reza por la familia viva.

Esta parte del libro es una guía para relacionarse de forma directa y segura con los antepasados, así como con los muertos que no están del todo en paz. Por favor, lee toda la segunda parte (capítulos 5 al 9) y haz uso de tu propia intuición antes de iniciar el trabajo de reparación del linaje o de intentar los ejercicios. Si decides trabajar con este enfoque, tómatelo con calma, mantén los pies en la tierra y pide ayuda cuando lo necesites. En caso de duda, céntrate solo en relacionarte con tus sabios y amados antepasados.

CINCO

INVESTIGACIÓN FAMILIAR
E INICIO DE LA SANACIÓN
ANCESTRAL

A ntes de dirigirse directamente a los espíritus de tus antepasados, puede serte útil empezar a reunir la información ya conocida de la historia de tu familia. El primer paso comienza con la recopilación de información de los miembros vivos de la familia, la investigación genealógica y/o la reflexión personal. Al utilizar cualquier conocimiento disponible como base, podrás recurrir a la intuición directa para determinar la salud espiritual de tus cuatro estirpes principales, y en ese momento podrás elegir dónde enfocar tu trabajo de reparación del linaje.

Recopilar lo que se recuerda

Para empezar, evalúa tu experiencia y conocimiento actual de tu familia y tus antepasados. ¿Cómo te sientes respecto a ellos? (Consulta el ejercicio 1, página 44, si aún no estás seguro). ¿Estás familiarizado con la cultura, las habilidades y las prácticas de tu pueblo? ¿Estás familiarizado con aquello que no funciona en tu familia?

La psicología occidental y la neurociencia nos enseñan que las influencias que recibimos en nuestros primeros años dan lugar a patrones de personalidad que pueden perdurar durante toda la vida. Al reflexionar sobre tus relaciones y dinámicas familiares, puedes obtener un poderoso conocimiento tanto de los dones como de los retos que has heredado. Recuerda: cuando actúas para sanar cualquier legado dañino de tus antepasados, incluyendo los patrones de tu vida personal, les rindes honores y, con suerte, te regalas más felicidad a ti mismo.

¿Listo para empezar a investigar? Hay muchas maneras de hacerlo. En primer lugar, busca información sobre tu familia viva y tus antepasados. Esto puede incluir nombres completos (incluidos los nombres de soltera en el caso de las mujeres), fechas de nacimiento y defunción, fotografías, cartas, historias, recortes de periódico, registros judiciales, símbolos o tradición familiar y objetos heredados. La mejor manera de obtener esta información es conversando con los miembros de la familia y realizando una investigación genealógica básica. Este proceso puede llevar muchos años, pero no requiere ninguna habilidad especial. Todo lo que necesitas para empezar es un deseo sincero de entenderte mejor a ti mismo y a tu familia.

Involucra a tu familia viva

Si tienes ancianos en tu familia que crees están próximos a fallecer, aprovecha la oportunidad para preguntarles sobre tus antepasados. Por desgracia, tanto los padres de mi madre como los de mi padre murieron antes de que me interesara por mi historia familiar. En múltiples ocasiones, mientras sueño, mi abuela Howell ha intentado mostrarme una fotografía en blanco y negro de su madre (no he podido localizar ninguna foto de este tipo en mi vida consciente). Antes de su fallecimiento en 2008, mi abuela Foor fue una gran fuente de conocimiento sobre su vida, así como del pueblo de mi abuelo. Hablar largo y tendido con ella me hizo emprender un camino de ocho años de investigación genealógica y familiar que incluyó reuniones con los hermanos de mis abuelos y otros familiares, visitas a cementerios y una extensa investigación en internet. Esto resultó en la publicación de un libro en el que compartí lo que había aprendido sobre nuestro pueblo.

Fui afortunado: mi familia viva apoyó mi investigación. Pero a veces preguntar por la historia familiar puede provocar una actitud defensiva o un deseo de proteger a las generaciones más jóvenes del dolor histórico. Además, la adopción, la concepción a través de la violencia sexual, tener un donante de esperma u óvulos como padre biológico u otras circunstancias pueden hacer imposible preguntar directamente a los familiares sobre nuestros antepasados.

Si tus familiares ya practican alguna forma de veneración a los antepasados, acércate respetuosamente a los que ya interactúan con ellos para ver qué hacen y si están abiertos a colaborar. Otros miembros vivos de la familia también pudiesen afirmar que hablan en nombre de los antepasados, y sus opiniones merecen ser tenidas en cuenta. Si es posible, ofrécete a acompañarlos en sus oraciones y rituales de celebración. Las directrices que considero útiles para hablar con la familia son las siguientes:

- **Respeta los límites y las peticiones de los familiares vivos.** Si se les aborda con respeto, los familiares suelen estar dispuestos a compartir sus experiencias personales y sus conocimientos de la historia familiar. Sin embargo, algunas personas no tienen interés ni creen en la comunicación con los muertos. Si los miembros de la familia no están abiertos a escuchar este tema, respeta sus peticiones. Si crees que es importante transmitirles un mensaje de los antepasados, puedes enmarcar el mensaje como un sueño (por ejemplo, "tuve un sueño que fulano quería que te contara...").

- **Busca a la familia extendida.** A veces, los tíos, los primos y los abuelos están bien informados y dispuestos a ayudar. También pueden aportar una nueva perspectiva sobre las generaciones anteriores, ya que los hermanos pudiesen tener recuerdos radicalmente diferentes respecto a sus padres en común.

- **Reúnete en persona siempre que sea posible.** Las reuniones en persona permiten conversaciones más íntimas y matizadas. Al acercarte a los ancianos de tu familia, un simple regalo puede ayudar a iniciar el diálogo. Asegúrate de respetar su seguridad personal, así como la sensibilidad cultural de los miembros de la familia extendida con quienes tengas contacto.

- **Toma nota de los nombres completos, las fechas de nacimiento, muerte y matrimonio, los lugares de sepultura y las historias de**

vida. La información objetiva viene a ser el esqueleto al que se encuentra adherida la carne de la historia y el significado. Si se examinan de cerca, los hechos en apariencia aburridos pueden revelar patrones de relación, dones familiares e historias enriquecedoras. Registra con cuidado lo que aprendas, incluyendo copias de las fotografías; haz copias para ti y para las generaciones futuras. Si amplías los conocimientos sobre tu familia, considera la posibilidad de compartirlos con los parientes interesados.

- **Sigue las pistas y las sincronicidades.** Durante tu investigación familiar surgirán de forma inevitable sincronías y pistas inesperadas. Mantente abierto a seguir esta pista y a recibir orientación a través de los sueños y los acontecimientos mientras estés despierto.

- **Haz espacio para la integración emocional y el cuidado propio**. Conocer a la familia extendida e investigar a tus antepasados puede develar información intensa que requiere tiempo para integrarse emocional y espiritualmente. Sé amable y paciente contigo mismo, deja que el proceso se desarrolle por etapas y asegúrate de involucrarte en tu investigación y en tu familia desde un lugar de respeto, positividad y bienestar.

- **Pide apoyo a tus amados antepasados durante tu investigación**. Considera la posibilidad de hacer oraciones y ofrendas sencillas para pedir el apoyo de tus antepasados vibrantes (consulta el ejercicio 3, página 68, para obtener sugerencias). Pídeles que te muestren lo que necesitas saber en el momento adecuado, de la manera correcta y para el mayor bien de todos los involucrados.

Haz uso de los recursos profesionales, así como los disponibles en internet

La investigación genealógica se ha convertido en una rama distinta de la investigación histórica. Aunque la investigación genealógica en Estados Unidos se ha centrado históricamente en los hombres europeos-americanos y en las familias mormonas, en la actualidad existen amplias bases de datos (a menudo gratuitas) con mayor acceso a los registros históricos de los linajes maternos y de las personas con ascendencia no europea. Como persona de ascendencia europea-estadounidense de los primeros inmigrantes, he podido rastrear la mayor parte de mis vínculos sanguíneos hasta el año 1700 y, en algunas estirpes, varios siglos antes. Encontré fuentes de información sobre mis antepasados familiares que vivieron antes de 1850 en bases de datos en internet casi de forma exclusiva.

Si tus parientes vivos son poco seguros, problemáticos o dificultan de algún modo tu búsqueda, la investigación en internet podría convertirse en una forma de evitarlos. Solo recuerda que cuando utilices bases de datos en internet, la precisión puede variar mucho, ya que no siempre es posible verificar las fuentes primarias. Considera la posibilidad de confrontar los nombres con otra base de datos, tomar nota de sus referencias y, cuando sea posible, incluir las fuentes primarias.

A medida que vayas recopilando información, podrías llegar a saber más sobre tus antepasados familiares que cualquier otra persona viva. Este conocimiento puede darte una especie de estatus de guardián de la memoria familiar, un papel potencialmente incómodo si eres más joven que muchos de tus parientes. El gran volumen de información también puede resultar abrumador: cuando realizaba mi investigación, me resultaba útil recopilar la información que había reunido en una página grande o en una cartulina, haciendo divisiones por año o cada dos años (por ejemplo, nombres completos, fechas de nacimiento y defunción). La presentación visual más común de los nombres se conoce como "pedigrí" (revisar la página 80).

Para organizar el tesoro de la investigación genealógica, yo en lo personal prefiero el uso de un mandala, una rueda u otra forma radialmente simétrica, ya que esta geometría supone la misma importancia entre las diferentes líneas de sangre. El mandala de muestra presentado en la página 81 incluye espacio para los nombres de los ocho bisabuelos. Si tus abuelos aún viven, simplemente omite sus nombres en el gráfico de los antepasados, y si tus padres han fallecido, puedes añadir sus nombres en el pequeño anillo generacional entre tu persona en el centro y tus cuatro abuelos en los puntos cardinales. Esta organización también favorece las nuevas asociaciones y conexiones para aquellos que tienen una práctica previa de honrar las direcciones cardinales y los elementos (revisar el ejercicio 11, página 193).

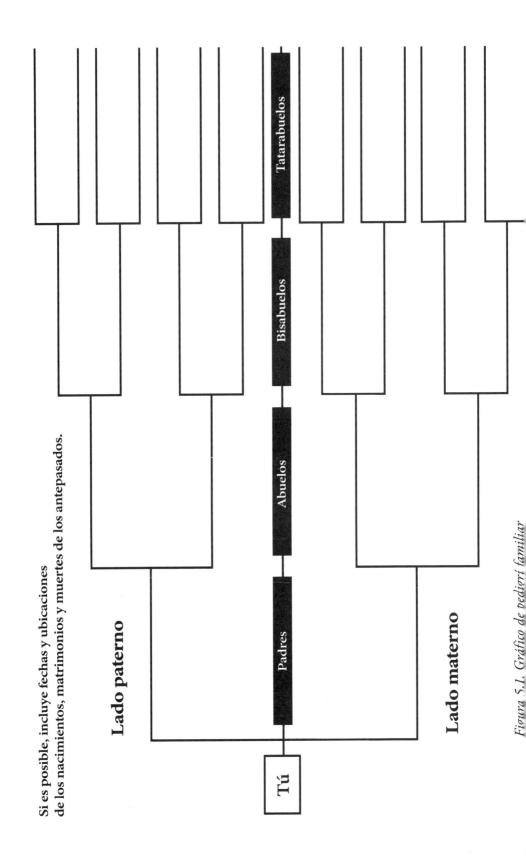

Si es posible, incluye fechas y ubicaciones
de los nacimientos, matrimonios y muertes de los antepasados.

Lado paterno

Lado materno

Tatarabuelos

Bisabuelos

Abuelos

Padres

Tú

Figura 5.1. Gráfico de bedierí familiar

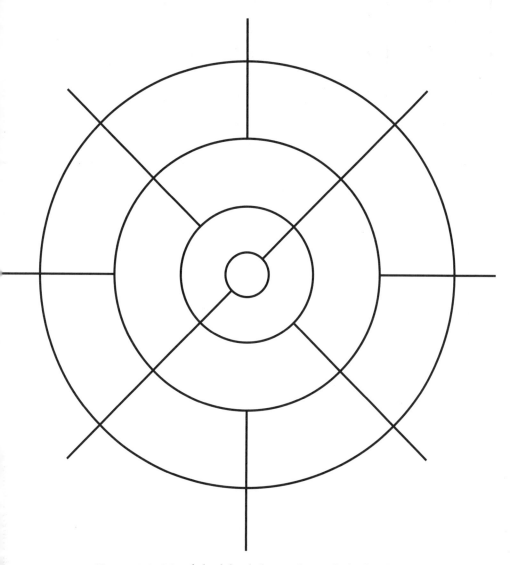

Figura 5.2. Mandala del árbol genealógico de la familia

Si encuentras dificultades en tu investigación, no te desanimes. Inclusive las personas que nunca conocerán o sabrán los nombres de sus padres biológicos pueden seguir disfrutando de una relación profunda y transformadora con sus antepasados. Nuestros antepasados hablan a través de nuestros huesos y del ADN de cada célula de nuestro cuerpo, y mientras estés encarnado físicamente, estarás unido a ellos de forma inseparable.

Hoy en día, las tecnologías genéticas modernas ofrecen una tercera vía para la investigación ancestral: las pruebas de ADN. Varios tipos de pruebas, relativamente económicas, pueden proporcionar información útil, en especial sobre los linajes maternos y paternos directos, mediante pruebas de ADN mitocondrial y ADN-Y, respectivamente.

Consideraciones previas al trabajo directo con tus antepasados

El siguiente paso es entrar en contacto directo con los espíritus de tus antepasados, es decir, aquí es donde te invito a empezar a hablar con los muertos y a escuchar sus respuestas. Dado que al igual que yo, la mayoría de los lectores probablemente no fueron entrenados desde pequeños para establecer contacto con los espíritus, he incluido seis habilidades y recordatorios importantes que considero útiles en esta área.

Establece y respeta los límites personales
Los límites personales son esenciales en las relaciones, y el trabajo ritual con los antepasados no es una excepción. La premisa subyacente, de nuevo, es que los antepasados son tan reales como nosotros, por lo que debemos respetar su realidad y su espacio en lugar de desplomar nuestra identidad sobre la suya. Establecer límites saludables puede evitar la intrusión energética de los muertos problemáticos, así como permitirte rechazar una invitación de los antepasados amorosos para fusionarnos con ellos. Para conservar la plena capacidad de elección con respecto a nuestro espacio personal y nuestros cuerpos (tanto físicos como energéticos), debemos ser capaces de decir "no" a las peticiones que los antepasados nos hagan y estar abiertos a escuchar un "no" cuando les hagamos una pregunta o una petición. Como en cualquier relación, rechazar las invitaciones de los antepasados puede afectar la confianza y la intimidad con ellos. Sin embargo, es fundamental dejar claro que tenemos derecho a elegir, y a la inversa, que reconocemos su derecho a elegir respecto a nuestra propia agenda.

La mayoría de los practicantes tradicionales que he conocido coinciden en que no es apropiado ni deseable desdibujar la distinción entre uno mismo y los antepasados. Una excepción podría ser en el contexto de un ritual con un principio y un final claro. Las personas que mantienen relaciones duraderas con sus antepasados siguen siendo 100% responsables de sus actos. Situaciones como "los antepasados me dijeron que lo hiciera" o "estaba poseído por los antepasados cuando ocurrió tal o cual cosa" no son una excusa y no reducen la responsabilidad personal. Si te sientes confundido sobre dónde terminas tú y dónde empiezan los antepasados, estos límites imprecisos pudiesen traer problemas y pudiesen indicar que necesitas más introspección, enraizamiento y trabajo interior antes de contactar con ellos.

Recibimos información y desarrollamos nuestras relaciones a través de muchos canales perceptivos diferentes, por ejemplo, la vista, el sonido, el tacto, el olfato, la conciencia empática, la intuición, y lo mismo ocurre cuando nos relacionamos con seres no físicos. Los canales que escogemos dependen en gran medida del estilo y el temperamento, y ciertos hábitos o estilos pueden ser motivo de preocupación adicional. En concreto, tener límites personales permeables o abiertos es un rasgo común entre las personas que son altamente intuitivas. Si esto te describe, antes de embarcarte en tu trabajo con tus antepasados lo ideal es que aprendas a acceder a la información intuitiva de formas alternativas que sigan siendo efectivas, pero que sean más contenidas y reafirmen los límites. Como hemos visto, no todos los muertos están igual de bien en espíritu. Piensa que saludar a tus antepasados es como conocer los hongos del bosque: comer cualquier hongo que encuentres tendrá como resultado un conocimiento directo e íntimo, pero también puede suponer una muerte rápida y dolorosa.

Una herramienta que puedes utilizar para establecer límites (en nuevas relaciones tanto con los humanos vivos como con los espíritus) es imaginar una barrera protectora entre tú y ellos. Todavía pueden verse y escucharse, pero la barrera impide que te fusiones con cualquier energía potencialmente dañina, en especial mientras todavía estás en el proceso de conocerlos.

Mantén un estado de espectador

Una habilidad relacionada es la capacidad de mantener un estado de neutralidad emocional, incluso cuando el contenido lo vuelve difícil. Esta capacidad de presenciar o "mirar pero no tocar" es la misma que cuando te comunicas con seres del mundo físico; sin embargo, puede ser más fácil decirlo que hacerlo. Las reacciones comunes que pueden dificultar el mantenimiento de una conciencia de espectador incluyen el miedo a los espíritus o fuerzas dañinas, los juicios sobre lo que se está presenciando y la profunda necesidad de ayudar o intervenir.

Si has establecido límites personales saludables, así como una intención clara y además te relacionas con los espíritus de forma respetuosa, reducirás en gran medida el riesgo de atraer fuerzas dañinas o peligrosas a tu esfera. Sin embargo, el miedo puede ser un importante recordatorio de que algunas situaciones son potencialmente peligrosas. Cuando sea necesario, sé precavido, protégete, desconéctate de los espíritus y busca el apoyo de aliados de confianza o de aquellos que sepan relacionarse con lo invisible.

El hecho de que los juicios puedan comprometer tu capacidad para hacer el trabajo con los espíritus, no significa que debas tirar tu discernimiento por la ventana. Simplemente significa que puedes dar testimonio de algo sin aprobarlo o apresurarte a intentar cambiarlo. Por ejemplo, soy consciente de que hay personas que están siendo asesinadas en todo el mundo mientras escribo esto, y también tengo claro que no es mi papel personal impedir físicamente que eso ocurra. Hacerlo me distraería de intentar cumplir mi destino durante mi breve estancia aquí en la Tierra y, además, es imposible.

En otras palabras, centrarse en las responsabilidades personales dará un mejor resultado a largo plazo que ir de un lado a otro de forma frenética, lo que en última instancia aumentará la energía de la crisis. Las cosas malas ocurren en el mundo sin nuestra anuencia, y al igual que hay personas mezquinas, hay espíritus mezquinos, algunos de los cuales pueden ser nuestros antepasados. Sean cuales sean nuestros comportamientos humanos más despreciados (por ejemplo, la violencia sexual, la persecución por motivos raciales o religiosos, el daño a los niños, etc.), es seguro que algunos de tus antepasados los ha practicado en algún momento de la historia. Si no estás dispuesto a aceptar las realidades escabrosas o las formas de comportamiento no evolucionadas, probablemente no estés preparado para conocer a tus antepasados.

Otra reacción común, que en cierto modo es más insidiosa que el juicio o el miedo, es el impulso de ayudar. Este tipo de intromisión en el espacio personal de otro (ya sea corpóreo o espiritual) es un problema precisamente porque se disfraza de ayuda, y como tal, como algo totalmente justificado. No me refiero al deseo espontáneo de prestar atención y compasión a los demás, sino a la arrogancia de suponer que nuestra ayuda está invitada o que entendemos lo que en realidad constituye una ayuda en una situación determinada. Imaginemos a un médico que se siente tan angustiado al ver sufrir a la gente que distribuye un medicamento fuerte, sin un diagnóstico claro, a personas que ni siquiera son conscientes de que se les está administrando. En el trabajo con los antepasados, al encontrarse con los espíritus de los muertos menos pacíficos, la gente a veces se precipita a hacer algún tipo de sanación energética o ritual de reparación para ellos. Aunque esto puede ser útil en determinadas circunstancias, intervenir de forma precipitada sobrepasa un límite.

Si te sientes atraído por la tendencia a ayudar o a "hacer algo", podrías trabajar en cambio en aumentar tu capacidad para entender el sufrimiento de los demás, y volver a comprobar que estás permitiendo que los guías y maestros ancestrales más antiguos lleven a cabo tu trabajo con los muertos atormentados. Procura respetar la autonomía de todos los seres con los que te encuentres a través de los rituales.

Evita el colapso psicológico

Los antepasados están separados de nosotros y al mismo tiempo son inseparables de nosotros. Al alimentar y elevar ritualmente su espíritu colectivo, también elevamos nuestra propia conciencia y vibración; hacerlo implica que pueden aflorar asuntos personales para ser sanados, completados y transformados. Cuando las raíces nudosas o retorcidas de generaciones de abuso o desconexión familiar comienzan a desenredarse, algunos individuos pueden experimentar una reactivación o agravamiento de traumas pasados. Esto puede ser un asunto serio, pero siempre que se cuente con suficiente apoyo psicológico y resiliencia, probablemente se podrá regular la intensidad del trabajo de manera que resulte sanador y catártico, en lugar de inútil y abrumador. En aquellos momentos en los que el trabajo con lo invisible implica más intensidad de la que las personas pueden manejar, es posible que necesiten pedir apoyo. El colapso psicológico y la desestabilización casi nunca son deseables. Si notas que estás perdiendo tu centro, baja la intensidad del trabajo espiritual. Céntrate en prácticas que te mantengan conectado a tierra, sobrio y en tu cuerpo y, de nuevo, busca ayuda fiable.

La buena noticia es que durante la última década en la que he ayudado a otras personas a relacionarse con sus antepasados, he descubierto que el Espíritu tiende a dar a las personas solo lo que pueden manejar en un momento dado de sus vidas.

También sugiero que encuentres un aliado en tu labor: un compañero espiritual. Al principio del proceso de reparación del linaje, si es posible, ten en mente a alguien con quien puedas hablar, y de ser necesario, recurre a su apoyo emocional y espiritual. Puede ser un familiar o amigo cercano, un mentor espiritual, un terapeuta o sanador, o cualquier persona mayor que te pueda apoyar. Controla tu bienestar personal a lo largo de tu labor y recuerda llevarlo a tu propio ritmo. Si es posible, trata de conectar localmente con grupos, maestros y otros practicantes que veneran a sus antepasados. Si tienes la suerte de contar con personas afines en tu zona, mantente abierto a formar parte de una comunidad saludable.

Accede a las enseñanzas tradicionales

Hay muchas comunidades que todavía mantienen prácticas sólidas de veneración a los antepasados y rituales. Los maestros de estos círculos conocen muchos de los retos que pueden surgir cuando se cultiva una relación directa con los antepasados, porque para ellos las relaciones con lo invisible forman parte de la vida cotidiana. Si tienes acceso a estas personas mayores y maestros de confianza, aprovecha al máximo esta oportunidad. Si no, considera la posibilidad de investigar sobre la cultura histórica de tu pueblo. ¿Qué podemos saber sobre la forma en la que se relacionaban tus antepasados con sus respectivos ancestros? ¿Qué aspectos de esta riqueza heredada podrían servir de apoyo a tu labor ancestral hoy en día?

Sin embargo, es importante que tengas en cuenta algunas advertencias. En primer lugar, no todas las prácticas tradicionales de veneración de los antepasados son relevantes para los tiempos modernos. Por ejemplo, algunos de mis antepasados, al igual que los de muchas personas, vivían en culturas que realizaban sacrificios humanos, a veces acompañados del ritual de consumo de al menos ciertas partes del cuerpo del ser humano sacrificado. Este es un ejemplo de los muchos que ilustran por qué es importante confiar en tu juicio si algunas prácticas no te parecen adecuadas. En segundo lugar, he comprobado que los maestros espirituales son tan falibles, complicados y capaces de incurrir en errores éticos como cualquier otra persona. Si trabajas con un maestro o comunidad viva, ten algún tipo de apoyo fuera de esta comunidad si es posible, y asegúrate de mantener tu propio discernimiento, centro y sentido de responsabilidad. Si encuentras que algún maestro o tradición se siente contrario a lo que es correcto para ti tanto en tu corazón como en tus entrañas, usa tu discernimiento, obtén opiniones externas confiables, y cuando sea necesario, aléjate de ese maestro o tradición. Por último, la relación de una persona con sus antepasados es inherentemente personal; asegúrate de seguir tu intuición e intenta encontrar un equilibrio entre la adhesión a la tradición y la búsqueda de tu expresión y estilo únicos.

Mantén la humildad

Las personas no suelen verse a sí mismas como arrogantes o con ínfulas y, sin embargo, algunas de las mayores atrocidades de la historia de la humanidad se han manifestado a partir de lo que yo llamaría "las ínfulas de los antepasados" o, en términos psicológicos, un desplazamiento del narcisismo primario hacia los antepasados[1]. En un lenguaje menos técnico, esto suena como: "Mi pueblo es mejor que tu pueblo (y yo solo soy un humilde miembro de mi grupo ancestral superior)". A la inversa, existe la postura aún más enrevesada de "tu pueblo es mejor que el mío (y yo busco

identificarme con tu grupo ancestral superior o ganarme su aprobación)".
En cualquier caso, supone un gran problema.

La raza, por muy históricamente construida y biológicamente
sospechosa que sea como categoría, suele ser un factor que alimenta el ego
ancestral. Entre las atrocidades fomentadas por los delirios de supremacía
racial se encuentran la colonización europea de Norteamérica, la trata
transatlántica de esclavos y los crímenes de la Alemania nazi y el Japón
imperial durante la Segunda Guerra Mundial. Las estimaciones globales de
víctimas de guerras y homicidios por motivos raciales solo en el siglo XX
superan fácilmente los diez millones de vidas humanas. Además de la raza,
la ascendencia también determina las identidades religiosas, nacionales,
étnicas y tribales, cualquiera de las cuales puede ser invocada para justificar
la brutalidad. Algunos ejemplos de las últimas décadas de la inflación del
ego ancestral que giraba en torno a algunos de estos otros factores son:

- Las tensiones entre chiíes y suníes en la guerra entre Irán e Irak (se
  calcula que murieron un millón de personas de 1980 a 1988)[2].
- Las desavenencias entre cristianos y musulmanes en la guerra de Bosnia-
  Herzegovina (se calcula que murieron cien mil personas de 1992 a
  1995)[3].
- Las tensiones étnicas entre hutus y tutsis en el genocidio de Ruanda (se
  calcula que murieron entre ochocientas mil y un millón de personas en
  el año 1994)[4].
- Las tensiones entre tamiles y cingaleses en la guerra civil de Sri Lanka
  (se calcula que murieron entre ochenta mil y cien mil personas de 1983
  a 2009)[5].

En estos y muchos otros ejemplos, uno o varios grupos construyeron
una narrativa sobre un grupo vecino y luego procedieron a degradar y
deshumanizar a estos otros como pretexto para la agresión y la brutalidad.
En otras palabras, "nuestro pueblo es intrínsecamente mejor que el de
ustedes". Este tipo de violencia es totalmente evitable y tiene poco recorrido
sin la valoración de unos antepasados sobre otros.

Aunque los buscadores espirituales con los que me he encontrado no se dedican a la guerra de guerrillas ni al genocidio, muchos de ellos sí participan en algún grado de favoritismo ancestral, en gran medida inconsciente. En Estados Unidos, las personas con identidad europea suelen devaluar o negar su ascendencia nativa americana, africana o asiática. Del mismo modo, las personas con ascendencia no europea pueden, por diversas razones, restar importancia a sus orígenes europeos. A nivel personal, esto significa rechazar partes de uno mismo que no se sienten congruentes con su identidad cultural, a menudo desde la creencia de que "mi gente (los antepasados a quienes rindo homenaje) es mejor que esa otra gente (los antepasados de mis propias estirpes a los que rechazo)".

He oído historias de individuos de ascendencia predominantemente europea que rechazan las pruebas fácticas de que su herencia física y cultural incluye a africanos o nativos americanos. Del mismo modo, en la impactante serie de televisión de la PBS *African American Lives*, creada por el distinguido académico y educador Henry Louis Gates Jr., algunos invitados afroamericanos comparten los complejos sentimientos que pueden surgir al conocer sus antepasados europeos. En cualquier caso, elegir la reivindicación de algunas partes de la ascendencia mientras se rechazan otras establece las condiciones para un sentido inflado del yo y también niega el hecho de que muchos (si no la mayoría) de los individuos, en este momento de la historia, son multirraciales.

La inflación inversa/negativa del ego, o el síndrome de "tu gente es mejor que la mía", también está presente en Estados Unidos, y esta postura también es problemática. En este caso, el sentido de identidad se puede haber disminuido en vez de ser el adecuado. Por ejemplo, las personas de linaje predominantemente europeo, en especial las que practican tradiciones indígenas o chamanismo, a veces idealizan o se identifican con las culturas indígenas u otras no europeas. Esta identificación, que resulta extraña para las culturas a las que imitan, puede incluir la adopción de nuevos nombres, de nuevos estilos de vestir y de una actitud negativa hacia la propia ascendencia europea. Por ejemplo, una destacada maestra espiritual de las formas indígenas tiene un porcentaje muy pequeño de ascendencia cherokee por sangre y solo se dedicó a conocer esta rama de su ascendencia en su adultez. Sin embargo, en sus materiales promocionales afirma ser cherokee, sin mencionar su herencia europea. Aunque esta afirmación no es del todo falsa, ¿por qué asignar mayor valor a la herencia cherokee que a la europea? ¿Qué hace que los antepasados cherokees sean superiores a los europeos o viceversa?

No obstante, involucrarse profundamente en una cultura diferente, incluso hasta el punto de adoptarla e iniciar los rituales correspondientes, no significa que se esté mostrando un favoritismo ancestral. Al haber participado personalmente en rituales de diversas culturas, bien desde un lugar de evasión de mi pasado y trabajo interior, como desde un lugar de respeto hacia mí mismo y mis antepasados, he llegado a comprender esta distinción y a entender cómo el hecho de aclarar las motivaciones internas hace una gran diferencia. Todos nuestros antepasados son personas increíbles y dignas de elogio, pero la narrativa de que los antepasados de una persona o grupo son de algún modo superiores a los de los demás es una visión que puede dar lugar al racismo, al nacionalismo, a la guerra y a otras causas de sufrimiento humano.

Mantén clara tu intención

Por último, con respecto a la comunicación con los muertos: si tienes alguna duda, tómate tiempo para honrar tu proceso de indagación e introspección. Considera cómo unas prácticas sencillas para transmitir respeto a tus antepasados pueden armonizar mejor con tus tradiciones y relaciones personales. Si decides acercarte a ellos de forma más específica, intenta ser lo más claro posible en cuanto a tus razones. Algunas motivaciones válidas son querer sanarte a ti mismo, querer sanar a tu familia, querer tener habilidades para comunicarte con los muertos y querer satisfacer tu curiosidad sobre tus antepasados o tradiciones. Sea cual sea tu motivación, ten clara tu intención original, compártela con tus antepasados desde el principio, reafírmala y revísala cuando sea necesario.

Elección de un enfoque
para la labor de reparación del linaje

Intentar relacionarte con todos tus linajes ancestrales al mismo tiempo puede resultar caótico o abrumador, en especial si estás empezando a conocerlos. He comprobado que enfocarte en tus cuatro estirpes primarias proporciona suficiente espacio para conocer y apreciar los diferentes linajes. Hazte la imagen de cada uno de tus cuatro abuelos, vivos o fallecidos, como los rostros más recientes de los linajes que les preceden. En el caso de tus dos abuelas, el *linaje* aquí se refiere específicamente a la línea de mujeres que las precedieron; en el caso de tus dos abuelos, se referirá a la línea de hombres que los precedieron (por ejemplo, el linaje del padre de tu padre, el linaje de la madre de tu padre y, de forma similar, un linaje de hombres y otro de mujeres por parte de tu madre). Por supuesto, estas son solo cuatro estirpes específicas entre muchas; sin embargo, he descubierto que la consideración de estas cuatro líneas es suficiente como base en la reverencia ancestral. Una vez que estas líneas queden bien definidas, puedes por supuesto incluir otras cuatro líneas de parentesco (como el padre de tu madre, etc.) o más allá. Aunque ya tengas una idea sobre cuál es el lado de la familia en el que quieres centrarte, intenta no decidirlo hasta que tengas claro si es lo más conveniente; el lado de tu familia con el que te has sentido más cercano quizás no sea el mejor lugar para comenzar. Si sostienes esta labor, con el tiempo entrarás en una relación más consciente con cada una de tus cuatro estirpes primarias. Así que no hay necesidad de precipitarse.

Hay dos cuestiones importantes que debes tener en cuenta a la hora de decidir por dónde empezar. La primera consideración es cómo están tus antepasados en espíritu. En mi caso, trabajo con una escala del 1 al 10; cuanto más alto sea el número, más en paz estará el antepasado o el linaje:

- **De uno a tres** se refiere a los muertos atribulados: los muertos que están claramente fragmentados o carecen de brillo. En el extremo inferior de este rango están los espíritus temibles y potencialmente peligrosos. Si te encuentras con espíritus en este rango, pide a tus guías que te ayuden a mantener un límite firme con ellos hasta que hayan pasado por sus propios procesos de sanación y elevación. Recuerda que, aunque muchos de los muertos pueden estar en una condición de necesidad, esto no los convierte en malas personas.

- **De cuatro a seis** se refiere a los que están más o menos intactos en espíritu, pero aún no están radiantes o conectados con los antepasados amados y vibrantes. Muchos de los que mueren, al menos en los Estados Unidos, parecen residir en este estado de limbo entre su vida en la Tierra y la plena recepción por parte de sus antepasados. Como todavía no son antepasados por derecho propio, podrían considerarse espíritus bien intencionados o comunes.

- **De siete a diez** se aplica a los muertos que están bien en espíritu, los "verdaderos antepasados", que ahora son fuentes de apoyo, amor y guía para los vivos. Estos son los muertos queridos, personas con las que te sentirías instintivamente seguro si hicieran una visita a tus hijos o estuvieran a los pies de tu cama mientras duermes. Puede que tengan personalidades particulares, pero están arraigadas en el amor y fuertemente conectadas con otros antepasados.

Te invito a que establezcas un límite con cualquier espíritu clasificado por debajo de un siete en esta escala del 1 al 10.

Recuerda que este ejercicio consiste simplemente en observar lo que es, sin juzgar ni tener la necesidad de reparar o sanar. El cambio positivo comienza con la capacidad de percibir de manera objetiva a los muertos tal como son.

El otro factor importante en esta etapa es el nivel de influencia que cada linaje ancestral tiene sobre ti y tu familia viva. Considera la influencia ancestral en términos básicos de *alta, media o baja*. Esta influencia puede ser perjudicial o útil; en el peor de los casos, tus antepasados son problemáticos e influyentes a la vez, y en el mejor de los casos, tus antepasados están bien de espíritu y son influyentes. A la hora de decidir el punto más importante en el cual centrar el trabajo de sanación, el nivel de influencia puede superar al nivel de bienestar como factor. Es decir, un linaje puede ser muy problemático (por ejemplo, un dos en la escala del 1 al 10), pero moderadamente influyente en tu vida actual; mientras que otro linaje puede ser menos problemático, pero más impactante en virtud de una conexión estrecha. Aunque estas distinciones pudiesen parecer algo clínicas, estos dos factores, el *nivel de bienestar* y el *nivel de influencia en los vivos*, pueden servir para hacer seguimiento de los cambios a lo largo del tiempo.

Antes de proceder, tómate un momento para reflexionar sobre las suposiciones que puedas tener respecto a las relaciones entre el sexo biológico, la identidad de género y el linaje ancestral. Aunque el enfoque a la sanación ancestral presentado en este libro enfatiza dos estirpes maternas y dos paternas, ello no implica nada sobre la identidad de género, orientación sexual o incluso los genitales de tus antepasados a lo largo de cualquier linaje. Pudieses ser descendiente de mujeres que fueron cazadoras, constructoras, viajeras o guerreras. Tus abuelas pudieron haber tenido vocaciones o haber expresado aspectos de su personalidad que las sociedades modernas a menudo asociarían con los hombres (y viceversa para los hombres). Tanto los antepasados masculinos como femeninos pudieron haber preferido tener sexo o relaciones estables con personas del sexo opuesto, del mismo sexo, o un poco de ambos. Del mismo modo, algunos de los integrantes de tu pueblo a lo largo del camino seguramente fueron intersexuales, lo que quiere decir que nacieron con genitales ambiguos o atípicos de una manera tal que borraban la distinción binaria del género masculino o femenino. Toda esta diversidad pudo haber sido aceptada, juzgada o un poco de ambas en el momento en que estos antepasados vivieron. En otras palabras, tu pueblo incluye antepasados que hoy en día pudiésemos considerar homosexuales, bisexuales, transgénero, queer, intersexuales o cualquier variante de las normas heterosexuales y cisgénero, así que es importante mantenerse abierto a medida que se empieza a conocer a nuestros antepasados.

El siguiente ejercicio es una visualización guiada para evaluar el estado de tus cuatro estirpes primarias. Puedes modificarlo a medida que avanzas en las etapas de tu trabajo con los antepasados (revisar el capítulo 9). Por ahora, la intención es darte una idea preliminar del estado de cada línea de sangre y ayudarte a decidir por dónde empezar el proceso de reparación del linaje.

EJERCICIO CUATRO

Armonizar tus
cuatro líneas primarias

INTENCIÓN: Dar la bienvenida a tus cuatro linajes primarios y decidir dónde enfocar el proceso de reparación ancestral.

QUÉ NECESITAS: Un espacio tranquilo y cualquier cosa que te ayude a conectar con tus antepasados.

Para este ejercicio, primero grabarás tu propia voz (o la de un amigo) leyendo la visualización guiada que aparece a continuación. También puedes pedirle a un amigo que la lea en voz alta mientras tú escuchas. Habla despacio y con claridad, incorporando pausas como se sugiere a continuación. Una vez hecho esto, busca un espacio propicio para el trabajo ritual, y cuando estés allí, haz lo que te ayude a **establecer el espacio sagrado y la intención ritual** (por ejemplo, encender una vela, ofrecer incienso, hacer oraciones). Si es posible, identifica los puntos cardinales (este, oeste, norte, sur) y acomódate cómodamente cerca del centro del espacio. Reproduce la grabación o pide a tu amigo que empiece a narrar.

1. *(Comienza la grabación).* Empieza por tomarte unos minutos para **centrarte en tu cuerpo.** Deja que tus ojos se cierren o se posen con una mirada suave, y permite que la luz de tu alma se llene y brille desde tu cuerpo, sabiendo que permanecerás presente en tu cuerpo durante toda esta visualización y que recordarás todo lo que percibas. Lleva tu respiración al centro de tu abdomen. Siente tus huesos, tu corazón y cómo bombea la sangre *(haz una breve pausa).* Cuando te sientas presente en tu cuerpo, **invoca a cualquier guía de apoyo** con el que ya tengas relación. Si no estás seguro de quiénes son tus guías en espíritu, simplemente invoca el amor divino, la luz y la positividad. Cuando los guías o la sensación de apoyo divino estén presentes, **reafirma tu intención** de comprender mejor la condición de tus cuatro linajes ancestrales primarios *(haz una breve pausa).*

2. Centrado en tu cuerpo, con tus ayudantes espirituales presentes, **pide a tus guías que creen una cubierta protectora alrededor de tu espacio**

personal. Podrías imaginarla como una esfera protectora o una especie de casa circular con paredes o ventanas con espejos de dos vías, desde el cual puedes ver hacia afuera, pero los de afuera no pueden ver hacia adentro. Recuerda que tu intención es simplemente observar, no conectar con tus antepasados ni cambiar nada. Comprueba si es posible a lo largo del ejercicio observar sin llamar la atención sobre tu presencia. Vuelve a confirmar que tus guías están contigo y que tienes la debida protección *(haz una breve pausa)*.

3. En tu esfera de protección, con tu conciencia anclada en tu cuerpo y con el apoyo de tus guías, **dirige tu atención hacia el este**. Puedes permanecer inmóvil en tu cuerpo y visualizar el este, o puedes girar físicamente tu cuerpo para mirar en esa dirección *(haz una breve pausa)*. En el este, visualiza al padre de tu padre, si ha fallecido, y al linaje de los hombres que lo precedieron en el tiempo. Forma tus primeras impresiones de estos antepasados, tal y como existen en el presente, sin juzgar ni querer cambiar nada *(haz una pausa de un minuto)*. ¿La energía que percibes es brillante u oscura, presente o ausente, pacífica o conflictiva? ¿Aparecen colores, símbolos o imágenes? Incluso si aparecen antepasados que parecen estar bien de espíritu, solo observa por ahora. Teniendo en cuenta las diferencias entre los muertos recientes y los antepasados más antiguos del linaje, intenta clasificar el nivel general de bienestar del linaje de tu abuelo paterno en la escala del 1 al 10 *(haz una pausa de un minuto)*. Ahora, indaga respecto al impacto de este linaje en ti y en otros miembros de tu familia viva. Si percibes energías intensas, ¿con qué fuerza te afectan a ti o a otros familiares? *(haz una pausa de un minuto)*. Cuando te sientas completo, **despeja por completo cualquier energía cargada o perturbadora de tu espacio personal, aleja tu atención del linaje de tu abuelo paterno y lleva tu atención de nuevo a un estado neutral** *(haz una pausa de un minuto)*.

4. En tu esfera de protección, y con el apoyo de tus guías, **dirige tu atención hacia el sur** y fíjate en la madre de tu padre y en el linaje de mujeres que la precedieron. Forma tus primeras impresiones de estos antepasados, tal y como existen en el presente, sin juzgar ni querer cambiar nada *(haz una pausa de un minuto)*. ¿La energía que percibes es brillante u oscura, presente o ausente, pacífica o conflictiva? ¿Aparecen colores, símbolos o imágenes?

Incluso si aparecen antepasados que parecen estar bien de espíritu, solo observa por ahora. Teniendo en cuenta las diferencias entre los muertos recientes y los antepasados más antiguos a lo largo del linaje, intenta clasificar el nivel general de bienestar del linaje de tu abuela paterna en la escala del 1 al 10 *(haz una pausa de un minuto)*. Ahora, indaga respecto al impacto de este linaje en ti y en otros miembros de tu familia viva. Si percibes energías intensas, ¿con qué fuerza te afectan a ti o a otros familiares? *(haz una pausa de un minuto)*. Cuando te sientas completo, despeja por completo cualquier energía pesada o perturbadora de tu espacio personal, **aleja tu atención del linaje de tu abuela paterna y lleva tu atención de nuevo a un estado neutral** *(haz una pausa de un minuto)*.

5. En tu esfera de protección, y con el apoyo de tus guías, **dirige tu atención hacia el oeste** y fíjate en la madre de tu madre y en el linaje de mujeres que la precedieron. Forma tus primeras impresiones de estos antepasados, tal y como existen en el presente, sin juzgar ni querer cambiar nada *(haz una pausa de un minuto)*. ¿La energía que percibes es brillante u oscura, presente o ausente, pacífica o conflictiva? ¿Aparecen colores, símbolos o imágenes? Incluso si aparecen antepasados que parecen estar bien de espíritu, solo observa por ahora. Teniendo en cuenta las diferencias entre los muertos recientes y los antepasados más antiguos del linaje, intenta clasificar el nivel general de bienestar del linaje de tu abuela materna en la escala del 1 al 10 *(haz una pausa de un minuto)*. Ahora, indaga respecto al impacto de este linaje en ti y en otros miembros de tu familia viva. Si percibes energías intensas, ¿con qué fuerza te afectan a ti o a otros familiares? *(haz una pausa de un minuto)*. Cuando te sientas completo, **despeja por completo cualquier energía pesada o perturbadora de tu espacio personal, aleja tu atención del linaje de tu abuela materna y lleva tu atención de nuevo a un estado neutral** *(haz una pausa de un minuto)*.

6. En tu esfera de protección, y con el apoyo de tus guías, dirige tu **atención hacia el norte** y fíjate en el padre de tu madre y en el linaje de los hombres que lo precedieron. Forma tus primeras impresiones de estos antepasados, tal y como existen en el presente, sin juzgar ni querer cambiar nada *(haz una pausa de un minuto)*. ¿La energía que percibes es brillante u oscura, presente o

ausente, pacífica o conflictiva? ¿Aparecen colores, símbolos o imágenes? Incluso si aparecen antepasados que parecen estar bien de espíritu, solo observa por ahora. Teniendo en cuenta las diferencias entre los muertos recientes y los antepasados más antiguos a lo largo del linaje, intenta clasificar el nivel general de bienestar del linaje de tu abuelo materno en la escala del 1 al 10 *(haz una pausa de un minuto)*. Ahora, indaga respecto al impacto de este linaje en ti y en otros miembros de tu familia viva. Si percibes energías intensas, ¿con qué fuerza te afectan a ti o a otros familiares? *(haz una pausa de un minuto)*. Cuando te sientas completo, **despeja por completo cualquier energía pesada o perturbadora de tu espacio personal, aleja tu atención del linaje de tu abuelo materno y lleva tu atención de nuevo a un estado neutral** *(haz una pausa de un minuto)*.

7. Antes de recuperar tu atención por completo, tómate un momento adicional para asegurarte de que tu energía personal esté limpia y que estén cerradas todas las vías de curiosidad que puedan haberse abierto con los antepasados. Haz también una pausa para dar las gracias a los guías que te apoyaron *(haz una breve pausa)*. Cuando estés preparado, abre los ojos y fija tu atención en tu cuerpo físico y en tu entorno. Para asegurarte de que recuerdes todo lo que se te ha mostrado, considera la posibilidad de tomar notas sobre lo que observaste *(concluye la grabación)*.

Una vez completado el ejercicio 4, toma notas que puedas consultar después. Incluye cómo clasificaste la vitalidad relativa de cada uno de tus cuatro linajes primarios del uno al diez. Si tienes hijos o hermanos que te han precedido en la muerte, considera la posibilidad de realizar el ejercicio por segunda vez en un día diferente para preguntar también por su estado espiritual. Incluye preguntas sobre la condición de los hermanos o hijos varones cuando consideres el linaje de tu padre y de las hermanas o hijas cuando consideres el linaje de tu madre. Aunque hay una enorme variación, entre las personas que he apoyado en los Estados Unidos diría que un perfil ancestral medio tendría un linaje relativamente brillante y saludable, otro muy problemático y perturbador, y los otros dos en algún lugar en el medio. Recuerda que uno de los objetivos principales del ciclo de reparación del linaje es asegurarse de que todos tus antepasados recientes y los linajes anteriores son brillantes en espíritu (en este marco, al menos un siete o más en la escala referida con anterioridad). Además, lo ideal es que su influencia sea elevada y de naturaleza positiva. Si este es el caso de uno o más linajes al comienzo de tu labor, ¡felicidades!

Salvo algunas excepciones, he comprobado que lo ideal es centrarse en una línea de sangre para completar la labor de reparación del linaje en etapas manejables. A la hora de decidir con cuál de tus cuatro linajes primarios comenzarás a trabajar, ten en cuenta varios factores: empezar por donde las cosas están en peor estado puede reportar los mayores beneficios; sin embargo, a muchos les parece mejor centrarse primero en los linajes que ya están relativamente bien para abrir fuentes de apoyo adicionales y acostumbrarse a relacionarse con los antepasados. Dejar los linajes más problemáticos para el final también ayuda a garantizar un recipiente seguro y con fundamento en el cual metabolizar formas más intensas de problemas ancestrales. Si ninguno de tus linajes está afectando tu vida de manera perjudicial, tienes un poco más de rango para actuar. Puedes considerar empezar con el linaje de tu padre si eres hombre, y con el linaje de tu madre si eres mujer. En última instancia, confía en el lugar donde los antepasados brillantes, los guías espirituales y tu intuición te indiquen que empieces.

Una vez que te hayas decidido por un linaje, considera la posibilidad de memorizar los nombres de tus antepasados pertenecientes a este. Por ejemplo, si has elegido centrarte en uno de los linajes de tus abuelos hombres, apréndete los nombres disponibles de los hombres de esta línea. Asimismo, apréndete de memoria los nombres de las mujeres del linaje anterior a tus abuelas. Aprender sus nombres transmite respeto y ayuda a la hora de invocar a los antepasados durante los rituales de reparación y reconexión. Antes de pasar al siguiente paso, tómate un momento para tener un breve gesto de respeto hacia los otros tres linajes. Y, por supuesto, mientras te centras en uno de tus linajes, puedes seguir mostrando respeto y reconocimiento a todos tus antepasados según te sientas impulsado a hacerlo.

SEIS

ENCUENTRO CON
GUÍAS ANCESTRALES

En la primera etapa de nuestro trabajo, recopilamos la información más fácil de obtener respecto a nuestros antepasados a través de nuestra familia y otras formas de investigación genealógica. También decidimos en qué parte de nuestra ascendencia sanguínea centraremos nuestro proceso de reparación del linaje. En la segunda etapa aprenderemos a conectar con los sabios y amorosos guías ancestrales y a tener acceso a sus dones y bendiciones de una manera más directa. Este capítulo también presenta algunas formas de conversar con antepasados brillantes y elevados a través de prácticas de trabajo en trance y visualización guiada. Al final de esta etapa seremos capaces de conectar con guías ancestrales de apoyo a lo largo de todo ese linaje de enfoque que escojamos. También podremos asociarnos con ellos para orientar nuestra intención de sanación a cualquier miembro de nuestro linaje que haya fallecido y que aún no esté en paz.

Guías ancestrales

¿Quiénes son estos guías ancestrales y cómo se puede contactar con ellos? En el trabajo de reparación del linaje, los guías son los espíritus de aquellos que vivieron previamente como nuestros antepasados de sangre en la Tierra y que están dispuestos y son capaces de prestar su apoyo a nuestras vidas, así como a cualquiera de los muertos afligidos. Los guías son las vidas decisivas, los hitos de la encarnación humana (por llamarlos de alguna forma) que establecen los parámetros a lo largo de cualquier estirpe, y son nuestros mayores en espíritu. Piensa en ellos como puntos brillantes a lo largo de la enmarañada línea de nuestro ADN, puntos en los que el potencial humano se armoniza más claramente con el amor, la sabiduría, la belleza y el servicio. Como antepasados, estos guías nos devuelven nuestro propio potencial y responsabilidad de ser seres humanos ejemplares.

Incluso si esos antepasados forman parte de nuestro linaje, ¿por qué esforzarse en buscarlos? ¿Por qué no recurrir a otras fuerzas espirituales benévolas, capaces y fácilmente disponibles que no sean antepasados de sangre? Ya que nuestra experiencia con la familia es a menudo el origen de nuestra mente perturbada y de nuestra necesidad de sanación, ¿por qué no ir a la fuente del problema (nuestros antepasados recientes) para buscar una solución? Martín Prechtel, líder ceremonial y autor que se formó con los mayas tz'utujil de Guatemala, escribió:

> Si bien nuestra ascendencia sanguínea es, por supuesto, algo real y hay que corresponderle como es debido, a menos que desciendas de una línea inmediata de humanos de corazón abierto con formas intactas de origen como estilo de vida, depender de los antepasados para encontrar una identidad será, por lo general, la guarida de mucho dolor adulterado y no metabolizado, escondido detrás de nimiedades y de una amnesia habitual aún más intencionada y de un bloqueo mental. Porque, con toda probabilidad, tus antepasados de los últimos milenios sufrieron la falta de orígenes en la misma medida que tú lo has hecho. Estos son los antepasados "recientes"[1].

Martín expuso la necesidad de que la mayoría de las personas modernas se remonten a lo largo de su estirpe para contactar a sus antepasados que vivieron antes de la disrupción cultural y el colonialismo que ha dado pie a nuestra desvinculación del mundo natural. Hablando de estos antepasados anteriores, Martín comentó también: "Los verdaderos y auténticos 'ancianos' son los indígenas, y no serán tribalistas, porque están en la historia de todas las cosas míticas y se han fusionado con la conciencia submolecular en la savia y en el torrente sanguíneo de todos los seres vivos que alimentan el presente y no valoran los prejuicios ancestrales aislacionistas de pensamientos limitados". Por el simple hecho de ser quienes son, estos guías ancestrales más antiguos tienen mayor autoridad para restaurar la vitalidad e integridad de las estirpes que cualquier otro tipo de guía. Como conocedores del sistema ancestral y familiar, pueden comprender y tratar los patrones familiares disfuncionales en su origen, sin importar qué tan atrás en la historia se encuentren los problemas.

¿Hasta dónde hay que remontarse en la estirpe para conectar con antepasados suficientemente despiertos? Tan atrás como sea necesario. El tiempo en el reino del espíritu no es tan lineal como nuestra conciencia cotidiana nos hace creer. Los antepasados que vivieron hace cientos o incluso miles de años pueden hablar con naturalidad y autoridad en el siglo XXI. Millones de seres humanos afirman implícitamente esta verdad al relacionarse con los espíritus inspiradores de seres humanos que murieron hace mucho más de mil años (por ejemplo, Mahoma, Jesús, Moisés, Siddhartha, Lao Tzu). Personalmente, tiendo a trabajar con guías ancestrales que vivieron en la Tierra a partir del año 1000 a. C. hasta el 1000 d. C. Cuando he apoyado a otros en la realización de estas conexiones, he visto a algunos hacer contacto con guías aún más distantes en la historia, mientras que otros se han reunido con antepasados más recientes (por ejemplo, de 1000 a 1800 d. C.) cuyos nombres aún están fuera del alcance de la historia. Cuanto más antiguos sean los trastornos de un linaje determinado, más atrás tendrás que mirar para encontrarte con antepasados que vivieron antes de esos trastornos.

Si tus antepasados recientes practicaban a su vez la veneración a los antepasados o eran personas inusualmente conscientes y evolucionadas, es posible que encarnen la vitalidad del linaje anterior con comodidad. En este caso, es posible que no necesites contactar con guías ancestrales anteriores. Por ejemplo, en su autobiografía, el sanador de África Occidental Malidoma Somé describió a su abuelo paterno como un sanador dagara muy desarrollado. Es muy probable que pueda contar con su abuelo para encarnar las bendiciones de los antepasados anteriores a lo largo de su linaje paterno.

En ocasiones, durante las prácticas de videncia están presentes antepasados que, por las razones que sean, pueden estar dispuestos o ser capaces de ayudar, pero no ambas cosas a la vez. Lo más habitual es que se trate de antepasados bien intencionados y serviciales que simplemente carecen de la vitalidad necesaria para el trabajo de reparación del linaje (piensa en ellos como si fueran 7 en la escala del 1 al 10: en general están bien, pero no son vibrantes). Cuando las personas buscan guías ancestrales, les pido que sean realistas sobre si sienten o no que el antepasado en cuestión encarna una presencia amplia, despierta y amorosa. No se trata de saber si te gusta el estilo de los guías; es posible que te desagraden sus personalidades, pero pueden que estén muy despiertos. Por otro lado, quizá te atraiga su energía, pero no son antepasados especialmente elevados. Los antepasados pueden ser demasiado directos, astutos, extravagantes y conflictivos, y personificar cualquier otro tipo de cualidad humana. Pero para que la reparación del linaje funcione, los guías deben ser en general sabios, cariñosos y capaces de ejercer cierta vitalidad. Si no estás seguro de haber contactado con un guía que esté en este "nivel", una pregunta de prueba es pedir ver la conexión con sus antepasados anteriores. Recuerda que los muertos que están bien en espíritu tienden a funcionar como una energía colectiva. Si tienes alguna duda sobre si es o no el caso, con respeto continúa yendo hacia atrás en el linaje hasta que encuentres a un antepasado que no solo esté dispuesto, sino que sea capaz de dar el apoyo necesario.

Cuando un guía ancestral parece cumplir con el requerimiento con respecto a la presencia y la vitalidad, pero por lo demás no está dispuesto a apoyar el proceso de reparación del linaje, podría estar respondiendo a una energía demasiado enfocada o lineal de tu parte. En otras palabras, si exiges la atención del guía o si te acercas con una energía prepotente o necesitada, esto puede tener un efecto negativo en el encuentro inicial. Los guías ancestrales son, literal y espiritualmente, nuestros mayores, y esto exige deferencia y paciencia en nuestro acercamiento a ellos. Si estás trabajando con un espíritu que es de verdad un vibrante antepasado de sangre, intenta ir más despacio y trata de conocerlo en sus propios términos antes de pedirle ayuda. Si recibes el mensaje de que tú, de forma personal, no estás preparado para comprometerte con la reparación del linaje, consúltale cuál es la forma adecuada de honrar y venerar a tus antepasados vibrantes. En algunos casos, es posible que tengas que encontrar a un guía anterior del mismo linaje y buscar comprensión sobre la naturaleza de la dificultad inicial.

Utilizar el ritual para contactar a los guías ancestrales

A menudo, aunque no siempre, la relación con las fuerzas o espíritus no humanos útiles tiene lugar durante un ritual o una ceremonia. La forma de elaborar y llevar a cabo los rituales es un tema digno de libros completos exclusivamente dedicados a esta temática y, en última instancia, solo se aprende a través de la experiencia directa. Para empezar, este tipo de trabajo depende de la preparación de un espacio ritual seguro y de apoyo. Varios protocolos de este libro, incluido el ejercicio 5 de este capítulo, te ayudarán a conseguirlo. Pero incluso si después de leer este capítulo no te sientes seguro a la hora de establecer las bases necesarias para el trabajo ritual, considera la posibilidad de acudir a maestros vivos de confianza y tomarte tu tiempo para desarrollar tu nivel de comodidad con la práctica ritual básica antes de realizar los ejercicios.

Esta sección explora la estructura de los rituales, la protección energética, el uso de estados no ordinarios de conciencia, las formas de distinguir la imaginación y la fantasía del auténtico contacto con el espíritu, y qué hacer si "no pasa nada". El pragmatismo triunfa sobre la perfección. De hecho, todo lo que contribuya a tu temperamento y estilo particular para comunicarte con tus antepasados amorosos será ideal.

Estructura del ritual

Comienza por contar con un espacio limpio y seguro, libre de perturbaciones, donde tengas a disposición todo lo que puedas necesitar. Si eres nuevo en la conducción de un ritual, considera la siguiente progresión básica:

1. Limpieza o purificación (de uno mismo, del espacio ritual y de los demás participantes).
2. Oraciones de apertura e invocación.
3. Centro del ritual.
4. Agradecimiento a los poderes con los que se ha trabajado y oraciones de finalización.
5. Relajación y liberación del recipiente ritual.

Después de organizar físicamente el espacio ritual, puedes realizar una limpieza con humo (por ejemplo, quemando salvia o incienso), sonido (por ejemplo, tonificando o haciendo algún sonido con un objeto), líquido (por ejemplo, rociando agua bendita), u otra cosa que ayude a despejar cualquier perturbación y consagrar el espacio.

Lo siguiente es el ritual de apertura, que pudiese implicar algo tan elaborado como una larga invocación y llamada a los antepasados, o puede ser tan sencillo como encender una vela y ofrecer una oración. Recomiendo utilizar de algún modo la voz para dar la bienvenida a los antepasados y expresar en voz alta (o bien cantando) tus razones para pedirles que estén presentes. Continúa con tu invocación inicial hasta que sientas que tu llamada ha sido atendida, que los antepasados están presentes y que la energía en el espacio es vibrante. Cuanto más efectiva sea tu invocación, sentirás un mayor apoyo espiritual y procederás con fluidez.

Protección energética

Durante el ritual, los participantes a veces trabajan con estados no ordinarios de conciencia o tienen contacto con emociones fuertes. Esto puede hacernos vulnerables a interrupciones externas, como si se tratara de una persona que bucea en aguas profundas, absorto en estados de meditación o en un sueño intenso. Por esta razón, en torno al momento de la oración o invocación de apertura, los guías de los rituales suelen establecer algún tipo de contención energética o límite protector alrededor del espacio sagrado. Por lo general, limpiarán o purificarán el espacio y a los participantes y luego contendrán el espacio en este estado de protección. Si estás dirigiendo un ritual, querrás proteger el espacio a nivel físico asegurando un lugar relativamente libre de interferencias externas y, si es posible, contar con la presencia y apoyo de un aliado humano versado en el trabajo espiritual. En un nivel sutil, también puedes aumentar el grado de protección visualizando la luz protectora y los aliados espirituales que rodean el espacio. Si sientes la necesidad de una mayor contención, considera rodear tu espacio ritual con un círculo de piedras, sal, ceniza u otros medios protectores. Confía en tu instinto y continúa hasta que sientas el nivel necesario de seguridad y protección espiritual en el espacio ritual.

Trabajar con estados no ordinarios de conciencia

Al inicio de un ritual es fundamental tener una intención clara, tanto para informar de su contenido como para medir su éxito después. Si tu intención es comunicarte con los guías ancestrales u otros espíritus de los muertos, es probable que tengas que entrar en un estado de conciencia que sea propicio para este tipo de diálogo. Como señalamos en el capítulo 4, esto puede ocurrir en un estado ordinario de conciencia, o puede implicar entrar en algún tipo de estado ligeramente alterado. A menudo se entra en estos estados desplazando el estado consciente hacia el silencio y la tranquilidad, la sobrecarga o inundación sensorial, o alguna combinación de ambos. Algunos practicantes alteran su fisiología corporal antes de entrar en el espacio ritual, ya sea a través de prácticas que optimizan la vitalidad física, el equilibrio y las habilidades intuitivas o, a veces, ingiriendo sustancias que alteran la conciencia. Cuantas más formas se tengan de relacionarse con lo invisible y de desplazar la atención a estados propicios para el contacto con el espíritu, más fácilmente se podrá participar en un ritual eficaz en cualquier condición.

Hay muchas maneras de modificar la fisiología del cuerpo antes de entrar en el espacio ritual sin utilizar sustancias que alteren la conciencia.

Algunos ejemplos son el ayuno consciente y médicamente seguro o comer poco; asegurarse de dormir lo suficiente antes del ritual (o por el contrario, renunciar intencionalmente a dormir); y hacer ejercicio o disciplinas como el yoga, la danza, el chi gong y las artes marciales. Optimizar tu salud y vitalidad mejorará tus capacidades intuitivas.

Si empleas sustancias que alteren la conciencia antes del ritual (por ejemplo, alcohol, cannabis, peyote, ayahuasca, setas psicoactivas), ten cuidado: además de los riesgos de complicaciones médicas e implicaciones legales, no hay garantía de que estas sustancias mejoren en realidad la capacidad para relacionarte con los antepasados. He tenido la suerte de trabajar con algunas de estas sustancias de maneras en las que me han parecido beneficiosas, pero no forman parte de mi práctica habitual. En cualquier caso, no son necesarias (e incluso son un obstáculo potencial) cuando se realiza este tipo de trabajo ritual. Muchas culturas indígenas con prácticas muy desarrolladas de veneración a los antepasados no emplean sustancias psicoactivas en sus prácticas.

Si trabajas con estas sustancias, por favor sé precavido, intenta honrar la medicina en su contexto tradicional y comprueba los resultados de tu trabajo ritual cuando no estés bajo la influencia de las sustancias. Si te vuelves dependiente de alguna sustancia, tómalo como una advertencia importante para desarrollar vías de comunicación con el espíritu que no involucren la intoxicación.

Las dos prácticas para el cambio de conciencia que recomiendo a los principiantes son la meditación y la percusión. Como mencioné en el capítulo 4, ambas prácticas permiten que la mente racional y pensante pase a un segundo plano, ya sea a través de la quietud de la meditación o de la estimulación sensorial del tambor. La meditación puede ser el enfoque más difícil, a menos que hayas cultivado una práctica regular y descubras que tu actividad mental cotidiana puede remitir con relativa facilidad. Los ritmos repetitivos con un tambor son populares entre los practicantes chamánicos contemporáneos y pueden ser eficaces en directo, o de ser necesario, a partir de una grabación. Además de los tambores, he comprobado que algunos tipos de traqueteo y el sonido de la flauta nativa o de la flauta dulce son un apoyo para el trance ligero. Experimenta con lo que mejor te funcione.

Distinguir la imaginación del contacto con los espíritus

Volvamos a una de las preguntas más comunes que tienen aquellos que son nuevos en el trabajo con espíritus: "¿Cómo sé que no estoy inventando esto?". Mi primera respuesta suele ser separar dos preocupaciones diferentes. La primera es: "¿Cómo sé que no estoy inventando todo esto? ¿Cómo sé si es posible relacionarme con los espíritus?". Esto se remonta a las suposiciones centrales esbozadas en el capítulo 4: que existe algún tipo de continuidad de la conciencia después de la muerte y que los seres humanos vivos y los espíritus de los antepasados puedan, al menos en determinadas circunstancias, comunicarse directamente. Los que no aceptan estas proposiciones como ciertas no suelen intentar el contacto con los antepasados, a no ser que estén luchando por dar sentido a algún contacto no solicitado por parte de los muertos. No obstante, nuestra capacidad para relacionarnos con el otro mundo en general y con nuestros antepasados en particular es innata, un don humano antiguo y universal.

La segunda preocupación es más matizada y es algo parecido a: "¿Cómo puedo distinguir mi parloteo mental, mi fantasía personal y mi imaginación del contacto real con los espíritus? ¿Cómo puedo saber cuándo me estoy conectando realmente y cuándo me lo estoy inventando?". La cuestión aquí es la precisión, una preocupación legítima. Con el tiempo, algunas pautas que he encontrado útiles para discernir el contacto espiritual auténtico de los pensamientos personales incluyen:

1. **Confiar en tus instintos y en la sabiduría de tu cuerpo.** A veces nos damos cuenta de que alguien nos está observando. También percibimos cosas, para bien o para mal, de las personas que conocemos. Del mismo modo, a menudo sabemos de forma instintiva cuándo estamos en presencia de un ser realmente diferente en el ritual. Si escuchamos la sabiduría de nuestro cuerpo, empezaremos a notar una determinada sensación corporal asociada a la imaginación personal y una sensación diferente conectada al auténtico contacto con el espíritu.

2. **Comprobar la información de la que dispones.** Aunque te

sientas seguro de lo que oyes o ves, es bueno volver a comprobar la información que tienes de los antepasados de vez en cuando. Esto puede incluir cualquier tipo de adivinación fiable de sí o no para confirmar tus conclusiones, pedir un sueño de confirmación, consultar con un amigo o maestro espiritual de confianza, o simplemente esperar un día antes de volver a comprobarlo para estar seguro de que has escuchado bien el mensaje. Esto equivale a "quiero asegurarme de que te he oído bien" en nuestras interacciones con los seres humanos vivos.

3. **Experimentar con tu confianza y hacerles seguimiento a los resultados.** Considera la posibilidad de correr riesgos calculados para confiar en lo que te llega. Si poner en práctica la guía de los antepasados te ayuda a ti y a los que te rodean a sentirse más felices, más sanos y más alineados con el espíritu, lo más probable es que en realidad estés haciendo contacto. Incluso si eres un psíquico profesional, chamán u otro tipo de ritualista, una de las únicas garantías de precisión cuando te relacionas con lo invisible es la evidencia de un beneficio tangible en esta dimensión terrenal. Los médiums altamente dotados pueden a veces tener un mal día y estar totalmente equivocados, incluso si en verdad creen en lo que están sintiendo y viendo. La humildad y la disposición a equivocarse son esenciales cuando nos comunicamos con los antepasados.

Sé paciente, creativo y tenaz

En ocasiones, la gente puede sentir que "no ha pasado nada" durante el ritual. Esto es común; puede ocurrir por muchas razones, y no tiene por qué ser motivo de desánimo. Si sientes que esto sucede con el ejercicio que sigue o con cualquiera de los rituales en este libro, primero examina qué fue lo que sucedió exactamente. A menudo las personas informan que "no pasó nada" cuando en realidad recibieron una gran cantidad de información. En especial para aquellos que se inician en el contacto con los espíritus, la voz del conocimiento interior puede comenzar como un susurro o una "pequeña y tranquila voz" en la que poco a poco aprendemos a confiar más con el tiempo[2].

A veces la gente no valora como es debido el contacto directo con los espíritus porque sobrevalora los canales de percepción visual y auditiva. Cada uno de nosotros tiene vías de intuición más fuertes y más débiles, y esto puede cambiar con el tiempo, incluso de un día para otro. Por ejemplo, algunas personas experimentan el contacto con el plano espiritual a través de sensaciones corporales, sueños o simplemente un conocimiento directo. Ten cuidado con cualquier presión que sientas por que ocurra algo específico, relájate y nota lo que estás experimentando durante el ritual.

Otras veces es cierto que no ocurre nada en particular. Esto puede ocurrir por una multitud de razones: puede que simplemente estés distraído o con sueño, que tengas un día difícil o que no estés en tu estado más intuitivo. Sé amable contigo mismo, no hagas de esto un gran problema y vuelve a intentarlo otro día. Además, los antepasados pueden tardar en responder a tu petición de contacto directo. Recuerda que pueden haber pasado siglos desde que un pariente vivo haya buscado una conexión ancestral, por lo que es sensato darles un tiempo para que respondan. Cuando lo hagan, el contacto puede producirse durante un ritual de vigilia o a través de una visita onírica, una sincronización de vigilia o algún otro tipo de contacto espontáneo. Si permanecer receptivo y tenaz no da resultados con el tiempo, vuelve a confirmar que estás donde tienes que estar con el linaje en el que te centras y que estás totalmente de acuerdo a nivel personal con el trabajo. Si es necesario, considera buscar apoyo, pero mantén la esperanza, ya que todos tenemos antepasados amorosos, aunque estén muy atrás en el linaje.

El ejercicio que sigue presenta una progresión ritual para conectar con un guía ancestral. Además de las directrices más generales antes indicadas, ten en cuenta las siguientes consideraciones:

- **Relaciónate con los antepasados en el presente.** Cuando busques conectar con los guías ancestrales, no estarás imaginando el pasado o explorando recuerdos personales. Aunque los antepasados se presenten a través de la vida y los tiempos que experimentaron mientras estaban en la Tierra, esta aparición puede ser simplemente para nuestro beneficio. La conexión en sí misma se desarrolla aquí y ahora, en el momento presente.

- **Evita la pesadez más reciente para conectar con los guías más antiguos.** Nuestras mentes lineales sugerirían pasar por el lapso del linaje reciente para llegar a los guías más antiguos, pero en este caso es importante eludir intencionalmente a aquellos que aún no están bien en espíritu. Ve por encima, por debajo o alrededor de ellos, lo que sea más útil, pero evita a aquellos muertos que aún no están en paz.

- **Busca una conexión que esté sanada con seguridad y que sea vibrante.** Buscamos un antepasado que forme parte del linaje que no solo esté bien, sino que esté excepcionalmente bien, un ocho o más en la escala del 1 al 10. Este guía debe encarnar con claridad las bendiciones de los que vinieron antes, debe ser un representante o encarnación de una deidad del linaje anterior. Piensa en este guía como la encarnación de la última vez que el linaje estuvo en un estado excelente y consciente de sí mismo.

- **Mantente abierto al encuentro con antepasados de épocas mucho más tempranas.** Si nuestros antepasados y familiares recientes ya estuvieran sanados y fuesen vibrantes, no necesitaríamos emprender un trabajo de reparación ancestral en primer lugar. Para establecer un vínculo lo suficientemente fuerte y útil con las bendiciones ancestrales, recuerda que tal vez tengas que ampliar tu visión hacia siglos o incluso miles de años antes de las historias y los nombres ya conocidos.

怀

EJERCICIO CINCO

EN BÚSQUEDA DE UN GUÍA ESPIRITUAL

INTENCIÓN: Conectar con un guía ancestral brillante y solidario a lo largo del linaje de enfoque.

QUÉ NECESITAS: Un espacio tranquilo y cualquier cosa que te ayude a conectar con tus antepasados.

Al igual que en el ejercicio 4, primero grabarás tu propia voz (o la de un amigo) leyendo la visualización guiada que se propone a continuación y luego la reproducirás. También puedes pedirle a un amigo que te la lea en voz alta mientras la escuchas. Una vez que hayas hecho estos arreglos, busca un espacio propicio para el trabajo ritual. Cuando estés allí, **haz lo que te ayude a establecer el espacio sagrado y la intención ritual** (por ejemplo, encender una vela, ofrecer incienso, orar, etc.). Si es posible, identifica los puntos cardinales y considera sentarte cerca del centro del espacio ritual. Reproduce la grabación o pide a tu amigo que empiece a narrar. De ser necesario, repite el proceso (por lo general en días diferentes) hasta que sientas que eres capaz de establecer una conexión sólida.

1. *(Comienza la grabación)*. Empieza por tomarte unos minutos para **centrarte física y emocionalmente**. Esto puede incluir un poco de meditación o respiración, una oración personal de centrado, un movimiento no estructurado o simplemente una pausa para recordar tu intención para el ritual. Haz lo que necesites para calmar tu mente y conectar con tu corazón *(haz una pausa de un minuto)*.

2. **Si tienes algún guía de apoyo con el que ya trabajas, invócalo**. Invita al apoyo y siente la presencia amorosa de tu guía o guías. Ellos serán tu principal fuente de apoyo espiritual, tus aliados. Algunas personas invocan a los ángeles, a las deidades o a los espíritus ayudantes animales o vegetales; otras simplemente se ven rodeadas de luz espiritual *(haz una pausa de un minuto)*.

3. Cuando te sientas centrado y bien apoyado en espíritu, **lleva tu conciencia al linaje específico con el que has decidido trabajar y establece tu intención para este ritual**: conectar con un guía de tu linaje elegido que esté dispuesto y sea capaz de ayudarte con el trabajo de reparación de los antepasados. Confirma que tus guías espirituales te apoyen en este trabajo antes de proceder *(haz una breve pausa)*.

4. Para conectar con un guía ancestral brillante y disponible, **haz seguimiento del linaje que has elegido para trabajar**. Tal vez te imagines siguiendo esta estirpe específica a lo largo de un camino, un río o un hilo de conexión a través del tiempo. Utiliza tu intuición al imaginar esta línea familiar concreta y observa cómo se muestra. Al retroceder, asegúrate de evitar (de la manera más fácil) cualquier pesadez que pueda estar presente en el tramo más

reciente del linaje. Es probable que tengas que viajar hacia atrás antes de recordar los nombres, a veces hasta mil o más años atrás. Sigue retrocediendo tanto como sea necesario y solo **detente cuando sientas o veas un guía claro, brillante y amoroso** *(haz una pausa de unos tres minutos)*.

5. **Cuando inicies el contacto, comprueba qué te dice tu intuición respecto al guía.** En la escala del 1 al 10 (siendo el diez el guía más brillante, seguro y útil), ¿cómo calificarías a este antepasado en particular? Busca un ocho o más: una energía grande, brillante y vibrante. Si te encuentras con un guía que es útil pero no demasiado brillante en espíritu, ve más atrás para conectar con uno que esté en mejor estado. Asegúrate de tener claro quién es tu guía. Confía en tu instinto y en tu corazón, y si no estás seguro, pide a tus guías de apoyo que verifiquen tu elección. Retrocede más en el linaje si es necesario *(haz una pausa de un minuto)*.

6. Cuando tengas una impresión clara y positiva del guía ancestral, acércate a él o ella con deferencia y humildad, sabiendo que estás saludando a un anciano respetado. Preséntate y hazle saber por qué has venido. Confirma que se trata de un guía ancestral de tu linaje de elección y que está dispuesto y es capaz de ayudar en el trabajo de reparación. Si no es así, sepárate con respeto y lleva tu visión más atrás. Si es así, no hay necesidad de apresurarse o conducir este proceso, deja que el guía dirija este encuentro inicial. **Tómate un tiempo para estar simplemente en presencia del otro y conocerse** *(haz una pausa de uno o dos minutos)*.

7. Considera la posibilidad de preguntar sobre la relación del guía con los antepasados que le precedieron. Piensa que este guía encarna la última vez que el propio linaje estuvo en óptimas condiciones *(haz una breve pausa)*. Mantente abierto a cualquier información sobre cómo era este guía cuando estaba vivo en la Tierra. Ten curiosidad por saber cómo era su vida y por los dones, bendiciones o cualidades particulares que aporta este guía. De nuevo, no te precipites, relájate y asimila la naturaleza de la conexión. **Si te parece bien, puedes pedirle al guía una bendición de parte del linaje y asegurarte de recibirla de verdad** *(haz una pausa de unos tres minutos)*.

8. También puedes preguntar: **¿qué ofrenda o gesto de respeto puedo hacer para reconocer esta conexión?** Puede ser una ofrenda física

(agua, vino, comida, flores, fuego, incienso) o una canción, un toque de tambor o simplemente pasar tiempo de calidad con el guía. Escucha el mensaje que recibes, en el caso de que efectivamente lo recibas *(haz una pausa de un minuto).*

9. Antes de volver tu atención, tómate un momento para **ver a estos guías ancestrales brillantes y sanos que se hallen entre tú y cualquier antepasado de linaje reciente que aún no esté en paz.** De este modo, los antepasados sanos pueden funcionar como un amortiguador continuo entre nosotros y los antepasados más recientes que aún no están bien en espíritu. Solicita el apoyo de los guías para mantener tus límites energéticos saludables según sea necesario hasta que todo el linaje esté en paz *(haz una breve pausa).* Tómate un momento final para agradecer a estos antepasados y a cualquier otro guía que te haya ayudado a establecer la conexión *(haz una breve pausa).*

10. **Vuelve la atención a tu cuerpo y a tu entorno** *(haz una breve pausa).* Cuando tu atención esté totalmente presente en tu cuerpo y entorno inmediato, y tus ojos estén abiertos, tómate un momento para notar la energía del guía con el que acabas de contactar. Ten presente que esta conexión estará disponible para ti en cualquier momento, incluso cuando no estés en un espacio ritual. Para asegurarte de que recuerdas todo lo que se te ha mostrado, suele ser útil que tomes algunas notas inmediatamente después de la visualización *(finaliza la grabación).*

Como con cualquier nueva empresa, no te desanimes si no eres capaz de establecer un contacto decisivo en el primer intento. Sé paciente y tenaz, adapta el ejercicio a tu temperamento personal preservando los principios subyacentes y mantente abierto a las respuestas inesperadas de los antepasados, como los sueños o las sincronías.

Formas de profundizar las relaciones con los guías ancestrales

Una vez que hayas establecido contacto con un guía ancestral y seas capaz de honrar esta conexión como una relación real y significativa, puede que te preguntes cómo sostener este tipo de relación en el tiempo. Al igual que las relaciones con los seres físicos tienen sus esquemas y necesidades, lo mismo ocurre con la relación con los guías ancestrales. Varias de las prácticas importantes ya mencionadas en el capítulo 4 para nutrir la relación ancestral incluyen ofrecer un discurso inspirado (por ejemplo, oraciones, canciones e invocaciones), preparar un santuario para los antepasados u otro lugar para honrarlos, trabajar activamente con los sueños y hacer ofrendas físicas, posiblemente en tu altar dedicado a los antepasados. A continuación, ofrezco cuatro sugerencias adicionales.

Pasar tiempo de calidad con el guía ancestral

Tras el contacto inicial, considera la posibilidad de conocer más a fondo a este guía a través de la meditación o la videncia. Mantén la curiosidad sobre la vida de este antepasado en la Tierra y sobre cómo sus dones espirituales pueden ayudarte en el presente. Si estás abierto a escuchar la perspectiva de este antepasado, pregúntale cómo te ve a ti y a tu familia viva. Considera la posibilidad de plantear a este guía ancestral algo que suponga un reto en tu vida para que te apoye. También puedes preguntar cómo honrarle y transmitirle respeto a este antepasado así como al linaje. Si sigues la guía de este antepasado y te resulta útil, asegúrate de continuar reconociéndole y brindándole alguna expresión de gratitud. Tal vez lo más importante sea volver a pedir sus bendiciones y acostumbrarte a experimentar este recurso y fuente de apoyo.

Conoce a los espíritus útiles asociados a este linaje

Es posible que descubras aliados invisibles a los que puedas acudir en virtud de las relaciones entre ellos y tus antepasados más antiguos. Estos espíritus no humanos pueden incluir espíritus colectivos de animales y plantas, deidades, poderes elementales o espíritus del lugar. Por ejemplo, si algunos de tus antepasados eran musulmanes, es probable que pasaran largas horas de su vida leyendo y recitando versos canalizados por el profeta Mahoma desde el arcángel Gabriel (es decir, el Sagrado Corán). De este modo, la relación no solo con Mahoma como maestro ancestral, sino también con el arcángel Gabriel, puede resultar más fácil. Del mismo modo, muchas tribus de América del Norte reconocen que determinados remedios, dones o conexiones espirituales viajan a lo largo de las líneas familiares y que los espíritus conectados a la línea de sangre pueden exigir reconocimiento o catalizar pruebas de iniciación para los vivos. Los escudos de armas europeos suelen representar animales como el oso, el lobo, el águila o seres míticos, como dragones y grifos. De este modo, se honran las afinidades multigeneracionales con poderes específicos y se transmiten a las generaciones futuras.

Los poderes relacionados con el linaje expresan algo sobre las cualidades espirituales de los antepasados humanos. También pueden dar apoyo fundamental para el proceso de reparación del linaje. La presencia o ausencia de estos aliados multigeneracionales del linaje puede ser un criterio para evaluar la vitalidad de la estirpe (revisar el capítulo 7). Si, por ejemplo, un linaje familiar concreto ha estado asociado durante siglos al monte Shasta, en el norte de California, los poderes asociados a la montaña pueden ayudar a determinar qué puntos del linaje necesitan cuidado y atención. También podría ser importante invitarlos a entrar para restaurar la salud del linaje. Para utilizar un ejemplo más familiar, si un linaje específico tiene una fuerte conexión histórica con la Virgen María, incluso si la familia viva o los antepasados recientes no son cristianos, llamar al amor, compasión y energía femenina sagrada, cualidades subyacentes de la Virgen, puede ayudar a restaurar la vitalidad de ese linaje. En cualquier caso, cuando evalúes la salud del linaje, intenta determinar si estas fuerzas aún hablan y en qué medida, y si desean desempeñar un papel activo en su reparación.

¿Qué tipo de relaciones heredadas de tus antepasados disfrutas actualmente? ¿Con qué animales, plantas, metales, lugares sagrados, deidades y otras fuerzas espirituales interactuaban ellos? ¿Cuáles de estas relaciones están más arraigadas en tu historia familiar? ¿Alguna de ellas sigue formando parte de tu vida cotidiana? Si es así, reconoce las formas en que tú y estas relaciones no humanas están conectadas a través de tus antepasados. Pregúntale a tu guía ancestral si hay espíritus útiles asociados a esta estirpe que deseen darse a conocer.

Consagra algo para honrar a estos antepasados

Una importante maestra mía, la difunta chamán buriata mongol Sarangerel Odigan, compartió en sus entrenamientos y escritos la práctica mongola de consagrar un ongón[3]. Un ongón es un objeto físico que se utiliza para mejorar y concretar relaciones espirituales importantes, como la conexión con un guía ancestral. A lo largo de la historia, diferentes culturas han reconocido el poder del ongón: durante siglos, los budistas del Vajrayāna persiguieron a los chamanes mongoles, y cuando no los mataban directamente, algunos budistas confiscaban y quemaban los ongón como un acto de control y profanación. Esta historia ilustra la importancia que puede tener el ongón como recipiente para la energía de los antepasados.

Hacer y consagrar un ongón es relativamente sencillo. Se pueden utilizar materiales naturales sencillos como madera tallada, piel, metal moldeado, tela, pluma, piedra o hueso decorado.

CÓMO HACER UN ONGÓN

Comienza por crear la forma física del ongón mismo de acuerdo con la guía ancestral y la intuición. Siéntate en silencio y pregúntate: "¿Qué tipo de ongón disfrutarían más mis antepasados? ¿Qué aspecto tendría?". Si no recibes una respuesta de inmediato, puedes pedir que se te responda dentro de tres días, ya sea en estado consciente o en un sueño. En el transcurso de estos tres días, presta atención a las respuestas que puedas recibir.

Una vez que recibas la respuesta, tómate el tiempo necesario para elaborar con cariño tu ongón, utilizando los materiales que hayas sido invitado a incorporar.

Cuando el recipiente físico esté listo para ser consagrado, entra en un espacio receptivo con tus antepasados y pídeles que lo aviven e infundan con su energía espiritual. Esto puede incluir el ofrecimiento de oraciones, canciones o cualquier otro elemento ritual inspirado. Puedes imaginar que el guía ancestral al que invitas a habitar el ongón te rodea a ti y a la casa de los espíritus con amor y apoyo. Sarangerel da estas indicaciones: "Mantén el ongón hacia arriba delante de ti. Podrás sentir un flujo de energía espiritual en este a medida que el espíritu se apodera de él. Serás capaz de distinguir entre ongón 'vivos' y 'muertos', pues su esencia espiritual será directamente perceptible a través de tus manos". Sigue con este proceso hasta que sientas que los antepasados han recibido y bendecido el ongón, momento en el que la consagración estará completa.

Por último, comienza a relacionarte con el ongón consagrado como un vínculo entre estos antepasados y tu persona, una manifestación o extensión de sus espíritus en esta dimensión. Por ejemplo, puedes colocarlo en tu altar dedicado a los antepasados o llevarlo contigo cuando quieras sentirte más cerca de ellos. También puedes hacer ofrendas al ongón. Siguiendo la costumbre mongola, Sarangerel sugirió alimentar al ongón "poniéndole una pizca de leche, alcohol o grasa de vez en cuando"[4]. En el fondo, la práctica consiste en escoger algo físico (algo tangible en este mundo) para que sirva de vínculo empoderado entre nosotros y los antepasados. Esto puede ser tan sutil como tener una pieza de joyería consagrada o una prenda de vestir que lleves para recordarte a estos antepasados y cultivar la relación a lo largo del tiempo.

Reza con tus antepasados y pide por el linaje que los relaciona

Una vez que hayas establecido una conexión fuerte con los guías ancestrales, puedes trabajar con ellos para rodear a los antepasados del linaje que se hallen entre tú y ellos con intención curativa y energía positiva. Esta práctica es beneficiosa por varias razones. Al solicitar atención de los guías con respecto a los antepasados que se encuentran entre sus vidas y la tuya, pones en marcha la visión de que este tramo del linaje llegará por fin a una condición completa y sanada. Al pedir a los antepasados más antiguos y sanos que extiendan la energía curativa a los que vinieron después de ellos, afirmarás que los guías son los que llevan a cabo el trabajo de reparación, que son ellos los que harán el trabajo pesado, por así decirlo. Por último, al trabajar con los guías para envolver a los antepasados aún no vibrantes en una red o capullo de oración curativa, ayudarás a contener cualquier energía pesada a lo largo del linaje y reforzarás tus límites con los muertos que aún no están en paz.

Rodear con energía sanadora
el linaje existente entre tú y tus guías

Para empezar, céntrate en tu conexión con los guías ancestrales y confirma que apoyan tu propósito de conectar. Si es así, invita a que se abra un espacio entre tú y los guías, un espacio para un tercero entre tú y ellos. En este espacio, visualiza el linaje existente entre tú y los guías. Aquí no se busca contactar con energías pesadas o no sanadas, simplemente serás testigo del vínculo inseparable entre tú y los guías a través de las generaciones. Cualquiera sea la naturaleza de la conexión que se te presente, pide a los guías que dirijan la energía y la intención de curación al linaje de ambos. Ve el tramo del linaje entre tu antepasado más reciente (probablemente uno de tus padres o abuelos) y los hijos de guías, rodeado de oración y positividad, no de forma invasiva o prepotente, sino como una red de energía curativa y beneficiosa. Una vez que encuentres tu ritmo y seas capaz de mantener el linaje en tu conciencia, sumérgete en esta práctica durante un rato. Permite que los guías sean la fuente de esa energía, sin recurrir a ninguna de tus reservas personales. Si eres capaz de sentir que puedes introducirte en esta práctica, modifica ligeramente tu forma de orar pidiendo a los guías y a los antepasados que les preceden que sostengan ambos extremos de esta red de oración, para rodear de manera efectiva el linaje existente entre tú y ellos. Esto debería permitirte dar un paso atrás y sentir cómo estos antepasados más antiguos rodean por completo al linaje con energía e intenciones sanadoras. Cuando te sientas completo, pide a los antepasados que continúen su trabajo con el linaje, tómate un momento para confirmar que no quede ninguna energía perturbadora en tu espacio, y permite que cualquier puerta de conexión que se haya abierto entre tú y el linaje se cierre ahora. Esta práctica de oración es una forma segura y no invasiva de extender las bendiciones y la energía sanadora de los guías hacia el linaje que los une.

SIETE

ANTEPASADOS DEL LINAJE
Y LOS MUERTOS COLECTIVOS

Al iniciar la relación con tus guías ancestrales, es posible que tengas curiosidad respecto al período de tiempo que separa sus vidas de la tuya. Los patrones familiares de desconexión y dolor a menudo se originan en las vidas de los antepasados que se encuentran entre los guías vibrantes y los muertos más recientes y recordados. Este capítulo se centra en las prácticas para conocer y, cuando sea necesario, hacer reparaciones en aquellos antepasados que no están en nuestros registros de nombres y rostros recordados. En este trabajo aprenderás a identificar dones y desafíos ancestrales y a avivar las historias sobre ti y tu familia. El trabajo con los antepasados del linaje que están más allá de la memoria viva también sienta las bases para un trabajo eficaz con los muertos más recientes y recordados.

Linaje ancestral

Como recordarás, en el capítulo 2 exploramos las diferencias entre los muertos recordados y los colectivos. También distinguimos entre las experiencias de los antepasados individuales, de linaje y colectivos o de grupo. Ahora vamos a profundizar en el linaje. Como si fueran hebras o filamentos, nuestras estirpes están formadas por antepasados individuales cuyas vidas y espíritus se entretejen y combinan para formar fibras robustas. A su vez, el intrincado tejido de estas fibras expresa la hermosa y elaborada tela que forman los antepasados como una conciencia colectiva singular. La calidad de las materias primas y de las vidas individuales determina la integridad de las fibras y, por extensión, la calidad de la prenda en su conjunto. Cada escala, cada vida individual, es inseparable del conjunto.

He oído a personas describir su experiencia con los distintos linajes familiares de muchas hermosas y diferentes maneras. Incluso para una misma persona, cada estirpe suele tener asociaciones específicas, un sentimiento o tono, y una firma energética. Por ejemplo, yo tiendo a experimentar el linaje de mi abuelo paterno como una corriente eléctrica brillante (como un pájaro, mercurial y angular, como un rayo), mientras que la línea de mi abuelo materno se siente más pesada, más como el hierro, el cielo nocturno, los pinos y la nieve. Durante los entrenamientos, los participantes han descrito el linaje como una enredadera o un árbol con muchas ramas, un río o un arroyo sinuoso, una serie de fuegos en los que cada llama representa una sola vida, una cuerda o una cadena de oro con muchos eslabones, un color o una cualidad de energía concretos, o un viento bendito que pasa de una respiración a otra, de una vida a otra. Encontrar formas de experimentar y encarnar diferentes líneas de sangre es agradable, es potente desde el punto de vista espiritual y útil en el trabajo de reparación con los antepasados (revisar la sección del capítulo 9 titulada "Encarnación, canalización y mediumnidad", página 181).

Para facilitar el ciclo general de la reparación del linaje, distingo entre cinco tramos básicos a lo largo de nuestros linajes de sangre, cada uno de los cuales puede requerir diferentes sensibilidades y plantear preocupaciones específicas. Estos son:

- El linaje antes de los guías.
- El linaje desde los guías hasta los muertos recordados.
- Los muertos recordados.
- Los familiares vivos, tanto mayores como menores.
- Los descendientes: los que aún no han nacido.

Visualmente esto se puede concebir como:

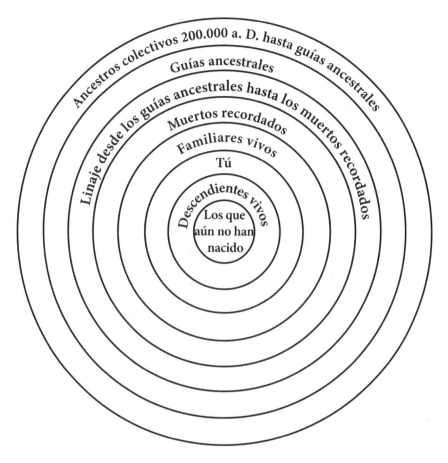

Figure 7.1. Niveles del linaje a través del tiempo

El primer tramo del linaje corresponde al trabajo con los guías ancestrales (revisar el capítulo 6) y proporciona la vitalidad y la sabiduría para guiar el trabajo de reparación ritual. Los tres tramos siguientes del linaje son el objetivo de los capítulos 7, 8 y 9, respectivamente. Las prácticas para extender las bendiciones a la familia viva, a los descendientes vivos y a los que aún no han nacido se incluyen en el capítulo 9. Estos diferentes tipos de antepasados, así como la familia viva y los descendientes, contribuyen a la energía colectiva que implica el *linaje*.

Linaje antes de los guías

Nuestro linaje anterior a la vida de los guías ancestrales se remonta a través de la prehistoria hasta el origen de nuestra especie, hasta el comienzo de la vida en la Tierra y el nacimiento de nuestro universo. Los pueblos indígenas a menudo se ven a sí mismos como descendientes de poderes específicos, deidades, espíritus de la tierra, estrellas, fuerzas naturales o seres humanos excepcionales y antiguos; cuando dicen que son hijos del cuervo o del sol o de una montaña concreta, no se trata solo de una historia llamativa. Los poderes originales de cualquier tradición son generadores, baterías y portales de energía que cuando se honran y respetan, nutren con generosidad las formas de nuestro mundo, incluidos los linajes específicos. Como un sistema de raíces subterráneas, las historias que anclan las estirpes en el tiempo sagrado y las personalidades divinas vinculan a los antepasados humanos con la vitalidad de estos poderes antiguos y, por tanto, contribuyen al bienestar del linaje. Esta red de orígenes que se vincula directamente a la vida de los dioses o poderes primigenios puede añadir una enorme vitalidad al trabajo de reparación del linaje.

En la práctica, sin embargo, me doy cuenta de que trabajar con los guías ancestrales es funcionalmente similar (y quizás un poco más seguro) que trabajar con poderes primigenios aún más antiguos. Según mi experiencia, los guías son los rostros o encarnaciones del linaje antiguo, y expresan las bendiciones de los seres que les precedieron. Al hacerlo, también pueden regular la intensidad de las energías del otro mundo en un rostro y una forma humanos que favorezcan la relación. Imagina a los bailarines de dragones tradicionales chinos: si la cabeza del dragón es el guía ancestral y el cuerpo del dragón representa al linaje anterior que se extiende a través del tiempo, relacionarse con la cabeza sería más seguro, respetuoso y eficaz y que subirse a la espalda del dragón. Por esta razón, invito a trabajar primero en profundidad con los guías ancestrales antes de buscar el contacto directo con las deidades, las fuerzas arquetípicas o los antepasados prehumanos.

Linaje existente entre los guías y los muertos recordados

Los antepasados que se hallan entre los guías ancestrales y los muertos recordados no son evocados por sus nombres. Por lo tanto, pueden contarse entre los muertos colectivos, pero pueden o no ser vibrantes o elevados. Martín Prechtel escribió sobre el viaje posterior a la muerte:

Los tz'utujil [mayas] creían que los muertos remaban hacia el otro mundo en una "canoa fabricada con lágrimas, con remos hechos de deliciosas canciones antiguas". Nuestro dolor daba energía al alma del difunto para que pudiera llegar intacta a la Playa de las Estrellas donde los muertos van al otro lado del océano, el salado Océano de la Abuela que se agita entre nosotros y el otro mundo. En esta playa de almas estelares nuestros muertos eran bien recibidos por el "último antepasado feliz" y luego se iniciaban en ese mundo en el siguiente nivel de la vida. Después de cuatrocientos días, estos muertos alcanzaban el estatus de antepasados[1].

Prechtel señala que los muertos no se unen a su último antepasado, sino a su último antepasado *feliz*. Por tanto, los guías están formados en especial por antepasados felices, y es de esperar que los muertos del linaje que vivieron después de ellos también estén en proceso de "ponerse felices". La intención de esta tercera etapa del trabajo de reparación ancestral es, entonces, llevar la felicidad en forma de un linaje vibrante e intacto a la puerta de los muertos recordados. La intención de *todo* el proceso de reparación del linaje es asegurarse de que *todos* tus antepasados familiares, lejanos y recordados alcancen el estatus de antepasados felices y que sus bendiciones estén bien asentadas en tu familia viva y en las generaciones futuras.

En el capítulo 6, hiciste el intento de contactar con el punto más reciente de la estirpe en el que todo estaba decididamente bien, y trataste de contactar a un guía ancestral que encarnara la bondad del linaje antiguo y que fuera capaz de ayudarte con los muertos más recientes. A menos que tu familia sea en particular brillante en espíritu, lo más probable es que este "último antepasado feliz" resida más allá de los nombres recordados y la memoria viva, en el reino de los muertos colectivos más antiguos. Este enfoque supone que los guías ancestrales no solo están bien en espíritu, sino que el linaje anterior a ellos también está bien y en paz. De este modo, el "último antepasado feliz" representa también la última vez que el linaje, entendido como energía colectiva, se encontraba bien e intacto.

Una vez que hayas establecido la conexión con este guía, las vidas que le siguieron conforman el extremo más lejano del linaje que aún necesita ser reparado. Este proceso de reparación llega finalmente a tu antepasado olvidado más recientemente, ese que está más allá del alcance de la memoria familiar y de la investigación genealógica. Por ejemplo, en la línea de mi abuela materna, este antepasado es la madre de mi tatarabuela Mary Fitch. La madre de Mary descansa para mí justo detrás de un velo de olvido, y su hija Mary es mi antepasado más lejano en esa línea que es recordada por su nombre. Me he reunido en espíritu con un guía ancestral del linaje de Mary y del mío que vivió en el Gales precristiano. En el momento de nuestro encuentro, los antepasados anteriores a esta guía ya eran en definitiva brillantes, ya que este antepasado, durante su vida, había trabajado conscientemente con ellos como parte de su práctica curativa y espiritual. El linaje que se halla entre los guías y los muertos recordados es, por tanto, el existente a partir del momento en que vivió este guía hasta el momento en que vivió la madre de Mary Fitch: un período de tiempo que abarca aproximadamente desde el año 300 hasta 1870 d. C.

Linaje entre los muertos recordados

Con frecuencia, los muertos recientes, que suelen formar parte del tipo de antepasados más difícil de abordar, pueden tener un tremendo impacto en los vivos. Además de los nombres y fotografías descubiertos por la investigación genealógica, estos antepasados incluyen a los abuelos, padres, hijos, nietos y, potencialmente, a la familia adoptiva que llamamos familia de sangre. Este es el punto de la línea en el que decenas de miles de años de historia y experiencia vital salen de la niebla del olvido para cruzarse con la familia viva, el viejo dolor emocional y la nostalgia, y la complicada verdad de que ahora somos la cara viva de nuestro linaje. Los muertos recientes o recordados también descansan directamente entre el presente y los antepasados más antiguos. Esto no significa que los antepasados recientes puedan bloquear nuestra conexión con los de naturaleza elevada, que son como un río que fluye alrededor de una gran piedra. Sin embargo, el espíritu de un pariente aún no elevado en nuestro espacio inmediato puede alterar el curso de nuestras vidas si no se aborda de la manera correcta. Para la mayoría de las personas, las experiencias personales o el dolor emocional no resuelto con las dos últimas generaciones ensombrecen profundamente, a menudo de forma inconsciente, sus percepciones y su apertura para relacionarse con linajes antiguos y, en última instancia, benditos. Consulta el capítulo 8 para orientarte sobre las formas de trabajar con los muertos recordados.

Evaluar el linaje

Para catalizar un cambio positivo dentro de cualquier sistema, ya sea una vida individual, una organización, un ecosistema o uno de tus linajes, primero necesitas formarte una imagen clara del estado actual de las cosas. Así que, para empezar a reparar tu linaje, intenta comprender los temas principales y las áreas de desconexión a lo largo de tu linaje de enfoque, así como el estado de los muertos recientes.

Para evaluar la salud de cualquier línea ancestral, puedes preguntarte qué dones y qué cargas se han transmitido a través de las generaciones, así como qué fuentes de poder espiritual nutren este linaje (revisar la sección "Conoce a los espíritus útiles asociados a este linaje", página 114, y "Linaje antes de los guías", página 122). La evaluación del linaje también incluye la identificación de quiénes (de entre los muertos recientes) todavía no se han unido plenamente a los antepasados elevados y brillantes. Como una especie de médico ancestral, busca conocer algunos indicadores básicos tanto de salud como de enfermedad a lo largo del linaje.

Comprender las bendiciones y las cargas ancestrales

Todo ser humano hereda bendiciones y cargas de sus antepasados de sangre. Muchos de nuestros dones más preciados y nuestros retos vitales más tenaces son una continuación, consciente o no, de cargas ancestrales y karma familiar aún no transformados. Las luchas que pueden tener sus raíces en el sufrimiento ancestral pudiesen incluir las aflicciones físicas, la predisposición a la adicción y a las enfermedades mentales, la escasez financiera, un legado de abusos físicos o emocionales, la deuda kármica no resuelta por asesinatos, guerras o explotación de otros, la pérdida de tradiciones o de un sano orgullo cultural, o una desconexión intergeneracional del mundo natural, del sentido del hogar o de la intuición y la vitalidad espiritual. Ignorar la historia familiar fomenta la repetición inconsciente de estos patrones en nuestras vidas y relaciones, así como en las vidas de las generaciones futuras.

Por suerte, también heredamos dones de nuestros linajes, aunque nuestra familia viva y nuestros antepasados recientes no hayan manifestado esos dones de forma reconocible. Las bendiciones ancestrales pueden incluir una salud excelente, tendencia a la prosperidad, la fertilidad, la creatividad, el talento artístico o la inteligencia, fuertes habilidades intuitivas y de ensoñación, valores sólidos, buena moral o amabilidad, afinidad por la práctica espiritual y las artes curativas, habilidades y talentos prácticos específicos, felicidad espontánea, humor y resiliencia psicológica, y dones para conectar con las plantas y los animales.

Uno de mis profesores lo expuso mediante el ejercicio de imaginarnos la recepción de bendiciones y de cargas de nuestros antepasados como si se trataran de paquetes. Con los paquetes de bendición, lo ideal es que los abramos, encarnemos los dones y, tal vez, los ampliemos para las generaciones futuras. En el peor de los casos, abrimos la caja de Pandora y, empujados por el ímpetu de vidas de sufrimiento, reforzamos inconscientemente patrones dolorosos y, por tanto, aumentamos las cargas para las generaciones futuras. Un mejor enfoque en cierta manera es mantener los paquetes de carga cerrados y dejar que los patrones se debiliten y mueran poco a poco. Este es el enfoque de la "abstinencia alcohólica" o de las personas que ponen fin a los ciclos de violencia y abuso sin transformar las heridas internas o los impactos del dolor anterior. Desde cualquier punto de vista, esto es mucho mejor que simplemente permitir que los patrones continúen sin control. A menudo es un paso necesario en el camino hacia una sanación más completa. En el mejor de los casos, nos enfrentaremos a nuestras cargas ancestrales con el apoyo del ritual, la comunidad u otros medios; atacaremos los venenos desde su raíz y, así, eliminaremos el impulso de cualquier karma negativo o patrones destructivos para las generaciones presentes y futuras.

Comprender tus dones y desafíos personales a través de la visión de tus antepasados del linaje te ayuda a:

- Crear un mayor sentido de conexión y apoyo de los antepasados amados.
- Transformar la vergüenza que a menudo acompaña a las luchas personales.
- Sanar las expectativas poco realistas y las proyecciones dañinas sobre la familia.

Obtener una mayor conciencia del vínculo inseparable entre nuestros antepasados y la familia viva, sin importar lo alejado que puedas estar de ellos en el presente, puede aliviar los sentimientos de aislamiento o desconexión. Las personas con antecedentes familiares fragmentados o conflictivos pueden darse cuenta de que, contrario a lo que suponen, se encuentran en el centro del círculo con sus antepasados, que son de hecho quienes mantienen los dones de los linajes, aunque todos los demás miembros de la familia viva se encuentren en estados disfuncionales y de agitación. Recibir el apoyo de los antepasados amorosos, independientemente de las acciones de nuestra familia viva, puede mejorar de manera radical nuestra experiencia familiar y la sensación de ser bienvenidos aquí en la Tierra.

Dado que las culturas occidentales modernas se centran en gran medida en el individuo, tendemos a experimentar nuestro sufrimiento como algo puramente personal y privado, en lugar de considerarlo también como algo familiar, comunitario e intergeneracional. Cuando creemos que nuestras principales luchas en la vida se encuentran solo en nosotros mismos y no están conectadas con la familia y la cultura, podemos sentir vergüenza por nuestro dolor y, como resultado, sentirnos más desconectados de los demás. Como una infección, este dolor secundario puede llegar a ser más dañino que la herida misma.

El trabajo con los antepasados revela que nuestros dones y cargas son legados en los que participamos y que, en lugar de separarnos,

nos conectan con las generaciones anteriores y futuras, así como con movimientos más amplios de la cultura y la historia. Esta constatación puede ayudar a despojarnos y, en última instancia, a sanar los sentimientos de culpa y vergüenza. Comprender los patrones familiares también facilita la externalización o el distanciamiento de cualquier patrón o legado, y a no tomarnos la vida como algo personal. Por ejemplo, si sé que mi reto de ser más abierto y expresivo es algo con lo que lucharon mi padre, su padre y las generaciones anteriores, puedo ver el patrón como una especie de cosa viva o configuración de energía. Ya no es algo de mi esencia, sino un hábito complicado en la casa de mi vida, mi familia y mi cultura. De este modo, puedo dedicar menos tiempo a avergonzarme de ello y más a trabajar con la familia y los amigos para transformar, juntos, nuestras cargas.

Como psicoterapeuta y líder comunitario, también he observado las expectativas psicológicas poco realistas que la gente deposita en sus padres y ancianos en Estados Unidos. Esperar con anhelo que nuestros cuidadores encarnen a la madre y al padre divinos es totalmente natural, pero también es poco realista. Algunas culturas anticipan y abordan este problema de ciertas maneras: en primer lugar, los niños suelen tener múltiples figuras parentales (por ejemplo, tíos, hermanos mayores, familia extendida), lo que puede reducir la intensidad de la proyección de la divinidad en los padres reales. En segundo lugar, los ritos de transición de la adolescencia a la madurez animan a los jóvenes iniciados a forjar relaciones directas con los dioses. Cuando estos ritos tienen éxito, pueden tornar más concretas esas expectativas puestas en las figuras parentales al facilitar relaciones directas y enriquecedoras con lo sagrado femenino y masculino, y así evitar un nivel de decepción potencialmente devastador en la familia. Por último, las tradiciones de reverencia a los antepasados ayudan a las personas a ver a las figuras parentales en un contexto intergeneracional, y de este modo, reducen (o incrementan) a la familia a un tamaño normal, ni demasiado grande ni demasiado pequeña.

Si puedes ver a tus padres como seres humanos de proporciones normales, con toda su belleza e imperfecciones, podrás apoyar tu propia sanación, liberarlos de las expectativas divinas y avanzar hacia una relación más sana, recíproca y realista.

Identifica a los antepasados del linaje que aún no alcanzan estado de antepasado

Además de rastrear el flujo de bendiciones y cargas ancestrales desde la vida de los guías hasta el presente, tu diagnóstico del linaje debe incluir también la búsqueda de antepasados no elevados o espíritus que requieran atención. En esta etapa, primero intentarás comprender en qué parte del linaje es necesario realizar un trabajo específico con los antepasados que aún no estén en esa condición, lo que te ayudará a abordar este trabajo con todos los preparativos y precauciones necesarios. Al igual que en el ejercicio 4, la recopilación de esta información requiere mantener unos límites energéticos claros y resistir cualquier tentación de involucrarte. Si no eres capaz de hacerlo, no estás preparado para realizar un trabajo de reparación ancestral.

Cuando haces seguimiento al linaje más allá de los nombres recordados, los muertos pueden presentarse como una conciencia de grupo, como individuos, o como seres que hablan en nombre de un grupo de antepasados. En la serie de *El señor de los anillos,* los muertos de la montaña son un gran ejemplo de un grupo de antepasados que aún no alcanzan el estado de antepasado y que son representados por un líder. Cuando el rey fantasma aprovecha una oportunidad de redención con los vivos, libera a todo el grupo de su condición fantasmal para que puedan finalmente unirse a los antepasados.

Debido a la falta de rituales eficaces para los muertos, las almas de al menos uno o dos parientes fallecidos (de los muchos individuos que conozco) no son todavía antepasados, no están todavía entretejidos en la vibrante red de linajes antiguos y bendiciones ancestrales. Esto suele quedar claro durante el proceso de diagnóstico del linaje, si no antes (revisar el ejercicio 4, página 94). Durante los entrenamientos de fines de semana en la práctica ancestral, los participantes han informado que han experimentado con agrupaciones de muertos problemáticos a lo largo de su linaje, como mujeres cuyas voces fueron silenciadas, los muertos de la guerra, los asesinados, los que tuvieron que soportar intensa pobreza y escasez, y los perseguidos por sus creencias. En los casos en que una herida crónica o colectiva pesa sobre el linaje, los muertos pueden hablar con una voz unificada, o pueden aparecer muchos espíritus con una preocupación compartida.

Además de identificar a los no antepasados individuales, el proceso de diagnóstico en ocasiones revela energías problemáticas no humanas que se han enredado con el linaje humano. Estas pueden incluir maldiciones ancestrales, espíritus ofendidos del mundo natural y diversos tipos de entidades de baja vibración (para más información, revisar el capítulo 8, página 167). Una vez más, el objetivo en esta etapa es tan solo comprender la historia y tener una idea general de las reparaciones que serán necesarias.

En conclusión, hay cuatro indicadores de salud para cualquier linaje ancestral:

- El propio linaje permanece firmemente anclado en el tiempo mítico antiguo, y esta fuente de bendiciones llega a los antepasados más recientes.
- Las bendiciones del linaje predominan sobre las cargas, y las cargas restantes están en proceso de transformación.
- Las relaciones están intactas con los poderes no humanos o los espíritus afines que apoyan la salud del linaje (como los espíritus del lugar, los poderes elementales, las deidades y los espíritus de los animales y de las plantas).
- La mayoría o la totalidad de los antepasados individuales del linaje son claramente brillantes y elevados en espíritu.

Para replantear esto en negativo, los cuatro indicadores de enfermedad o problemas potenciales son:

- El linaje es inconsciente de sus orígenes míticos o del tiempo sagrado, por lo que esta fuente de bendiciones no llega a los muertos recientes ni a los vivos.
- Predominan las cargas del linaje y se han distorsionado u olvidado las bendiciones.
- Las relaciones con los espíritus de afinidad ancestral no se recuerdan ni se nutren.
- Muchos muertos recientes no son antepasados propiamente dichos, y los vivos no tienen conciencia de esta situación, ni tienen intención de resolver el problema.

⟨⟨⟨

EJERCICIO SEIS

Conocer el linaje

INTENCIÓN: Conocer el linaje que existe entre tus guías ancestrales y el presente.

QUÉ NECESITAS: Un espacio tranquilo y cualquier cosa que te ayude a conectar con tus antepasados.

Para este ejercicio, de nuevo grabarás tu propia voz leyendo la visualización guiada que se propone a continuación y luego la reproducirás. También puedes pedirle a un amigo que te la lea en voz alta mientras la escuchas. Una vez que hayas grabado la visualización o hayas encontrado a un amigo que lo haga, busca un espacio propicio para el trabajo ritual. Cuando estés allí, haz lo que te ayude a **establecer el espacio sagrado y la intención ritual** (por ejemplo, encender una vela, ofrecer incienso, orar, etc.). Si es posible, identifica los puntos cardinales y considera sentarte cerca del centro del espacio ritual. Reproduce la grabación o pide a tu amigo que empiece a narrar.

1. *(Comienza la grabación)*. Empieza por tomarte unos minutos para **centrarte física y emocionalmente**. Esto puede incluir un poco de meditación o ejercicios de respiración, una oración personal para centrarte, un movimiento no estructurado o simplemente una pausa para recordar tu intención para el ritual. Haz lo que necesites para calmar tu mente y conectar con tu corazón *(haz una pausa de un minuto)*.

2. Cuando te sientas centrado, **contacta al guía ancestral de apoyo de este linaje** (con el que te conectaste en el ejercicio 5). Confirma que este guía esté dispuesto y sea capaz de guiar tu trabajo (es decir, es un ocho o más en la escala del 1 al 10). Si hay antepasados de este linaje que hayan fallecido recientemente, que también estén bien y con los que ya hayas trabajado, puedes invitarlos a unirse a este proceso. Comparte con estos guías tu intención de comprender este linaje en su conjunto. Confirma que tengas su apoyo antes de continuar *(haz una pausa de un minuto)*.

3. **Con respeto, pide al guía que te muestre el estado del linaje en su conjunto**. Intenta comprender lo que ha sucedido en el linaje, para saber dónde se necesitan reparaciones entre la vida del guía y el presente, y para recibir esta información de forma segura. Tal vez el linaje aparezca como un hilo, un río, una cuerda, un cordón de luz, una serie de incendios o algo totalmente distinto. Observa el linaje como una energía colectiva. ¿Qué aspecto tiene este sistema? Observa los puntos brillantes, los bloqueos y dónde se ha enredado la energía. Pide al guía que te lo muestre y que conduzca el proceso. Una vez más, solo estás aquí para observar; resiste el impulso de intervenir, hacer contacto con más antepasados a lo largo de este linaje o cambiar algo en este momento *(haz una pausa de tres a cuatro minutos)*.

4. **Una vez que hayas observado el linaje en su conjunto**, puedes pedir al guía que te muestre las historias de algunas vidas individuales definitorias a lo largo del mismo. Mirando la línea en su conjunto, pregúntale al guía: ¿Dónde están las vidas individuales que no están bien (si es que hay alguna)? Pregunta también por los muertos recientes a lo largo de esta línea de sangre. Puedes preguntarle al guía sobre un antepasado en particular (por ejemplo, un bisabuelo, un abuelo o un padre). ¿Están bien? ¿Más o menos bien? ¿No tan bien? De nuevo, deja claro que tu intención en estos momentos es solo comprender, no reparar, curar o cambiar *(haz una pausa de tres a cuatro minutos)*.

5. **Por último, pregunta sobre las bendiciones y las cargas del linaje**. *(Esto también puede llevarse a cabo mediante una visión distinta)*. Pregúntale a tu guía: ¿Cuáles son las tres bendiciones que llegan a través de este linaje? Pueden adoptar la forma de dones, remedios, talentos naturales o atributos positivos. Identifica tres de ellas *(haz una pausa de uno a dos minutos)*. A continuación, pregúntale al guía: ¿Cuáles son las tres cargas que vienen a través de este linaje? Pueden ser desafíos, adicciones, problemas de salud, venenos o atributos negativos. Identifica estas cargas. Una vez más, recuerda que no estás tratando de arreglar nada, solo buscas comprender *(haz una pausa de uno a dos minutos)*.

6. Una vez que tengas claridad sobre las bendiciones y las cargas en tu linaje, **visualiza que dejas de centrarte en el linaje y que vuelves a la presencia de tus guías a solas**. Si es necesario, pide a los guías que te

ayuden a limpiar tu espacio y energía de cualquier pesadez residual *(haz una breve pausa)*. Realiza cualquier contacto final antes de agradecer a tu guía ancestral y a cualquier otro que te haya acompañado. Cuando hayas terminado, vuelve a prestar atención a tu cuerpo físico y a tu entorno *(haz una breve pausa)*.

7. Antes de abrir los ojos, escanea suavemente tu espacio y tu entorno una última vez **para asegurarte de que estés realmente completo** y libre de la presencia de cualquier antepasado u otra carga que hayas podido presenciar *(haz una breve pausa)*. Cuando estés preparado, abre los ojos y vuelve a prestar atención a tu cuerpo físico y a tu entorno. Si surgen sentimientos de dolor u otros sentimientos fuertes en algún momento mientras eres testigo de tu linaje, honra esos sentimientos, pero asegúrate de mantener tu energía personal limpia y que tu vínculo con los guías ancestrales que supervisan el proceso permanezca intacto. Para estar seguro de que recuerdas todo lo que se te ha mostrado, puede serte útil tomar algunas notas inmediatamente después de terminar este ejercicio *(fin de la grabación)*.

Con el conocimiento viene la responsabilidad, y cuando seas más consciente de las bendiciones y cargas ancestrales de tu linaje, podrás considerar algún tipo de compromiso en forma de ritual para encarnar los dones heredados. Esto podría ser tan sencillo como declarar en voz alta a tus antepasados de qué manera entiendes que determinados dones forman parte de su legado y cómo piensas continuar con este legado positivo. También podría ser una ceremonia más elaborada en la que celebres a los antepasados (revisar el ejercicio 12, página 197) e invoques su apoyo para transformaciones vitales importantes. Del mismo modo, puedes sentirte movido a ofrecer un ritual con la intención de poner fin a la transmisión intergeneracional de cargas ancestrales específicas para ti y tus descendientes. Por supuesto, la mejor solución es vivir los cambios deseados en tu vida y tus relaciones.

Con respecto a la transformación de las cargas, sugiero que primero completes el ciclo de reparación y luego vuelvas a preguntar a los guías ancestrales si creen que es útil realizar más rituales con esta intención. Si es así, puedes representar las cargas con algo físico (por ejemplo, un puñado de semillas, una declaración escrita en un papel, un manojo de palos, etc.) y preguntar a tus guías cómo desean transformarlas ritualmente (por ejemplo, quemarlas, enterrarlas, liberarlas en un cuerpo de agua, etc.).

Hacer enmiendas con los antepasados más antiguos del linaje

En esta etapa y en la siguiente, pasarás a catalizar el proceso de sanación y de cambio que reporte más beneficios tanto para tus antepasados como para tu familia viva. Algunos pueden ver esta intención como presuntuosa, arrogante, innecesaria, una inversión del orden natural, o de otro modo, inapropiada, porque implica que nosotros los seres humanos vivos podemos ayudar a nuestros antepasados. Estas preocupaciones son legítimas y merece la pena tenerlas en cuenta y examinarlas. Las objeciones más comunes suelen girar en torno a uno de estos tres supuestos: nuestros antepasados ya están bien y no necesitan nuestra ayuda; la intervención solo es éticamente apropiada cuando se solicita ayuda de forma explícita; y no estamos en condiciones de ayudar de una manera útil a nuestros antepasados, aunque requieran asistencia. Hasta cierto punto, estoy de acuerdo con todas estas objeciones.

Por una parte, los antepasados en sí no necesitan nuestra ayuda; solo la requerirán aquellos antepasados no elevados, los que no han alcanzado la condición de antepasado como tal y se encuentran en una situación de conflicto. Así que no estamos ayudando a los antepasados, sino pidiéndoles ayuda para elevar a esos muertos en conflicto al rango de antepasado. De este modo, el ciclo de reparación restablece el orden natural, en el que los antepasados son ancianos espirituales que apoyan de una manera activa y eficaz a sus descendientes.

En cuanto a la segunda objeción (la importancia de no apresurarse a sanar o enmendar sin haberlo solicitado) si se siguen los pasos del proceso de enmienda, primero se entra en relación con los guías o guardianes ancestrales del linaje y luego, contando con su apoyo y orientación, se procede a comprender el linaje sin tratar de cambiarlo. Solo después de entrar en relación con los verdaderos ancianos del linaje se intentará trabajar en circunstancias que puedan beneficiar a nuestros muertos. En este punto, el trabajo debe ser impulsado por los guías ancestrales, y no por nuestra propia idea de cómo debería llevarse a cabo. Si los guías dicen que te alejes, comprende sus razones y respeta su consejo.

En cuanto a la tercera objeción, la energía espiritual necesaria para efectuar un cambio real proviene de un lugar más allá del ego, la intención consciente y la agenda personal, los métodos rituales exigen un vaivén entre el esfuerzo y la entrega. De este modo, no somos nosotros los que ayudamos a los muertos atribulados; más bien, somos catalizadores que suplicamos a los pies de fuerzas mayores, que pedimos desde nuestro corazón a los antepasados mayores y sanos fuerzas para catalizar la sanación personal, familiar y cultural. Como ocurre con gran parte de la curación tradicional, se trata menos de aquello que se sabe y más de a quién se conoce y de cuánto amor, belleza, sinceridad y pasión se puede reunir para alcanzar el bien mayor.

Aunque en el centro de la transformación residen el misterio y la gracia, he observado que ciertos temas parecen ser recurrentes, y podría ser útil recordarlos en los rituales de reparación. A continuación, expongo con mayor profundidad cuatro temas que considero claves para nuestra práctica.

El remedio y la enfermedad se curan mutuamente

Un intercambio de enseñanzas zen entre el maestro del siglo IX Yunmen Wenyan y uno de sus alumnos dice:

> *El remedio y la enfermedad se curan mutuamente.*
> *El mundo entero es una medicina.*
> *¿Qué soy yo?*[2]

En otras palabras, las bendiciones y las cargas suelen corresponderse o reflejarse mutuamente. Las bendiciones de un guerrero sano, cuando carecen de una causa relevante, pueden convertirse en dogmatismo, violencia sin sentido y desesperación suicida. A lo largo de uno de mis linajes, mis antepasados eran grandes bebedores y no siempre fueron los mejores estableciendo límites personales, pero esta carga apunta a la bendición oscura de una apreciación sensual y extática de la vida encarnada. Los dones provenientes de una gran visión espiritual, sin apoyo ni lugar en la cultura general, pueden manifestarse como grandiosidad, psicosis y sobrecrecimiento psicológico. ¿Cómo se relacionan las bendiciones y las cargas existentes en tus linajes? Al estudiar la toxicidad de nuestros linajes, también nos será posible descubrir el mejor antídoto para combatirla.

"Quien salva una vida salva al mundo entero"

Popularizado por la película *La lista de Schindler*, este verso de la escritura hebrea conocida como el Talmud[3], nos recuerda que el cuidado de un individuo puede tener repercusiones importantes en general. Por ejemplo, Carol, una participante en los cursos que organizo de fines de semana, al trabajar con el linaje de su abuela materna se encontró con un antepasado japonés que vivió hace unos dos siglos, en una época de transición en la que algunos aspectos de la cultura general se estaban abriendo a la influencia exterior. Este antepasado se sentía desgarrado entre dos realidades y, a medida que su historia se desarrollaba, quedó claro que el viaje de este antepasado reflejaba estrechamente los retos centrales con los que Carol también luchaba: integrar y armonizar las diferentes culturas y estirpes. Al segundo día del curso, tanto Carol como su antepasado estaban tejiendo hilos antes desconectados en un todo coherente, y de este modo conseguían elevar la vibración de todo su linaje.

La experiencia de Carol también nos ilustra respecto a la naturaleza colaborativa del trabajo ancestral. Si ella se hubiera limitado a ver a este antepasado como alguien que necesita ser reparado, se habría perdido la riqueza y la intimidad de su relación. Este antepasado individual expresaba el eje de lo que implica la reparación para todo el linaje. Al tomarse el tiempo de volver una y otra vez a la historia de su antepasado, Carol estableció nuevas e importantes conexiones en su vida y encarnó la paciencia y la sabiduría necesarias para el proceso de sanación.

Una canoa hecha de nuestras lágrimas

Los ancianos indígenas hacen hincapié en el carácter sagrado del dolor, incluso cuando ayudamos a los muertos a convertirse en antepasados. Malidoma Somé escribió:

> La persona occidental promedio se siente afligida por estar aislada. Los hombres occidentales, en particular, se afligen por los muertos que no lloraron de una manera adecuada porque se les dijo: "los hombres no lloran". En mi trabajo, suelo escuchar expresiones por el estilo. El duelo no solo se expresa con lágrimas, sino también con ira, rabia, frustración y tristeza. Una persona enfadada es una persona que va en camino a las lágrimas; la versión más ligera del duelo[4].

Reflexionando sobre el funeral de su abuelo, Somé escribió sobre la importancia del dolor en la elevación de los muertos: "Los dagara creen que los muertos tienen derecho a recoger su porción de lágrimas. Un espíritu que no está afligido de forma apasionada, siente rabia y decepción, como si le hubieran robado su derecho a estar completamente muerto"[5]. El tiempo en el reino de los espíritus no es lineal, y aunque los antepasados vivieran en la Tierra hace siglos, sus espíritus siguen hablando en tiempo presente, y los descendientes vivos pueden ayudar a que por fin se les llore en los reinos ancestrales.

Aunque todas las emociones son naturales, según mi experiencia, no todas las expresiones de duelo son igualmente curativas y útiles para los vivos o los muertos. Lo ideal es que el duelo se lleve a cabo en un ambiente de contención seguro y de apoyo, ya sea en comunidad, con un amigo o aliado de confianza, o incluso con el apoyo de guías ancestrales u otras fuerzas. La energía del duelo es potente, y si se bloquea durante mucho tiempo puede dañar el cuerpo y el espíritu. Para mí, una pauta es que el "buen duelo" acaba por ayudarme a sentirme más conectado con los demás, más sano y más humano. Por el contrario, mientras más cautela sienta frente al duelo, me siento más aislado, constantemente abrumado o autocompasivo. A veces, para cambiar la experiencia en una dirección más curativa y conectiva, basta con traer a los guías amorosos y un recuerdo de nuestra conexión fundamental al plano de la consciencia.

Cuando nuestros seres queridos que han muerto están en el limbo o siguen ligados a los vivos, el proceso de duelo puede complicarse para los que permanecemos en la Tierra. Considera a los espíritus como personas que no han terminado de morir: almas que todavía están en el rito de transición que comenzó con la muerte del cuerpo, y que con suerte se completará cuando sean acogidos como antepasados. Incluso, si los muertos recientes no están en tu proximidad inmediata, ¿cómo puedes llorar la pérdida de alguien que no ha dejado completamente este mundo? Expresado de este modo, el trabajo de reparación del linaje ayuda a los muertos a terminar de morir y a nacer como antepasados. A medida que los muertos de nuestra familia se asientan en su nueva condición de antepasados y los vivos nos liberamos de cualquier influencia perturbadora de los espíritus de los fallecidos, esto favorece tanto al cierre como a la curación emocional. Esto no implica que el duelo deba esperar hasta que los muertos estén totalmente bien en espíritu. Cuando los muertos han culminado de verdad su tiempo en la Tierra, los vivos podremos sentir y aceptar su pérdida con plenitud, expresándose, de esta manera, un duelo más adecuado. Esto puede incluir no solo un duelo más profundo, sino también sentir el fin del anhelo y del sueño de conectar con el difunto, un sueño que nunca se cumplirá (al menos no durante el tiempo que la persona en duelo permanezca en esta Tierra). Recuerda que el dolor en sí mismo no es algo malo; es una emoción humana sagrada y necesaria que puede catalizar cambios profundos en la vida, limpiar viejas heridas y abrir caminos de conocimiento a nivel del corazón y del alma.

Como criaturas empáticas, también somos capaces de experimentar el dolor de los demás, de las energías espirituales y del mundo en un sentido más amplio. Esto puede ser bastante sanador y conectivo, siempre y cuando respetemos nuestros límites personales y recordemos que tenemos voz y voto en lo que respecta a nuestra apertura a las fuerzas mayores que se mueven a través de nosotros. Estar disponibles para reparar nuestras estirpes a veces requiere abrir las compuertas de años o incluso siglos de dolor atascado en formas difíciles de predecir. En ocasiones, el duelo profundo por los daños del pasado en un linaje constituye el medio ideal para transformar dichos daños.

Si se te presenta este tipo de liberación emocional, considera permanecer abierto a la profundidad de los sentimientos que arroja, tanto para tu propia curación como para la de tu familia. Cuando las aguas del dolor son capaces de fluir y modelar el paisaje de nuestros corazones, el espíritu del perdón y la reconciliación suele surgir de forma natural a partir del duelo adecuado por nuestras pérdidas.

La reparación de la historia es la reparación del linaje

Nuestras identidades, nuestras culturas y nuestra comprensión básica del mundo provienen de la historia. Cuando la narrativa de nuestra vida tiene sentido, somos más felices y más capaces de metabolizar la adversidad que se nos presenta. Cuando nuestra sensación de formar parte de una historia más amplia se rompe, tendemos a sentirnos más solos y a sufrir. La reparación del linaje puede remediar esta sensación de aislamiento, ayudándote a comprender y encarnar en tu vida actual las bendiciones específicas de tus linajes de sangre. Al reclamar nuestro lugar en nuestro linaje, afirmamos que los antepasados también viven en nuestros huesos y en cada célula de nuestro cuerpo. En palabras de la líder ceremonial Hua Anwa:

> Realmente creo que en nuestros huesos se halla nuestra memoria ancestral, y estar en espacio sagrado ayudará a que nazca esa reconexión con nuestro ser más antiguo. Eres un antepasado, llevas al linaje contigo. Al ser conscientes de esto, nos puede resultar un poco abrumador, ya que de alguna forma, deberíamos tener en nosotros toda esa sabiduría: si somos el recipiente de nuestro linaje ancestral, entonces está todo en nosotros mismos. No ha desaparecido, solo hay que despertarlo y recordarlo. Esta conexión ancestral es extremadamente importante, y nosotros somos el recipiente de ella, así que es nuestro trabajo recordarla y luego transmitirla, pasarla hacia adelante[6].

En el trabajo ritual, reparar la historia ancestral a veces se asemeja a recordar y recoger los dones del linaje latente, completando así un circuito de energía y significado entre los vivos y los antepasados más antiguos. Cuando nos relacionamos directamente con nuestros antepasados más antiguos y elevados, cualquier cosa que necesite ser sanada a lo largo del linaje entre nosotros y ellos, puede empezar a parecer más bien una excepción, un período de amnesia temporal que ahora se encuentra entre la conciencia y la memoria ancestral. En las visualizaciones o en las prácticas de viaje chamánico, tú y los guías ancestrales pueden trabajar con el linaje como si se tratara de una energía viva o incluso como símbolos en lugar de como espíritus individuales. Por ejemplo, tú y tus guías pueden cuidar el linaje encendiendo de nuevo antorchas o señales (representando cada uno de ellas una vida), limpiando bloqueos en un río, desenredando nudos de pelo y enviando cargas eléctricas de un lado a otro a lo largo de un cable, o por otro lado sanando al linaje con amor, cuidados y recuerdos. Los tesoros ancestrales que se esconden en nuestros huesos aparecen para renovar nuestra historia, para avivar y afirmar nuestro linaje, y para elevar la vibración de los muertos que vivieron entre nuestra vida y los guías más antiguos.

❦

EJERCICIO SIETE

RITUAL PARA AYUDAR A LOS ANTEPASADOS DE NUESTRO LINAJE

INTENCIÓN: Ofrecer el ritual por el bienestar, la sanación y la elevación de los antepasados más antiguos de nuestro linaje.

QUÉ NECESITAS: Un espacio tranquilo y cualquier cosa que te ayude a conectar con tus antepasados.

En este ejercicio comienza realmente el trabajo de reparación de linaje. Hay dos puntos importantes que debes recordar mientras te preparas para este ritual: (1) céntrate en el trabajo de reparación de una sección de tu linaje o de un antepasado individual, y no intentes abarcar demasiado; y (2) repite este ritual tantas veces como consideres necesario, hasta que lo sientas completo. Puedes centrarte en este ritual una vez a la semana o una vez al mes hasta que sientas que tu linaje ha alcanzado un punto más brillante y fuerte. Recuerda que debes leer toda la parte dos antes de realizar el ritual, para asegurarte de que dispones de la información necesaria para afrontar las cosas que pudieses encontrar. Además, aunque te doy una estructura para el ritual, tu trabajo podría ser distinto, dependiendo de las directrices que recibas de tus antepasados. Confía en tu instinto y déjate orientar por los guías ancestrales.

Al igual que con los ejercicios anteriores, puedes grabarte leyendo la siguiente progresión para reproducirla o pedirle a un amigo que la lea en voz alta durante tu videncia. Una vez que hayas hecho la grabación o hayas encontrado a un amigo que narre, busca un espacio propicio para el trabajo ritual. Cuando estés allí, haz lo que te ayude a **establecer el espacio sagrado y la intención ritual**.

1. *(Comienza la grabación)*. Tómate unos minutos **para centrarte física y emocionalmente**. Esto puede incluir un poco de meditación o ejercicios de respiración, una oración personal de centrado, movimiento no estructurado o simplemente una pausa para recordar tu intención para el ritual *(haz una breve pausa)*. Cuando te sientas centrado, **contacta a cualquier guía de apoyo** con el que ya tengas relación. Asegúrate de conectar con el guía ancestral que ya habías contactado. Comparte con los guías tu intención de contribuir a la sanación y a la reparación en nombre de los antepasados de tu linaje. Confirma que tengas su apoyo antes de continuar *(haz una pausa de uno o dos minutos)*.

2. Ya estás preparado para comenzar el ritual. Recordando tu evaluación del linaje en su conjunto *(revisa el ejercicio 6)*, empieza por centrarte en la parte del linaje más cercana a existencia del guía ancestral *(haz una breve pausa)*. Lleva tu atención a las generaciones que suceden a la del guía. Busca los espacios que requieran sanar y solicita a los guías que atraigan la curación a dichos espacios con la intención de dar la bienvenida a los antepasados que allí residan. Recuerda ser paciente y centrar las reparaciones en un tramo o punto del linaje a la vez. Esto puede limitarse a un segmento en particular o puede incluir temas que surgieron a lo largo de varios siglos. En cualquiera de los casos, atiende una sección o unión en el linaje general. Ve a ese lugar ahora y, siguiendo la dirección de los guías, plantea la intención de que el amor curativo y el cuidado lleguen a estos antepasados en tu línea de sangre. Continúa concentrándote en este punto hasta que sientas algún tipo de movimiento o mejora en la energía *(haz una pausa de cinco minutos)*.

3. Cuando consideres que los guías **hayan culminado con su trabajo de reparación** en el punto del linaje que escogiste como centro de tu ritual, consolida el trabajo que has realizado buscando que sea sostenible en el tiempo. Imagina un río de bendiciones ancestrales que provienen de los guías elevados. Estás ampliando el canal desde el pasado hasta el presente, asegurándote de que todo esté bien hasta el punto en el que estás trabajando. Una vez que sientas que has cumplido tu trabajo con el ciclo actual de atención, pregúntales a tus guías: "¿Cuál es una forma sencilla de reforzar la curación?". Esto puede incluir ofrendas físicas, una acción a realizar ahora en el espacio ritual, o algo a realizar más tarde. Mantente abierto a la guía que recibas y solo comprométete a hacer lo que estés seguro de cumplir *(haz una pausa de uno a dos minutos)*.

4. Una vez que hayas consolidado tus reparaciones, **verifica otra vez tu linaje hasta ese punto**. Si todavía percibes alguna alteración en el linaje, continúa explorando hasta que sientas algún cambio. Si te sientes satisfecho con lo que has conseguido, pasa a la siguiente área de enfoque de sanación o completa la visión general por ahora. En cualquier caso, no pases a otra área del linaje hasta que alcances un ocho o más en la escala del 1 al 10 en el trabajo que estás realizando. Ten paciencia mientras acercas este "punto de bienestar" al presente. Tómate un momento para evaluar si estás preparado o no para pasar a otro tramo del linaje *(haz una breve pausa. Si estás grabando y deseas permitir una segunda ronda de atención, vuelve al paso dos. Comienza con "ve a ese lugar ahora" y graba hasta el final del paso cuatro de nuevo)*.

5. Cuando termines (por ahora), **aléjate del trabajo de reparación para centrarte solo en los guías ancestrales**. Desde aquí, pídeles que **te ayuden a limpiar tu espacio y tu energía de cualquier pesadez residual que hayas encontrado durante las reparaciones**. Permanece abierto a cualquier mensaje final que tengan para ti *(haz una pausa de un minuto)*. Cuando los guías te indiquen que el proceso se ha completado y que estás limpio, dales las gracias y vuelve a prestar atención a tu cuerpo físico y a tu entorno *(finaliza la grabación)*.

Sabrás que has completado esta etapa del trabajo de reparación cuando confirmes con tus guías que todos los antepasados hasta el umbral de los nombres recordados están bien en espíritu y están integrados en la energía del linaje como un todo. Utilizando la metáfora de los bailarines chinos del dragón, la cabeza del dragón estará ahora en el umbral de los nombres recordados, con tu antepasado más recientemente olvidado al frente de un linaje saludable que se remonta a los orígenes míticos de tu línea de sangre.

Recuperar el linaje hasta este nivel de vitalidad casi siempre requiere más de un ritual, y para muchas personas la mayor parte del trabajo de reparación se produce en esta etapa. Asegúrate de no precipitar el proceso. Como en todo el ciclo de reparación, cada paso se basa en el trabajo anterior, y cuando tu linaje más antiguo esté resplandeciente, esto te ayudará a atender a los muertos recientes con relativa facilidad. Considera la posibilidad de volver a la práctica de "Rezar con tus antepasados y pedir por el linaje que los relaciona" que se comparte al final del capítulo 6 (página 117). Puedes alternar entre esa práctica más ligera e integradora y la intervención ritual más directa del ejercicio 7. Ten en cuenta que no hay nada en este trabajo que requiera que te conectes con energías pesadas; es fundamental que permitas que los guías conduzcan el proceso. Por último, deja espacio a lo largo del proceso para la transformación personal, la sanación familiar y las nuevas conexiones en tu propia vida.

OCHO
AYUDAR
A LOS MUERTOS
RECORDADOS

En el momento que perdemos a un familiar o a un amigo es cuando más podemos sentir la cercanía de la muerte. Aprender a relacionarnos de forma efectiva con los muertos recordados no solo puede ser sanador en el trabajo de reparación del linaje, sino que también nos permite que las relaciones con los seres queridos en espíritu continúen de forma natural tras su fallecimiento. En este capítulo aprenderemos acerca de la importancia de la sanación emocional y la culminación de los asuntos pendientes con los antepasados recientes, y practicaremos estas intenciones con nuestra propia familia y otros muertos queridos. También aprenderemos los fundamentos de la guía espiritual y las prácticas de ancestralización que pueden utilizarse para ayudar a las generaciones recientes de miembros de la familia fallecidos a convertirse en antepasados. Por último, aprenderemos formas de enfrentar el desafío que puede implicar relacionarnos con los muertos atribulados, por ejemplo: espíritus fragmentados y desagradables, maldiciones familiares y/o entidades espirituales poco útiles. Al completar esta cuarta etapa en el proceso de reparación del linaje (de un total de cinco), habrás ayudado a todos los antepasados recientes del linaje en que has enfocado tu trabajo a ser acogidos por los guías ancestrales en el lugar del linaje que les corresponda.

Sanación emocional, perdón
y asuntos inconclusos

El hecho de que alguien que conozcamos muera, no significa que estemos de inmediato en paz con esa persona en espíritu. Tampoco significa que esa persona sea automáticamente un antepasado pacífico y amoroso. Ante el fallecimiento de familiares y amigos cercanos, es habitual que surjan sentimientos como el alivio, la ira y el resentimiento, aunque no siempre se expresen de manera abierta. La barrera cultural o familiar frente a este tipo de sentimientos puede complicar la sanación emocional y el duelo, añadiendo quizá sensaciones de culpa o vergüenza. A pesar de estos retos, es ideal prestar atención y consideración de una forma emocionalmente honesta y vulnerable cualquier asunto no resuelto entre nosotros y el fallecido, antes de recurrir a un apoyo ritual más involucrado. Esto no solo resulta sanador para nosotros, sino que también le brinda apoyo al difunto para completar su vida en la Tierra, y nos ayuda a presentarnos con mayor eficacia para cualquier trabajo ritual de seguimiento. En el caso de los muertos recientes, la culminación de los asuntos pendientes también pudiese involucrar preocupaciones que no nos implican directamente, pero que podemos entender y ayudar a resolver.

Sanación emocional

En los Estados Unidos existe una epidemia de abusos físicos, sexuales y emocionales por parte de padres y cuidadores hacia los niños, dentro de las parejas íntimas y dentro de las familias extensas. Para algunas personas, cuando un ser querido muere, esto puede significar la muerte de un abusador, el fin de una amenaza muy real para su seguridad, incluso si el abuso en sí terminó hace años. Si tú o alguien que conoces ha experimentado una situación similar, pudiesen sentir alivio o liberación después de la muerte del abusador. Las reacciones normales pueden incluir un aumento de la ira reprimida que ahora es más seguro expresar, la culpa y la vergüenza por el abuso pasado que nunca se abordó, y la tristeza por el fracaso en superar las diferencias en vida. La muerte de un padre o un cónyuge también puede significar el fin de esperanzas secretas de reconciliación y validación de tus experiencias pasadas, o el fin de las esperanzas de ser visto y amado por lo que eres. Si no te has curado de los daños ocasionados por miembros de tu familia en el pasado, ello pudiese complicar el proceso natural de duelo tras el fallecimiento de un ser querido. Sin embargo, cuando muere la esperanza de una vida diferente y aceptas tus pérdidas, el dolor profundo y otras emociones reprimidas pueden finalmente fluir, y se hace posible iniciar el proceso de sanación emocional. Si te encuentras en medio de este tipo de intensidad emocional, te recomiendo que busques apoyo profesional, combinado con un autocuidado proactivo y apoyándote en familiares y amigos de confianza. Sanar el antiguo dolor emocional en el momento adecuado es una excelente forma de honrar a los antepasados; fomenta la vitalidad personal y mantiene viva la posibilidad de reconciliarse con el espíritu del fallecido.

La muerte de un ser querido también modifica las relaciones familiares de una forma irreversible y de difícil predicción. En términos psicoterapéuticos, el sistema familiar debe encontrar un nuevo equilibrio u homeostasis. En el mejor de los casos, el tiempo de transición que sigue a la muerte de un miembro de la familia conducirá a un cambio positivo importante a la vez que patrones más saludables se convierten en la nueva normalidad. Sin embargo, tras una pérdida, las cosas jamás vuelven a ser como antes; esperar que lo fueran sería poco realista. La muerte de uno de tus padres puede aumentar tu proximidad al reino ancestral al convertirte en el siguiente en la línea de sucesión, así como el fallecimiento de tu pareja o de un hijo puede dejar un vacío en tu corazón y en tu psique en la forma de sus vidas.

La muerte de seres queridos también puede dar lugar a un anhelo de ir tras ellos hacia el reino de los antepasados, un riesgo genuino. El músico Eric Clapton, al llorar la muerte accidental de su hijo de cuatro años en su famosa canción "Tears in Heaven", pregunta: "¿Sabrías mi nombre / si te viera en el cielo?". Tras cantar directamente al espíritu de su hijo, Clapton termina la canción con "Debo ser fuerte y seguir adelante / porque sé que no pertenezco aquí en el cielo". La literatura y la historia reconocen que las parejas pueden sucederse en la muerte (por ejemplo, Romeo y Julieta, Otelo y Desdémona, Tristán e Isolda, Layla y Majnún, Marco Antonio y Cleopatra). En ocasiones, las noticias locales informan de parejas de ancianos que se suceden en los reinos ancestrales, muriendo con pocos días, incluso horas, de diferencia. Las parejas de los recién fallecidos que logran sobrevivir, reportan haber enfrentado la tentación de seguirlos en su muerte. Tanto la persona viva como el espíritu del recién fallecido, o ambos, pueden añorar la compañía del otro. Este riesgo es una razón más para animar a los recién fallecidos a hacer una pronta transición al reino ancestral. Cuanto mejor sea la condición espiritual del fallecido, menos riesgo habrá de que los vivos se sientan atraídos a seguirle en la muerte, y menor será el riesgo de interferencias en el proceso de duelo.

Algunas veces, los participantes en las prácticas de fin de semana consultan si los asuntos no resueltos entre los vivos y los muertos pueden impedir que estos últimos se conviertan en antepasados. Se trata de una buena pregunta, llena de matices, y la respuesta corta es: "solo si los muertos se dejan retener". La respuesta larga implica reconocer que todos estamos íntimamente relacionados y que no podemos evitar influir en nuestros seres queridos solo por nuestro propio estado de salud o enfermedad.

Si eres un espíritu recién fallecido, ¿puede la actitud de tu familia viva afectar tu viaje después de la muerte? Sí, absolutamente. Digamos que eres una madre de cinco hijos, ya mayor, que lucha contra la depresión, pero que sigue siendo amable con la gente. Digamos que no tienes una tradición espiritual propia, que no sientes ninguna conexión real con tus antepasados y que acabas de morir. En estas circunstancias, se estima que tienes un 50% de posibilidades de llegar de forma espontánea al reino de los antepasados en los meses posteriores a tu muerte; las cosas podrían ir en cualquier dirección. En un escenario, tus hijos y sus familias asisten al funeral y lloran abiertamente por ti, expresan la gran importancia de tu vida y oran para que estés en paz. En un segundo escenario, las lágrimas no fluyen, ya que tu familia, al sentirse abandonada, no está dispuesta a dejarte ir. Absortos en sus propios conflictos internos, dicen que no están preparados para que los dejes y te ruegan que te quedes. En este tipo de situaciones, la forma en que tu familia viva responda a tu muerte puede inclinar la balanza hacia un lado u otro. La mejor prevención para este tipo de inercia posterior a la muerte es sanarse emocionalmente a sí mismo y a sus relaciones con los seres queridos tanto como sea posible durante la vida.

El perdón

Las investigaciones confirman que el perdón es bueno para nuestra salud y felicidad, a pesar de que la perspectiva de perdonar puede sentirse amenazante y evocar fuertes sentimientos y opiniones[1]. Para aclarar, el perdón no consiste en olvidar, condonar o minimizar los daños del pasado, ni en dejar de protegerse a sí mismo y a los demás en el presente. Aunque el perdón es importante para la resolución emocional, no conozco ningún beneficio en la búsqueda intencional del olvido. El perdón tampoco te pide que minimices el daño pasado ni que justifiques o racionalices las formas en que te sientes herido o perjudicado. En situaciones difíciles, la sanación personal con la familia viva puede implicar la intervención legal, la ruptura del contacto o el establecimiento de límites claros. Si tú o alguien que conoces se encuentran en una situación tóxica o insegura, la prioridad debe ser ponerse a salvo. Solo más tarde podrán continuar la sanación emocional y el perdón.

El perdón, para mí, consiste en completar o solventar experiencias pasadas, especialmente en lo que respecta a los daños reales o percibidos. El perdón se hace posible cuando se aceptan las cosas como son y no como se desearía que fueran. Una vez más, la aceptación no implica aprobación, ni te impide trabajar en prevenir futuros daños, pero sí requiere que afrontes lo que ha ocurrido. Tus esfuerzos de reparación pueden requerir que pidas perdón y que lo ofrezcas. Como práctica, el perdón puede ser en gran medida interno y personal, o puede involucrar de forma directa a otras personas, vivas o fallecidas. Aunque nunca hayas conocido a ciertos familiares o no estés en contacto con ellos, puedes llevarlos en tu corazón, perdonarlos y rezar por su felicidad. Si invitas a los demás a formar parte de tu proceso, podrás perdonar a la gente sin tener que invitarla a volver a tu vida; del mismo modo, los demás pueden perdonarte aunque no quieran saber nada de ti. En otras palabras, perdonar a las personas no te obliga a vincularte con ellas en el presente; incluso puede ayudar a terminar con apegos poco saludables. Si las personas a las que pedimos perdón no están dispuestas a comprometerse, aún podemos imaginarnos un escenario en el que recibimos su perdón. Siempre que hayamos hecho todo lo posible por reparar el daño, esto puede permitirnos al menos perdonarnos a nosotros mismos. En mi experiencia, aunque no podamos pretender sentir algo que no sentimos, podemos participar en las prácticas del perdón abriendo nuestro corazón y nuestra mente, permaneciendo receptivos a lo que surja.

En el trabajo de reparación del linaje, la práctica del perdón puede apoyar la curación con los antepasados más antiguos, los muertos recordados y la familia viva. Ten en cuenta que cuando trabajes con cada grupo, pueden surgir situaciones que necesiten ser resueltas. Por ejemplo, cuando te dirijas a los antepasados mayores, podrías sentir ciertas preocupaciones, como una decepción por haber elegido dejar atrás su tierra natal o sus formas de vida tradicionales, un juicio por su mal uso histórico del poder, un arrepentimiento por su fracaso a la hora de resistir o evitar la opresión, una frustración por haber fallecido en lugar de resolver las cargas ancestrales, o una decepción porque no cumplieron con tus expectativas como ancianos.

Cuando se trabaja el perdón con los muertos recordados, se puede sentir todo el abanico de complicaciones y dolores humanos, como sentirte responsable de alguna manera por sus muertes, creer que tu vida es una decepción para tus seres queridos, sentir arrepentimiento por no haber resuelto las diferencias con ellos en vida, o una necesidad de revelar secretos o mentiras familiares guardados durante mucho tiempo.

Cuando se aborda el dolor no resuelto con la familia viva, algunos de los retos más comunes que se presentan pueden ser el miedo a que el perdón te exponga a más daños, la frustración por tu falta de apertura al diálogo y el orgullo, la autojustificación y la vergüenza subyacente que te impiden reconocer tus errores pasados. Pregúntate con sinceridad: ¿te sientes culpable por alguna acción pasada con tu familia?, ¿a alguno de tus familiares le vendría bien escuchar una disculpa de tu parte? Si es así, ¿qué te impide reconocer y sanar los daños del pasado con ese familiar? Cuando seas capaz de establecer límites apropiados con tus familiares vivos y sientas que has sanado emocionalmente, explora las posibilidades de reparar el daño. Si primero te centras en el papel que jugaste en las dificultades del pasado, en lugar de exigir una disculpa por males reales o imaginarios, a menudo puedes abrir un mayor espacio para un diálogo y una reparación saludables. Si las condiciones son óptimas, podrás elaborar rituales de perdón inclusivos que comprendan una comunicación humilde y sincera con los miembros vivos de la familia. Si las condiciones no te permiten comprometerte directamente con los vivos, puedes perdonarlos en privado y mantener tu corazón abierto a su perdón. Estar dispuesto a trabajar con cualquier sentimiento que surja al tratar de perdonar y recibir el perdón de tus antepasados, de tu familia y de ti mismo, favorece relaciones más felices y vitales tanto con los vivos como con los muertos.

⤮

EJERCICIO OCHO
Práctica del perdón ancestral

INTENCIÓN: Participar en un trabajo de perdón mutuo con los antepasados familiares recientes y más lejanos.

QUÉ NECESITAS: Un espacio tranquilo e, idealmente, un amigo o aliado de apoyo para la práctica en equipo.

Practicar el perdón puede contribuir a la plenitud emocional y a establecer relaciones saludables con los antepasados. Para esta práctica puedes reclutar a un aliado humano amable y solidario que también respete tu trabajo con los antepasados familiares. Siempre lo he hecho como un intercambio en el que cada persona tiene la oportunidad de hablar, aunque una persona pueda participar solo como oyente. La práctica también puede modificarse para llevarse a cabo en solitario. Servirá cualquier revisión o adición que fomente el perdón y la sanación entre tus antepasados y tú. Mantén la autenticidad y la conexión con el corazón, y no intentes forzarte a sentirte de una manera determinada.

1. **Abre el espacio ritual e invoca a los antepasados**. Comienza estableciendo un espacio seguro y libre de perturbaciones. Invoca a tus guías amorosos y solidarios, incluidos los maestros ancestrales del linaje en el que te centras. Cuando sientas presentes a los antepasados, busca su apoyo para esta práctica de perdón. Si estás haciendo la práctica como un intercambio, determina quién de la díada hablará primero antes de continuar.

2. **Habla directamente con los antepasados y la familia**. En esta primera parte del ejercicio el oyente guarda silencio y mantiene una presencia compasiva, receptiva y estabilizadora para el hablante. No se le pide al oyente

que encarne a los antepasados del orador. Si deseas limitar la duración del intercambio, el oyente puede servir de cronómetro (si estás cronometrando el ejercicio, sugiero trabajar diez minutos en esta parte); sin embargo, establecer una duración es totalmente opcional. Si estás practicando en solitario, invita a los propios antepasados (quizá en el santuario dedicado a ellos) para que sirvan de oyentes.

El orador de la díada se dirige directamente al linaje de los antepasados, enunciando lo que sea más relevante y necesite ser expresado. Como orador no te diriges al oyente, sino a los antepasados y quizás a la familia viva de este linaje. Este es el momento de decir lo que quieras a estos antepasados como si estuvieran presentes ante ti. Considera la posibilidad de hablar primero al linaje más antiguo (antes de recordar los nombres) y luego a los antepasados conocidos o a los ancianos vivos de este linaje. Lo más importante es que hables sin censura y sigas la energía a nivel del corazón, permitiéndote momentos de silencio si es necesario, para permanecer conectado con tu verdad y experiencia internas. Cuando te sientas completo (o cuando el tiempo haya finalizado, si estás cronometrando el intercambio), quédate en silencio por un momento antes de proceder al paso 3.

3. **Práctica del perdón**. Si haces este ejercicio en solitario, tendrás que leer (o memorizar) las frases que aparecen a continuación. Si trabajas con un compañero, recomiendo que el oyente mantenga un silencio de apoyo mientras el orador lee la parte de abajo. El orador repite tres veces cada una de las dos partes de la práctica del perdón, con una pausa entre la extensión del perdón (primera parte) y la recepción del perdón (segunda parte). Si hay un tercer participante, este podría leer el pasaje de abajo y pedir al orador que repita lo que se ha dicho en segmentos cortos de llamada y respuesta. Esto libera al orador de la necesidad de leer de una página o de memorizar el pasaje. Explora lo que funcione mejor para ti.

Cuando la práctica pida que el orador "diga su nombre o nombres", puedes acortarlo a "el pueblo de mi abuelo (nombre del pueblo) en el tiempo", o puedes nombrar a un antepasado específico. Como orador, dirígete directamente a tus antepasados, esta vez con la redacción establecida en la práctica del perdón. En este punto no es necesario controlar el tiempo; comienza cuando estés listo y sigue tu ritmo personal.

Yo (di tu nombre completo) te perdono (di su nombre o nombres) por todos los daños, tanto reales como imaginarios, conocidos y desconocidos, intencionados y no intencionados, que me has hecho desde el principio de los tiempos hasta el presente. Y te libero de todos ellos. (Repite tres veces y luego haz una pausa).

Acepto que me perdones por todos los daños, tanto reales como imaginarios, conocidos y desconocidos, intencionados y no intencionados, que te he hecho desde el principio de los tiempos hasta el presente. Y acepto que me liberes de todos ellos[2]. (Repite tres veces).

Cuando hayas expresado tu intención de perdonar y recibir el perdón de tus antepasados, haz una pausa para que la energía se asiente y luego procede a tu propio ritmo. Antes de comenzar esta etapa, decide si deseas incluir un tercer aspecto de la práctica que se centre en el autoperdón por cualquier forma en la que no hayas respetado, honrado o vivido a la altura de tu propio potencial. Si es así, puedes modificar la redacción a "Me perdono a mí mismo por todos los daños... que me he hecho a mí mismo... y me libero de todos ellos" o cualquier otra redacción que funcione mejor para ti.

4. **El orador y el oyente cambian de papel**. Después de que el orador haya terminado, el orador y el oyente deben agradecerse mutuamente, ponerse de pie y limpiar el espacio energéticamente. Yo suelo quemar cedro o salvia para este fin, pero también puedes utilizar agua fresca, plantas frescas (por ejemplo, romero, lavanda), canciones o una oración de centrado. Si estás haciendo la práctica en solitario o eres el único que desea hablar, procede al paso 5. Si el oyente también desea dirigirse a los antepasados, intercambia los papeles, vuelve al paso 2 y procede a la finalización.

5. **Compartir la limpieza y la finalización**. Cuando hayas terminado de hablar, haz una pausa para honrar y dar las gracias por todo lo que se ha compartido. Siguiendo tu propio ritmo e instintos, limpia el espacio general e informa a los antepasados o guías presentes que estás terminando la práctica. Estate abierto a cualquier mensaje final de ellos antes de pedirles respetuosamente que se retiren. Considera la posibilidad de tomar notas sobre las áreas que podrían beneficiarse de una mayor curación y perdón.

Completar los asuntos inconclusos

Si murieras hoy, ¿tendrías algún asunto pendiente, algo que te hiciera difícil despedirte de tu vida? ¿Te costaría dejar ir a tu familia, amigos o parientes? ¿Tienes tu testamento y asuntos financieros en orden? ¿Hay algún proyecto, posesión o lugar del que te resulte difícil desprenderte?

Es fácil subestimar la manera en que podemos permanecer atados a este mundo y a esta identidad, sobre todo si morimos en circunstancias confusas, como guerras, accidentes, homicidios, suicidios o enfermedades repentinas. Es aún más difícil pasar al estatus de antepasado si los de las generaciones anteriores no están en paz ellos mismos o no están ahí para recibirte. ¿Sientes el apoyo tangible de tus antepasados amados que te esperan para recibirte cuando mueras? ¿Por qué dejar lo conocido cuando no estás seguro de hacia dónde te diriges en primer lugar? Nadie planea convertirse en un espíritu atribulado; simplemente le ocurre a todo tipo de personas, por lo demás buenas, que no tienen suficiente impulso espiritual después de la muerte que los lleve al reino de los antepasados.

En la sección anterior abordamos la sanación emocional y el perdón con los antepasados, en especial con los muertos recientes. Ponerse al día con los muertos también puede implicar la finalización de cualquier asunto que tú o ellos consideren sin resolver (por ejemplo, la resolución de herencias, posesiones, deudas y asuntos legales; el cumplimiento de los últimos deseos y peticiones; la consecución de la claridad y la justicia en los casos de muerte inesperada; la transmisión de las últimas despedidas; el esparcimiento de las cenizas después de la cremación, etc.). Cualquier esfuerzo que puedas hacer para resolver los asuntos pendientes es una excelente manera de honrar a tus antepasados. Cuando los asuntos prácticos no salen como deseamos en torno a la muerte de los seres queridos, la sanación emocional, el perdón y la resolución de los asuntos pendientes pueden entrelazarse de formas difíciles de predecir. Pero recuerda esto: atender estas preocupaciones, con apoyo, es un trabajo ancestral y es honrar a los muertos. Incluso si las peticiones finales o los asuntos pendientes le importaban más al difunto que a ti o al resto de tu familia, respetar estas peticiones puede ayudar a liberar a la persona fallecida de la vida en la Tierra y a pasar a los reinos ancestrales.

Psicopompo, elevación de los muertos y la ancestralización

En medio de tu duelo, pudieses preguntarte si los muertos recientes están en paz o no. ¿Cómo les va en su nueva existencia? Es una preocupación justa. Sin embargo, el simple hecho de plantear la pregunta no te obliga a realizar por ti mismo rituales y prácticas para ayudarles. En primer lugar, ¿cómo sabes que necesitan ayuda? Si estás seguro de que quieres saber si están en paz o no, los ejercicios 4 y 6 presentan formas seguras y estructuradas de evaluar a cualquier antepasado específico y el linaje en el que está inserto. También puedes tener en cuenta tus sueños, sincronicidades o intuiciones durante la vigilia así como cualquier otro contacto ancestral para formarte una idea general del estado del recién fallecido. Si varias fuentes, incluido tu instinto, te dicen que determinados antepasados están en paz, es posible que lo estén. Si tienes una constante sensación de que no están bien, lo más probable es que no lo estén. En la siguiente sección se analizan varias formas diferentes de pensar en el viaje posterior a la muerte y de ayudar a los muertos con problemas a unirse a los antepasados que están bien.

Psicopompos y guías del alma

Del griego (*psychē:* alma; *pompós:* guía), los psicopompos o guías del alma son individuos (humanos o no) que ayudan a los recién fallecidos a llegar al reino de los antepasados. La mayoría de las tradiciones religiosas han nombrado y honrado explícitamente a las fuerzas que ayudan a las almas humanas en el viaje posterior a la muerte. En la mitología griega, la diosa Hécate y el dios Hermes desempeñan esta función, al igual que Caronte, el barquero que escolta a los muertos a través del río Estigia hasta el inframundo. Entre los guías del alma europeos y del norte de África que tienen forma de deidades, ángeles o poderes afines se encuentran Freyja, Odín y las Valkirias (nórdicos); Manannán mac Lir, Ogmios y la Morrigan (celtas); el Arcángel Miguel, el Espíritu Santo y Jesús (cristianismo); y Anubis, Thot y Hathor (Egipto). Los budistas zen invocan a veces el apoyo de Ksitigarbha o Jizo, un bodhisattva despierto y guía de los muertos, en especial para los niños que preceden a sus padres en la muerte. Entre algunos chamanes mongoles buriatos, el señor del mundo inferior, Erleg Khan, trabaja con el guardián de la puerta Mongoldi Nagts, el "tío mongol", para asegurar que las almas de los difuntos lleguen y permanezcan en su nuevo hogar[3]. Para los practicantes de la tradición Ifá/Òrìṣà, los propios antepasados elevados pueden servir de apoyo a los muertos en transición, al igual que diversas fuerzas de la naturaleza, deidades u òrìṣà (por ejemplo, Èṣù, Ògún, Ọya). En algunas culturas indígenas, los espíritus de animales como el búho, el cuervo, el oso, el caballo, la serpiente, el salmón y el perro pueden ser guías en el viaje a los reinos ancestrales. Los ángeles, las energías elementales, los espíritus del lugar, los guías ancestrales y otras relaciones espirituales útiles también pueden servir como guías del alma.

Los seres humanos vivos también pueden servir como psicopompos. Como en muchos tipos de experiencia espiritual, esto puede ser de manera intencional o espontánea. Los trabajadores de los hospicios, el personal de los hospitales, los socorristas, el clero y los familiares que rodean a los moribundos pueden, en ocasiones, encontrarse guiando a los recién fallecidos para que se unan a los antepasados, a través de la oración inspirada, la meditación o la visión durante la vigilia. El contacto onírico con los muertos puede consistir en ayudarles a reunirse con los antepasados o en ser testigos de su transición. Los curanderos y chamanes suelen aprender como parte de su formación a pacificar y reparar a los muertos con problemas, incluso en situaciones en las que esta transición debería haberse producido hace años, pero que en el presente ha dado lugar a persecuciones, intrusiones de espíritus o posesiones. Me formé por primera vez en el trabajo de psicopompo a través de formas revividas de chamanismo fundadas por los maestros Michael Harner y Sandra Ingerman, y más tarde encontré conceptos y prácticas resonantes en otras tradiciones. En el enfoque de la curación del linaje ancestral que se presenta aquí, los guías ancestrales a lo largo del linaje de enfoque dirigen el proceso del psicopompo, aunque tú, como practicante vivo, también puedes involucrarte en gran medida.

Lo primero que hay que entender sobre el trabajo de psicopompo es que este hace hincapié en el cambio espacial: el traslado de un lugar o dimensión de la realidad a otro. Esta reubicación del difunto requiere una guía verdadera. La visión puede incluir el paso por una puerta o una serie de umbrales, el cruce de un puente o de una gran masa de agua, el ascenso hacia las estrellas o el regreso de las almas de los muertos a la Tierra. Recuerdo que mi abuela Foor compartió un sueño vívido de contacto con su padre, Ezra Elton Conner, en los años posteriores a su muerte: estaba vestido con un traje azul claro para una ocasión especial, y rodeado de luz, se despedía de mi abuela antes de entrar en un túnel ferroviario en la ladera de una montaña. La cultura popular que rodea a los psíquicos y a los médiums a veces describe esto como *atravesar el umbral de la muerte o ir hacia la luz* (o en el caso de mi bisabuelo, entrar en la acogedora oscuridad). Sean cuales sean los detalles, el núcleo de este proceso es pasar de un lugar a otro: ir de la tierra al cielo, de este mundo al siguiente, del reino de los vivos al reino de los antepasados. Cuando esta transición tiene éxito, el espíritu del difunto ya no está entre nosotros, al menos no de la misma manera.

En consecuencia, el trabajo de los psicopompos se basa a menudo en la narrativa y la metáfora visual-espacial. Según mi experiencia, el trabajo suele desarrollarse en tres pasos: 1) conectar con los muertos con problemas; 2) realizar las reparaciones necesarias para prepararles para la transición; y 3) acompañarles a donde deben ir, normalmente al reino de los antepasados que se encuentren bien en espíritu. Por ejemplo, cuando aprendí a trabajar como psicopompo, primero conectaba y hacía las reparaciones necesarias con los muertos en transición, y luego viajaba en espíritu con ellos hacia arriba, a un manantial natural donde la tierra toca el cielo y el sol. En esta encrucijada, los muertos realizarían cualquier purificación necesaria y transmitirían mensajes para los vivos antes de cruzar un umbral de luz para reunirse con sus amados muertos.

Para servir de guía eficaz, el psicopompo debe conocer el camino (o al menos un camino) hacia el reino de los antepasados, así como los métodos para ayudar a los muertos afligidos a realizar este viaje. Esto requiere relacionarse con seguridad con espíritus que pueden estar en estados muy conflictivos. Después de hacer la conexión y cualquier reparación necesaria, el psicopompo busca la cooperación del alma del difunto para hacer el viaje a los reinos ancestrales. Cuando el difunto está preparado para ir y el camino está despejado, el trabajo suele proceder con pocos problemas.

Elevación de los muertos

En las tradiciones de África Occidental, que ahora también se llevan a cabo en todo el continente americano (por ejemplo, vudú, Ifá/Òrìṣà), los practicantes a veces difieren levemente en su forma de ver la transición de los muertos. Aunque la intención sigue siendo la misma que en el trabajo de psicopompo (ayudar a que las almas de los muertos se conviertan en antepasados felices), el lenguaje suele ser menos espacial y se refiere más a la calidad o la condición espiritual de los todavía no antepasados. Elevar a los muertos no se refiere necesariamente a trasladarlos de lugar (por ejemplo, al cielo), sino a elevar su conciencia o vibración. En general, este cambio consiste en pasar de estados más densos de miedo, constricción y confusión a estados más elevados de amor, expansión y claridad. Los rituales pueden centrarse en la mejora del estado interno o psíquico del difunto más que en la reubicación de su espíritu, y la medida del éxito es la capacidad del nuevo antepasado para estabilizarse en una vibración más elevada o "superior".

Entonces, ¿cómo se puede realmente elevar el espíritu de una persona fallecida? Según mi experiencia, no es tan diferente del trabajo con los vivos, salvo que el recipiente estabilizador del cuerpo físico ya no restringe a los muertos. Por lo tanto, pueden cambiar de estado de una manera más fácil. Considera a los vivos como hielo (o quizás nieve en un buen día), a los muertos recientes como líquido y a los antepasados colectivos como vapor. Todos son H_2O, pero no todos son igualmente flexibles. Años de terapia efectiva, una sanación personal profunda o un mes transformador de despertar y crecer pueden permitir a los vivos sentirse más ligeros y tener mayor presencia, mientras que cambios de esta magnitud pueden ocurrir en un período de días o en el curso de un solo ritual para los muertos. Como los muertos son todo un cuerpo energético (más que una conciencia expresada a través del cuerpo), invocar el amor, la luz, el perdón y otras energías curativas puede provocar cambios sustanciales en el estado del alma en transición. Lo ideal es que este tipo de intervención esté dirigida por guías ancestrales, deidades de confianza u otros poderes sabios y útiles.

En la rama lucumí de la tradición Ifá/Òrìṣà, tal y como se practica en Cuba y en otras partes de América, algunos practicantes realizan un ritual de elevación para el espíritu del difunto de nueve días. Dado que este proceso no requiere un contacto directo con los aún no antepasados, es una práctica relativamente segura a la cual recurrir cuando se cree que una persona aún no se ha unido a los antepasados amorosos después de la muerte. Este ritual incluye una oración sincera por la felicidad del difunto, la elevación simbólica del alma del difunto mediante la elevación gradual de su representación física, el trabajo con los elementos (por ejemplo: el fuego, el agua, los alimentos/la tierra, las oraciones/el viento), y la limpieza suave de las energías pesadas.

Así es como funciona: en el altar de los antepasados (ver el capítulo 4) o en cualquier otro espacio ritual limpio y de apoyo, coloca algo que represente al antepasado en cuestión, por ejemplo una fotografía o un objeto de su vida. Cerca de esto, coloca un vaso de agua limpia, una vela blanca, comida o bebida que creas que pueda ser del agrado de este antepasado y cualquier otra ofrenda que venga del corazón. Durante nueve días, al menos una vez al día, siéntate ante el altar de tu antepasado con la vela encendida y ora durante al menos unos minutos con el corazón (en voz alta si puedes) por la felicidad, la curación y la elevación de este antepasado. Además de la oración espontánea, puedes incluir oraciones litúrgicas, como mantras cantados, rezar el rosario u ofrecer versos del Corán por el bienestar de este antepasado. Si conoces las oraciones y prácticas de la tradición Ifá/Òrìṣà, entonces celebra a tus *egúngún* (antepasados) de acuerdo a tu formación y a tu *orí* (espíritu personal e intuición). Al momento de realizar tus oraciones y ofrendas recuerda que en realidad no buscas dialogar o aferrarte a este ser querido que ha partido, sino alimentarlo y fortalecerlo en su nueva realidad.

Antes de comenzar tus oraciones diarias por este antepasado, ofrece el agua del día anterior a la Tierra y ten la intención de que el agua nueva siga apoyando la limpieza del difunto. También al comienzo de cada sesión, aumenta la altura física de aquello que utilices para representar a tu antepasado;

puedes, por ejemplo, apilar pequeños libros o tablas bajo la presencia simbólica del antepasado en tu santuario. Al elevar su representación un poco más cada día, estarás materializando el cambio interior correspondiente en su condición. Puedes encender la vela de nuevo al comienzo de cada sesión diaria, o si es seguro y práctico, encontrar la manera de mantener una llama encendida de forma continua durante nueve días. Puedes ofrecer comida o bebida a este ancestro en cualquier momento del proceso, y podrías considerar una fiesta espiritual más grande (revisar el ejercicio 12, página 197) al final de los nueve días. Dedica todas las energías positivas a la elevación y felicidad de este ancestro. Aunque la elevación es un proceso continuo y no necesariamente un acontecimiento único, después de nueve días de alimentación y cuidados rituales, lo más probable es que tu antepasado esté mejor de espíritu.

Ancestralización

El desconocido verbo en inglés *"to ancestralize"*, que pudiera traducirse al español como *"ancestralizar"*, se acuñó probablemente cuando los antropólogos buscaban formas de describir las prácticas tradicionales africanas de veneración a los antepasados. Popularizado en los últimos veinte años por Malidoma Somé a través de sus cursos de ancestralización, el término significa literalmente *hacer que el alma de una persona fallecida se convierta en un antepasado.* Los rituales de ancestralización permiten que las almas se unan al linaje o a la conciencia colectiva de los antepasados. En otras palabras, *uno se convierte en antepasado al unirse a los que ya son antepasados.*

La ancestralización difiere un poco del trabajo del psicopompo y de la elevación: los psicopompos ayudan al alma a llegar a los reinos ancestrales y a entrar en ellos, pero no siempre garantizan que el alma se reúna con los demás antepasados ni que experimente las transformaciones que presumiblemente se producen tras la llegada a los reinos ancestrales. La elevación hace que el difunto pase de estados conflictivos y de baja vibración a estados más pacíficos y a vibraciones más elevadas, pero no siempre se puede enfatizar la conexión entre el recién fallecido y el linaje que le precede. La ancestralización me parece la más relacional entre estas tres formas de pensar y hablar sobre el proceso de convertirse en antepasado después de la muerte. Los antepasados más antiguos son una parte fundamental del proceso y pueden hacer que este tenga éxito o no. Además, el recién fallecido debe rendir cuentas, y al final, aprender a encarnar la sabiduría y la voluntad colectivas del linaje. No obstante, las tres formas de asistir a los muertos son válidas y buenas, y a menudo se mezclan en la práctica ritual. Por ejemplo, los practicantes que trabajan con regularidad asistiendo a los difuntos pudieran decir algo como: "hicimos una curación para fulano, lo trajimos a la luz y se unió a sus antepasados amados". En este ejemplo están presentes los tres elementos: elevación, psicopompa y ancestralización.

Durante los rituales de ancestralización los participantes invocan a sus amados, sabios y elevados antepasados para que reciban a los muertos. El éxito del ritual depende de una invocación eficaz de los antepasados solidarios, de su voluntad de acoger al recién fallecido en sus filas y de la capacidad de este para aflojar su dominio en este mundo. Esta transición es un rito de transición para el espíritu del difunto, un cambio de estatus de un ancestro que aún no lo es a un ancestro recién llegado, y una iniciación en la conciencia ancestral colectiva.

La preparación para el servicio como antepasado puede comenzar incluso antes de la muerte física. Como ha escrito Malidoma Somé: "El anciano aspira a convertirse en ancestro; es su siguiente estatus. Pudiésemos decir que el anciano es un antepasado en entrenamiento"[4]. Una vida auténtica de corazón y servicio es, en última instancia, nuestra mejor preparación para las nuevas responsabilidades que encontraremos en nuestra transición a los reinos ancestrales.

El siguiente ejercicio presenta una forma de ayudar a los muertos recientes. Se basa en elementos que se encuentran en el trabajo como psicopompo, en la elevación de los muertos y en la ancestralización. Este presupone que estás trabajando de manera activa en tu proceso interno (por ejemplo, en la curación emocional y el perdón) y que estás prestando atención a las finalizaciones mundanas relacionadas con tu ser querido (ver más atrás en este capítulo). El trabajo ritual con los muertos recientes se basa en las etapas anteriores del ciclo de reparación del linaje; en otras palabras, no te saltes pasos. Esto te ayudará a honrar la integridad estructural de esta progresión y aumentará tu eficacia y seguridad con el trabajo. Además, el siguiente ejercicio es el más adecuado cuando existe un nivel moderado de problemas y confusión entre los muertos recientes.

Antes de poner en práctica este ritual, por favor lee la siguiente sección que trata sobre el trabajo con casos difíciles para saber con qué te puedes encontrar. Por último, sé paciente y amable contigo mismo cuando aprendas cualquier habilidad nueva (ritual o de otro tipo), en especial cuando te dediques a las regiones sensibles del corazón. Esta etapa de reparación se ubica más cerca de la realidad y puede ser psicológica y espiritualmente intensa. Una vez más, procede a tu propio ritmo y busca el apoyo de aliados de confianza, sanadores y otras personas que trabajen regularmente con los antepasados.

EJERCICIO NUEVE
Guía espiritual para los muertos recordados

INTENCIÓN: Ayudar al alma de un familiar fallecido a reunirse con los antepasados.

QUÉ NECESITAS: Un dispositivo de grabación, un espacio tranquilo, ofrendas y cualquier otro apoyo para tu visualización (por ejemplo, un tambor, una canción, una oración, etc.).

En primer lugar, confirma que todos los antepasados estén bien en espíritu a lo largo del linaje existente entre el guía y la persona más lejana que se recuerda por su nombre. Cuando este sea el caso, los guías podrán dar permiso para que te acerques al antepasado recordado más antiguo, pero ten en cuenta que el trabajo como guía de almas se fundamenta en la "necesidad". Si este tipo de reparaciones son necesarias a lo largo del linaje, dirígete a los muertos recordados de uno en uno, desde el pasado más lejano hasta el presente. Esto puede implicar un proceso separado para cada uno, asegurándote de que las bendiciones de todo el linaje fluyan más cerca de ti en el presente a través de cada generación. Si tienes un fuerte apego emocional con la persona a la que intentas ayudar, considera hacer primero alguna variante del ejercicio 8 (página 150). Si los antepasados recientes y recordados ya están bien en espíritu, modifica el ejercicio a continuación para centrarte en extender las bendiciones de los guías más antiguos y del linaje a los antepasados recientes. Imagina que los muertos recordados están bien conectados con el linaje más antiguo. Recuerda tomártelo con calma y reforzar los cambios a medida que avanzas.

Como en los ejercicios anteriores, primero grabarás tu propia voz (o la de un amigo) leyendo la siguiente visualización guiada, y luego la reproducirás. También puedes pedirle a un amigo que te la lea en voz alta mientras la escuchas. Una vez que hayas hecho estos arreglos, busca un espacio propicio para el trabajo ritual. Una vez allí, haz lo que te ayude a **establecer el espacio sagrado y la intención ritual** (por ejemplo, encender una vela, quemar incienso, orar, etc.). Si es posible, identifica los puntos cardinales y considera sentarte cerca del centro del espacio ritual. Reproduce la grabación o pide a tu amigo que empiece a narrar.

1. *(Comienza la grabación)*. Tómate un tiempo **para centrarte física y emocionalmente**. Esto puede incluir hacer un poco de meditación o respiración, oración centrada, movimiento no estructurado o simplemente una pausa para recordar tu intención para el ritual. Puedes dejar que tus ojos se cierren o relajarlos en una mirada suave, libre de tensiones. Lleva tu respiración al centro de tu abdomen. Siente tus huesos, y siente el bombeo de tu corazón y de tu sangre. Deja que la luz de tu alma se expanda y brille desde tu cuerpo. Establece la intención de permanecer presente en tu cuerpo durante toda la visualización *(haz una pausa de uno a dos minutos)*.

2. Cuando te sientas centrado, **invoca a cualquier guía de apoyo** con el que ya tengas relación. Conecta con tu guía ancestral en el linaje específico en el que estás trabajando. Comparte tu intención con cualquier guía presente: ayudar al alma de un antepasado más reciente a unirse al linaje que le precede. Verifica que tengas el apoyo de los guías antes de proceder *(haz una breve pausa)*. Con el apoyo de tus guías, **explora el linaje anterior** hasta el individuo al que pretendes ayudar. Comprueba dos o incluso tres veces que el linaje hasta este punto esté bien integrado (si la respuesta es negativa, detente aquí y vuelve al trabajo de reparación del linaje en el ejercicio 7, página 140). Confirma que tengas la bendición de tus guías y del linaje antes de continuar *(haz una pausa de dos a tres minutos)*.

3. Si obtienes la bendición para proceder, dejando que los guías dirijan el proceso, **comienza por abordar cualquier energía pesada, difícil o conflictiva** en el espacio que rodea al individuo al que pretendes ayudar. Deja que los guías ancestrales hagan lo que sea necesario para desenmarañar el alma de

este antepasado de cualquier energía problemática, de modo que lo único que quede sea aquella que pretendes ayudar *(haz una pausa de dos a tres minutos)*.

4. Con el apoyo de tu guía, tómate un tiempo para estar en presencia del individuo fallecido. Si es apropiado, preséntate y hazle saber por qué estás aquí, pero no te apegues demasiado a la relación directa. Luego, ya sea interactuando con este individuo o manteniendo la presencia mientras los guías toman la iniciativa, **ayuda a la persona en transición a obtener un mayor nivel de brillo, integridad y bienestar en su cuerpo energético** (no hay una manera correcta o incorrecta de hacer esto, y puede resultar diferente cada vez que lo experimentes. De nuevo, deja que los guías dirijan este proceso). Continúa hasta que puedas calificar al inidividuo con un seis o más en términos de bienestar, sabiendo que este es un proceso que podría proceder en etapas y tomar algún tiempo *(haz una pausa de dos a tres minutos)*.

5. Cuando sientas que esta alma ha alcanzado un seis o más en bienestar, **verifica con tu guía si este individuo está listo para ser acogido y recibido por los antepasados** *(haz una pausa de un minuto)*. Si no es así, consulta a tu guía qué más hace falta. Es posible que el trabajo requiera varias rondas de compromiso ritual para el mismo individuo. Si es ese el caso, respeta eso; detente por ahora y vuelve más tarde para hacer un poco a la vez. También es posible que este futuro antepasado tenga alguna petición o desee comunicar algo a los vivos, algo que debe ocurrir antes de que esté preparado para dar el paso. Si es así, intenta averiguar de qué se trata. Escucha y considera su petición, sin hacer ninguna promesa que no puedas cumplir *(haz una pausa de un minuto)*.

6. Cuando esta alma esté preparada para unirse a los antepasados, lo hará. Como una gota de agua que se disuelve en el océano, el alma es absorbida por la energía colectiva. Es posible que percibas o veas elementos de este rito de paso: el final de un espíritu y el nacimiento de un antepasado, pero es poco lo que podrás hacer en este momento. **Tómate un momento para ser testigo y reforzar ligeramente el nuevo equilibrio.** Observa cómo este individuo es recibido en el reino ancestral. No lo sigas; solo observa desde la distancia y asegúrate de que esté encontrando su camino *(haz una pausa de uno a dos minutos)*. Puedes preguntarles a tus guías si hay **alguna acción**

sencilla que puedas realizar para celebrar o reconocer el cambio de estatus de este nuevo antepasado (*haz una pausa de un minuto*).

7. Cuando hayas terminado, **desvía la atención del linaje en su conjunto y vuelve a encontrarte en la presencia de tu guía**. Con el apoyo del guía, limpia cualquier energía densa residual que haya quedado en ti o en tu espacio (*haz una breve pausa*). Agradece a tus guías y despídete por ahora (*haz una breve pausa*).

8. Examina con cuidado tu espacio y tu entorno por última vez **para asegurarte de que estés realmente pleno** y libre de cualquier energía innecesaria (*haz una breve pausa*). Cuando estés preparado, abre los ojos y vuelve a prestar atención a tu cuerpo físico y a tu entorno. Si te resulta útil, puedes tomar algunas notas sobre lo que has observado (*finaliza la grabación*).

Recuerda trabajar de forma constante, paciente y sistemática con los antepasados conocidos, avanzando desde el pasado hasta el presente. Solo acércate a tu abuelo en espíritu cuando su padre (tu bisabuelo) se haya unido a los antepasados que se encuentren bien en espíritu. Solo acércate a tu padre en espíritu cuando su padre (tu abuelo) esté bien y asentado con el linaje anterior a él. De esta manera, eventualmente llegarás a una etapa en la que todos los que estén por encima de ti en cualquier estirpe se habrán unido a los antepasados elevados y brillantes.

Cuando los antepasados del linaje directo (padres, abuelos, bisabuelos) están todos bien en espíritu, puede surgir la preocupación por los hijos, nietos o incluso bisnietos que le preceden en la muerte. Esto plantea dos consideraciones importantes: ¿cómo afecta la muerte al viaje hacia los antepasados cuando los padres o abuelos aún están vivos, y cómo difiere la experiencia posterior a la muerte de los niños pequeños, si es que difiere, de la de los adultos?

Según mi experiencia, la asistencia a las generaciones más jóvenes para reunirse con los antepasados sigue los mismos pasos básicos. A menos que los amorosos antepasados aconsejen lo contrario, los hijos varones se unirán a los antepasados del linaje de su padre, y las hijas mujeres irán a estar con sus madres ancestrales. Por ejemplo, si tu hija ha fallecido y quieres asegurarte de que ahora esté con los antepasados, puedes contactar con los antepasados sanos del linaje materno de su madre. Si este contacto parece desalentador, consulta con las sabias y amorosas abuelas de sus propios linajes sobre cómo ayudar. Puede que estén dispuestas a acompañar a los espíritus de los niños al linaje que más les convenga en ese momento. Como siempre que se ayuda a los espíritus de los familiares fallecidos, cuida tu propio bienestar emocional en todo momento y deja que los antepasados mayores guíen el proceso.

Recuerda que los antepasados no siempre son "viejos", y que incluyen los espíritus de aquellos que vivieron en la Tierra solo como niños. Por lo general, estas almas son antepasados que regresan a la Tierra y no necesariamente seguirán apareciendo como niños después de su muerte. En cualquier caso, el fallecimiento de los niños pequeños merece el mismo cuidado y consideración que el de los adultos y ancianos. Esto incluye a los espíritus de aquellos que culminan su breve encarnación en un mortinato, un aborto espontáneo o un embarazo interrumpido. Una vez más, no hay una manera correcta de honrar a los espíritus de los niños pequeños y de los que aún no han nacido, pero su contacto con la vida encarnada debe ser honrado de alguna manera, y los rituales para llorar y honrar a los jóvenes incluirán idealmente a los amorosos y sabios antepasados. En todo caso, los que mueren jóvenes parecen tener más facilidad para volver a los antepasados que los adultos, que forman fuertes vínculos y un complejo sentido de identidad a lo largo de muchos años de vida en la Tierra. El mayor reto suele estar en la familia viva, especialmente en los padres, a los que puede resultarles difícil liberar por completo a las almas que parten jóvenes de esta vida. Después de que los niños se hayan asentado realmente en el linaje, pueden aparecer a veces como guías de apoyo, ancianos del linaje que vinieron a la Tierra solo brevemente, pero que continúan fuertes y maduros en espíritu.

Asistencia ritual para los antepasados de la familia extendida

Cuando todos los antepasados a lo largo de cualquier linaje están bien y en paz, esto puede ser suficiente para que procedas a la etapa final del trabajo de reparación ancestral (revisar el capítulo 9). Sin embargo, es posible que los guías ancestrales deseen ayudar también a los espíritus que no están en el linaje directo, pero que, no obstante, son familia. Estos pueden ser hermanos, tíos, primos, cónyuges, suegros y familiares por adopción. Recuerda preguntarles a los guías ancestrales si quieren o no que realices este trabajo en este momento. Cuanto más se aleja tu enfoque del linaje directo, más comienza tu trabajo ancestral a caer bajo la jurisdicción de otros linajes. Esto hace que sea muy importante que cualquier asistencia ritual para la familia extendida sea apoyada por los guías ancestrales en lugar de ser impulsada solo por el deseo y la preocupación personal.

Cuando los antepasados aprueben la ayuda a los miembros de la familia extendida, primero hay que asegurarse de que todos los antepasados del linaje directo estén vibrantes y en paz. El bienestar del linaje directo sirve como ancla y fundamento desde el cual ayudar a los espíritus de la familia extendida. A continuación, evalúa el grado de conexión ancestral (alto, medio o bajo) entre el individuo al que deseas ayudar y el linaje ancestral en el que te has centrado. Por ejemplo, si estás trabajando con el linaje de tu abuela materna, entre los familiares extendidos que estarían fuertemente vinculados con estos antepasados se encuentran las hermanas de tu abuela, las hermanas de tu madre (de la misma madre), las hijas de las hermanas de tu madre (algunas primas) y tus propias hermanas (siempre que sean hijas de tu madre de este linaje). En este ejemplo, todas estas mujeres comparten una afinidad intrínseca, a nivel celular, con esta línea de sangre materna. Por lo tanto, cualquier ayuda ritual debería fluir de forma natural a partir de tu trabajo con el linaje de enfoque. Cuando el vínculo es fuerte, simplemente sigue las guías y consulta la progresión básica del ejercicio 9, "Guía espiritual para los muertos recordados".

Los individuos que tienen algún parentesco de sangre pero que no están directamente en el linaje de enfoque tendrán un nivel medio de conexión con los antepasados. En el linaje de tu abuela materna, los antepasados con un grado medio de afinidad incluirían a los hermanos varones de tu abuela, a los hermanos varones de tu madre (de la misma madre) y a tus propios hermanos varones (siempre que también sean hijos de tu madre). En estos ejemplos, lo ideal es que el padre de tu abuela y su grupo reciban a los hermanos varones de ella, que tu abuelo materno y su grupo acojan a tus tíos maternos varones y que tu padre o tu abuelo paterno acojan a los espíritus de tus hermanos varones. Por lo general, los hombres se unen a los hombres y las mujeres a las mujeres.

Considera el caso de una prima por parte de tu madre. Si esta prima es hija de una de las hermanas de tu madre, el vínculo sería fuerte con el linaje de tu abuela materna. Si, por el contrario, es hija de un hermano varón de tu madre, la afinidad con el linaje de enfoque sería moderada. Esta persona tendría una afinidad más fuerte con el linaje de su madre (tu tía por matrimonio) y la madre de su madre hacia atrás en el tiempo.

Un nivel de vinculación bajo caracteriza a los individuos que consideramos familia pero que no están emparentados por sangre. Esto incluye por lo general a los cónyuges y a los suegros, a la familia adoptiva y a otras relaciones de adopción. Si el vínculo es moderado o bajo entre tu linaje de enfoque y la familia extendida a la que pretendes ayudar, pregúntales a tus guías ancestrales cómo proceder. Puede que simplemente quieran que hagas oraciones y ofrendas benéficas para la sanación y la felicidad del miembro de la familia extendida en cuestión. En lugar de que los antepasados de otros linajes lleguen al sitio para reunir a los suyos, puede que tus antepasados prefieran acompañar al espíritu necesitado hasta sus antepasados. El espíritu de los antepasados del difunto también pudiese dar un paso adelante para ayudarle en la transición; si esto ocurre, asegúrate de que tus propios guías y maestros estén fuertes contigo y de que solo recibas a los antepasados sanos y amorosos en tu espacio de trabajo ritual. Con el tiempo, los antepasados de la familia extendida que estén bien en espíritu también podrán servir como aliados y maestros ancestrales, en especial cuando están en paz con el linaje mayor.

Trabajar con muertos y espíritus relacionados con serias dificultades

La cultura popular está repleta de historias de muertos aterradores: embrujos, vampiros, zombis, *poltergeist* y otros horrores, tanto sangrientos como sutiles. Aunque esto pudiese reflejar el lado sombrío no resuelto de nuestra psique cultural, la idea de personas muertas agresivas, violentas o problemáticas de otro tipo también es bastante común entre muchas culturas. Por poner algunos ejemplos:

- La chamán mongola Sarangerel Odigan describió a los *chotgor* como almas hostiles y celosas de personas que murieron a menudo de forma repentina o conflictiva, y escribió que "son la principal causa de las enfermedades humanas"[5].

- En Burkina Faso, África Occidental, Malidoma Somé escribe que "se cree que los antepasados insatisfechos son los instigadores de la muerte violenta"[6].

- Los practicantes de Ifá/Òrìṣà en la Nigeria de habla yorùbá y en la diáspora africana ven a los antepasados (egúngún) como fuentes tanto de bendición como de peligro. Son capaces de proteger la vida y también de provocar una muerte prematura.

- Martín Prechtel detalla cómo en la tradición maya tz'utujil, el alma de un recién fallecido que no se une a los antepasados puede volver a este mundo, donde "temeroso e invisible, se instala en el cuerpo de la persona más tierna y familiar que pueda encontrar". A partir de ahí, el espíritu consume la vida de esa persona. "El alcoholismo, la adicción a las sustancias, la mayor parte de las depresiones, el homicidio, el suicidio, las muertes prematuras, los accidentes y la adicción a las discusiones fueron causados por el hambre infinita de tales espíritus"[7].

- La visión de los antiguos nórdicos y vikingos sobre los *draugr* o muertos fantasmales sigue siendo conocida en toda Escandinavia y es reconocida por los practicantes contemporáneos de las tradiciones nórdicas.

- En el judaísmo, la palabra yidis *dybbuk* se refiere a uno de los muertos reposados o problemáticos que interfiere con una persona viva.

Los fantasmas atribulados suponen un riesgo real para la salud y la felicidad de los vivos. Por mi experiencia, estimo que no más de dos tercios de los espíritus de los que mueren en Estados Unidos consiguen llegar al círculo mayor de los antepasados en el primer año posterior a su muerte. Del tercio que no consigue hacer esta transición, unas tres cuartas partes de ellos serán casos relativamente comunes de un muerto no elevado, de un espíritu común o de un antepasado que aún no lo es. En otras palabras, no son malvados o están apegados a permanecer en un estado de espíritu; simplemente no lograron cruzar, y nadie ha estado pendiente de ellos. Ahora están perdidos hasta cierto punto, y al igual que los niveles bajos de radiación, son más bien un problema pasivo y de lenta manifestación para los vivos. Cada año mueren en Estados Unidos unas 2.5 millones de personas, por lo que haciendo estimaciones, estamos hablando de ochocientos mil nuevos "fantasmas estadounidenses" al año, y de ellos, doscientos mil nuevos muertos atribulados[8]. Incluso si no tienes ningún fantasma con problemas entre tus antepasados recientes, es estadísticamente probable que te los encuentres tarde o temprano en tu vida cotidiana.

En el ciclo de reparación del linaje, lo que es importante recordar es que cada fantasma desagradable que solía estar encarnado en forma humana en la Tierra es también el hijo de alguien y posiblemente el padre de alguien. Los asesinos, los violadores, los sociópatas, los dueños de esclavos, los dictadores y otros muertos aterradores tienen familias y antepasados propios, y es posible que un individuo de tus linajes recientes encaje en esta descripción. ¿Cuál es la mejor manera de relacionarse con estos antepasados de linaje despreciados, en especial cuando determinas que ahora están en una condición similar o peor que en su vida en la Tierra? Aunque algunos maestros animan a rechazar o de plano ignorar a estos parientes, hay formas de asistir con seguridad incluso a los muertos más problemáticos y establecerlos como antepasados familiares respetados. En mi opinión, este es uno de los actos más sagrados y necesarios de reparación familiar y cultural que podemos emprender. Si ves que algunos de tus antepasados permanecen en una condición problemática y estás dispuesto a asistirlos, asegúrate de ser más precavido en el trabajo de reparación ritual.

Proceso de ocho pasos para ayudar a los fantasmas especialmente atribulados

Este tipo de trabajo ritual es el material más arriesgado que se presenta en este libro, en parte porque existen tantos escenarios posibles, cada uno con sus propios parámetros de abordaje. Con el fin de presentar un aspecto complejo y potencialmente inseguro del ritual a lectores que tal vez nunca conozca, ofrezco a continuación una lista de control o esquema de decisiones para el trabajo con los muertos especialmente atribulados. Como con cualquier manual de instrucciones, toma precauciones: las condiciones sobre el terreno pueden variar, así que confía en tus guías ancestrales, en tu instinto y en tus límites personales. Si te encuentras en una situación difícil, busca el apoyo de un aliado o mentor vivo, idealmente alguien con experiencia en la relación con los muertos.

Al abordar las reparaciones rituales con fantasmas problemáticos, sugiero el siguiente proceso como base para elaborar el ritual:

1. Consolidar el apoyo ancestral existente.
2. Hacer oraciones y ofrendas preliminares.
3. Resolver la participación de las entidades no útiles.
4. Resolver los apegos innecesarios con los vivos.
5. Abordar las cargas y maldiciones ancestrales.
6. Guiar las reparaciones del alma y la curación energética.
7. Facilitar la transición voluntaria de los difuntos.
8. Reforzar un nuevo equilibrio.

En un caso especialmente difícil, puede ser necesario observar todas las etapas de reparación ritual antes mencionadas. También puede que haya que repetir los rituales en cualquier etapa para abordar de forma plena cada preocupación antes de pasar al siguiente paso. Sé tenaz y paciente, y al final llegarás a un punto de inflexión en el que los amorosos antepasados darán la bienvenida al espíritu del difunto. Como todo el trabajo ritual en el ciclo de reparación es consecuencia de las sólidas relaciones con los guías ancestrales, recuerda seguir su ejemplo con respecto a cuándo y cómo involucrar a los muertos atribulados.

1. Consolidar el apoyo ancestral existente

Si los guías avalan tu intento de ayudar al muerto atribulado, confirma que el linaje anterior al espectro esté en excelentes condiciones y preparado para recibir a este individuo. Si el linaje no está en estas condiciones, concéntrate en él hasta que la situación lo permita. Por ejemplo, digamos que tu padre era una persona abusiva y se quitó la vida, y lo ves todavía en un estado conflictivo y mezquino. Antes de un ritual, tendrías que asegurarte de que tu padre y los hombres que le precedieron, así como su madre y las mujeres que le precedieron, estén todos vibrantes en espíritu y dispuestos a ayudar. Al invocar el apoyo ancestral existente y al ser minucioso en la reconstrucción de la infraestructura del linaje antes de involucrarte de manera directa, harás tres cosas: ayudarás a que el cambio deseado ocurra más rápidamente, reducirás los riesgos innecesarios y alentarás a la persona muerta y al linaje en general a estabilizarse en un patrón saludable.

2. Hacer oraciones y ofrendas preliminares

Después de confirmar el apoyo de los antepasados hacia el trabajo de reparación, te animo a que hagas oraciones y ofrendas en nombre del difunto con problemas antes de cualquier intervención directa. En las oraciones, deja clara tu intención de sanación personal, familiar y ancestral, y pon en marcha las reparaciones a nivel espiritual. Presenta cualquier ofrenda a los guías más antiguos con la intención de que las energías positivas beneficien al difunto. Tales oraciones y ofrendas despejarán el camino para una intervención ritual más implicada y establecerán vías por las que podrán fluir la sanación y las energías. Creo que la mayoría de las reparaciones necesarias (si no todas) pueden realizarse mediante oraciones y ofrendas de corazón, con pocos de los riesgos de la intervención directa. Si prefieres este enfoque, puedes visualizar al difunto desde la distancia, rodeado de los antepasados brillantes y amados, y junto con los ancianos del linaje, puedes mantener una oración en tu corazón por la felicidad del difunto.

3. Remediar la participación de entidades no útiles

En la cultura de la psicoterapia y la recuperación, existe la idea popular de que alguien que lucha contra la adicción, en realidad no podrá sumergirse en su trabajo interior y en su curación hasta que no aborde primero el comportamiento adictivo. Esto implica que cualquier sustancia intoxicante es su propia fuerza o espíritu, y que su presencia impide que surja un nuevo equilibrio. Imagina que eres médico y un paciente entra en tu consulta con un murciélago vampiro pegado al cuello y una bala alojada en el brazo: naturalmente, darías prioridad a la eliminación del murciélago y de la bala antes de tratarlo. La idea es la misma en el plano espiritual. Aunque hay pocos términos en nuestro idioma para los diversos tipos de entidades espirituales poco útiles, estas son reales y pueden impedir que un muerto atribulado se una a los antepasados. Estas entidades a menudo se alimentan de la energía de su entorno y del fantasma al que están asociadas, del mismo modo en el que los fantasmas pueden alimentarse de los vivos. Estos seres pueden tener una vibración débil y ser poco sofisticados (imagina mosquitos o percebes), o pueden ser inteligentes, potentes y desagradables (imagina secuestradores o una madre osa vigilando a su presa).

Si las entidades espirituales problemáticas están vinculadas al alma a la que deseas asistir, deja que los guías tomen la decisión sobre cómo proceder. El tratamiento y/o reubicación pertinentes dependerán de la naturaleza del espíritu, y los guías están mejor posicionados para manejar este tipo de situación. Las energías débiles o inanimadas a veces pueden desconectarse, barrerse o limpiarse directamente. Otros fantasmas conectados de maneras poco útiles con el muerto con el que estamos trabajando pueden necesitar desconectarse y hacer una transición ellos mismos. Los fantasmas más poderosos puede que requieran apaciguarse y una hábil negociación antes de liberar su apego a los muertos, y probablemente no apreciarán la intimidación o que se les pase por alto si tratas de hacer una transición directa con el difunto. En la mayoría de los casos, he comprobado que lo mejor es convencer al espíritu poco servicial de que será más feliz en algún otro lugar o condición específica. Cuando te dirijas a entidades poco serviciales, asegúrate de que tú o los que estén cerca de ti no se conviertan en un nuevo objetivo (es decir, en alimento) para la entidad inútil, y de que mantengas límites energéticos claros con los poderes a los que te diriges. Una vez que estas entidades hayan sido despejadas, limpia cualquier energía residual que haya quedado en ti, en el espacio ritual y en el muerto al que quieres ayudar, de la misma manera que desinfectarías una herida después de extraer un objeto extraño. De nuevo, pide ayuda a los maestros o guías vivos si sientes que estás fuera de tu zona de confort.

4. Resolver los apegos inútiles con los vivos

A veces, los muertos recientes permanecen vinculados a esta dimensión a través de un miembro vivo de la familia de una forma que, por decirlo educadamente, no es útil. Los fantasmas tienden a buscar a los parientes cercanos, a los niños o a cualquier persona de la familia que sea más susceptible. Aunque la posesión total por parte de un fantasma problemático es posible, lo más habitual es que el no antepasado viaje con un miembro vivo de la familia o resida en su casa compartida, sin incorporarse totalmente al cuerpo de los vivos. Si descubres que un antepasado familiar reciente necesita liberar un apego a un pariente vivo, tendrás que enfrentarte a un dilema ético sobre la intervención en la vida de otros sin su consentimiento. Considera este ejemplo teórico:

Tienes una hija de treinta años que lucha contra el alcohol y vive en la otra punta del país. Es una madre soltera con un historial de depresión y un niño pequeño en casa, y te preocupa una posible negligencia. Tu hija no te habla en este momento, y ha dejado claro que no está interesada en ningún ritual extraño ni en que ores por ella, y que no necesita que la salves. A partir de tu trabajo con los antepasados, te das cuenta de que tu madre fallecida también está mal y ha estado unida a tu hija durante años. El linaje anterior a tu madre está bien de espíritu, y esos guías te animan a desatar el espíritu de tu madre de tu hija y ayudar a tu madre a hacer finalmente la transición. Pero te preocupa que esto sea invasivo o desestabilizador para tu hija y que también pueda poner en peligro a tu nieto. Los guías confirman que esto es una posibilidad, porque si tu madre se va para unirse a los antepasados, la psique de tu hija seguirá fragmentada, y necesitará una reparación del alma. Dicen que solo deberías hacer el trabajo para tu madre si también estás dispuesto a hacer algún tipo de trabajo para reparar el alma de tu hija. Añaden que pueden hacer una buena versión de este trabajo a distancia sin contactar con tu hija en persona. Pero también dicen que siguen existiendo riesgos, y que la elección de cómo proceder es tuya.

¿Puedes justificar hacer la recuperación o reparación del alma de otro ser humano vivo sin su consentimiento, en especial cuando ella te ha pedido explícitamente que no te involucres? Si decides intervenir en una situación como esta y se producen consecuencias perjudiciales, ¿eres entonces responsable? Si decides no intervenir, ¿eres responsable de otra manera? Son preguntas complicadas, con más de una respuesta correcta. En lo personal, solo he visto un puñado de casos como ese a lo largo de los años. Siempre que los guías ancestrales apoyen el trabajo, tiendo a animar al practicante vivo a intervenir con oraciones y el apoyo de los guías para desenredar y hacer la transición del antepasado reciente, y después proceder con los vivos si es necesario.

5. Abordar las cargas y maldiciones ancestrales

Otro factor de complicación son las maldiciones. Son relativamente raras, al menos en mi experiencia de la cultura americana. Al igual que los virus informáticos, son energías extranjeras que pueden parecer integrarse en la energía del anfitrión, y pueden ser involuntarias o dirigidas. Una maldición puede aparecer como una configuración de energía sutil o como un espíritu animado en el aura o cuerpo energético de alguien. Las maldiciones no intencionadas o autogeneradas pueden incluir votos imprudentes pero poderosos, autohechizos y creencias autodestructivas transmitidas durante generaciones. Por ejemplo, una persona podría hacer el voto de que: "si dejan vivir a mi mujer, juro que dedicaré mi vida a Dios y asistiré a la iglesia todos los domingos". Cuando la esposa se recupera, pero su marido no cumple su acuerdo con el Espíritu, puede crearse una deuda con serias consecuencias. Este tipo de acuerdos a veces se hacen con fuerzas, deidades o poderes espirituales que luego buscan ejecutarlos. Un verso (Ìrosùn Òfún) de la tradición Ifá/Òrìṣà habla de una mujer, Olúróunbí, que anhelaba tanto experimentar la maternidad que hizo un acuerdo con el espíritu de un árbol sagrado ìrókò de que eventualmente le devolvería su hijo[9]. Cuando el hijo, un varón, llegó a ser adolescente, el espíritu del ìrókò vino a reclamar la vida de este. Olúróunbí corrió aterrorizada hasta Òrúnmìlà, el jefe de los adivinos, quien realizó una difícil intervención con el ìrókò para salvar la vida del muchacho. Como la mujer recordó el trato original, ella pudo, con la ayuda del adivino, renegociar estas viejas deudas de manera consciente. Pero sin este conocimiento y las habilidades del adivino, el hijo de Olúróunbí probablemente habría muerto joven. Este tipo de maldiciones involuntarias autogeneradas pueden seguir desarrollándose a lo largo de generaciones hasta que se desentrañen en su origen y los poderes implicados sean lo suficientemente honrados y apaciguados.

Las maldiciones intencionales suelen provenir de alguien que tiene tanto el conocimiento como la voluntad de poner su hostilidad en acción de una manera enfocada y ritualizada. Desmarañar las maldiciones de la vieja escuela está más allá del alcance de este libro. Si decides adentrarte en este terreno, de nuevo, consulta con tus guías en todo momento e intenta trabajar en la raíz del problema. Honestamente, no me he encontrado con muchas maldiciones intencionales aquí en los Estados Unidos, pero sé que algunos colegas ven "maldiciones" donde yo veo patrones intergeneracionales y creencias inútiles arraigadas. Si de verdad te encuentras con una maldición tradicional bien elaborada, trabaja estrechamente con tus guías, trata toda la situación con la debida precaución y considera pedir apoyo a alguien con la formación pertinente.

6. Reparación del alma del guía y curación energética

Una vez que estés seguro de que el espíritu del difunto está relativamente libre de influencias problemáticas, evalúa su temperamento y su condición energética y considera cómo vas a abordar la siguiente fase de reparación. ¿Está receptivo, pero todavía débil y fragmentado? ¿Es fuerte y está intacto en espíritu? ¿Es amistoso, está confundido o es beligerante? ¿Sabe que estás ahí y quién eres? El objetivo en esta etapa es preparar a los muertos para que se reúnan con sus antepasados amorosos y solidarios. Lo ideal es que ya estén en condiciones de hacer esta transición, pero si no es así, puede que tengas que trabajar con los guías para prepararlos. Imagínate tener un barco en condiciones de navegar para un largo viaje por el océano, o preparar un transbordador espacial para que abandone la atmósfera de manera segura.

La primera de las dos etapas de reparación consiste en asegurarte de que el alma a la que intentas ayudar está totalmente intacta y presente. Considera la posibilidad de preguntar si hay algo que no esté presente en la esencia de su alma y que necesite estarlo. Cuando apoyé a mi abuelo paterno en su transición durante el año 1999, primero me pareció que le faltaba la sección del abdomen donde se había disparado. Su cuerpo energético o aura era gris; simplemente no estaba ahí del todo. Los guías fueron a recuperar la parte de su espíritu que se había fragmentado. Cuando le devolvieron esa luz del alma, estaba más brillante, más completo y más capaz de reconocerme a mí y a su condición. Este tipo de reparación es similar a los métodos de recuperación del alma popularizados por Sandra Ingerman y otros, solo que en este caso el cliente ya no está encarnado en su forma física[10].

Una vez que una parte suficiente del cuerpo energético del difunto está presente, es posible que haya que realizar algún trabajo energético y de equilibrio para que esté en condiciones óptimas para la transición. Esta etapa final refuerza y confirma el nuevo estado del próximo a ser antepasado como un alma intacta y libre de influencias externas dañinas. En la práctica, esto puede verse de mil maneras diferentes, y puede incluir ver al difunto rodeado de amor y luz sanadora en la medida en que sea capaz de asimilar esta nueva energía. El objetivo aquí no es necesariamente facilitar una transformación radical de la conciencia, sino asegurarse de que el alma del difunto es lo suficientemente coherente e intacta como para comprender que está muerto y aceptar el viaje que le espera.

7. Facilitar la transición voluntaria del difunto

En muchos casos los guías ancestrales te pedirán que simplemente presencies su trabajo de reparación con los espíritus confundidos, beligerantes o peligrosos. Si te piden esto, sigue sus indicaciones y alégrate de no tener que involucrarte demasiado.

Por otro lado, puede que te coloquen en el papel de diplomático con apoyo ancestral, ya sea por tu propia formación o porque las reparaciones serán más eficaces si eres tú el mediador. En esta situación, con tus guías rodeándote y tu protección personal intacta, establece primero algún tipo de diálogo con el espíritu del fallecido. Si hay un alto nivel de negatividad o amenaza, puedes imaginarte un escudo energético protector como barrera transparente entre el difunto y tú.

Si aún no lo has hecho, preséntate y expón con humildad tu relación con el difunto, así como tus intenciones. Determina desde el principio si el aún no antepasado entiende que ahora está muerto. Si no es así, es posible que tengas que explicárselo con delicadeza, así como la importancia de unirse a los antepasados después de la muerte. Intenta comprender y abordar cualquier apego residual a esta dimensión. Los fantasmas demasiado protectores pueden necesitar entender que al liberarse en los brazos de los antepasados amorosos, podrán apoyar y proteger a los vivos con mayor eficacia. Enfrentarse a la autoridad y a la presencia de los antepasados más antiguos puede resultar aterrador para los que aún no hayan hecho su transición, así que sé compasivo. También pudieses estar en posición de transmitir mensajes a los vivos; solo asegúrate de no prometer nada que no puedas cumplir. Sé paciente en las negociaciones y recuerda que debes permitir que los guías dirijan el trabajo.

Una vez que el alma del difunto esté preparada para hacer la transición, guíala al reino de los antepasados sabios y amados. Como vimos con el trabajo de psicopompo, los destinos pueden ser hacia la Tierra, a través de las aguas, hasta los reinos celestiales o hacia la luz. Ve a donde sea que vayan los muertos que están bien en espíritu en tu tradición. Si es posible, asegúrate de que los antepasados reciban en el otro lado al que estás ayudando.

8. Reforzar un nuevo equilibrio

Después de esta transición, pregunta de vez en cuando por el difunto recién asistido para asegurarte de que se esté adaptando bien. Las ofrendas de corazón para celebrar a este nuevo antepasado son una buena manera de reforzar el cambio. Hacer cambios positivos en las relaciones con los miembros vivos de la familia también ayuda al muerto a asentarse en su nuevo papel. Para ellos, saber que alguien se ocupa de las cosas entre los vivos puede ser reconfortante. Las comunicaciones espontáneas a través de sincronicidades, intuiciones de vigilia y sueños pueden darte una idea de cómo están. También puedes preguntarles sobre ellos a tus guías ancestrales en rituales posteriores. Si es necesario, ofrece un ritual de seguimiento y una oración para apoyar la acogida plena de este nuevo ancestro por parte del linaje.

NUEVE

INTEGRACIÓN Y TRABAJO CON LA FAMILIA VIVA

Sabrás que has completado las etapas anteriores del trabajo de reparación del linaje una vez que los antepasados en tu estirpe, tanto lejanos como cercanos, se encuentren bien en espíritu y se hayan unido a los antepasados amados y solidarios. En esta quinta y última etapa, el trabajo con los ancestros se apoya en relaciones sanas y empoderadas con los miembros vivos de la familia. También conocerás los medios por los cuales los antepasados pueden comunicarse a través de los vivos (por ejemplo, la encarnación, la mediumnidad, la posesión) y aprenderás a aplicar prácticas con tus antepasados en pro del bienestar de la familia y los parientes vivos. Para cerrar la segunda parte de este libro, el presente capítulo concluye con información que te ayudará a llevar tu trabajo con los antepasados más allá del ciclo de reparación del linaje.

Oración por uno mismo, por la familia y por los descendientes

En esta etapa final sugiero orar con los guías y los antepasados del linaje por el bienestar de la familia y los descendientes. El ejemplo a continuación ofrece un punto de partida para la oración en voz alta. Aceptando la universalidad que supone la veneración de los antepasados, he incluido traducciones de esta oración en inglés a los otros cinco idiomas oficiales de las Naciones Unidas (español, árabe, chino, francés y ruso)[1]. Si hablas otro idioma, explora cómo te hace sentir la oración a los antepasados en esa lengua. Considera la posibilidad de incorporar elementos de meditación, ofrendas, cantos, movimientos rituales o cualquier cosa que apoye tu conexión con ellos.

La oración periódica y sincera, desde el corazón, es una gran práctica que ayuda a sanar el linaje ancestral. Mediante esta práctica, también puedes anclar las bendiciones ancestrales aquí en la Tierra y en el presente, tanto en tu vida personal como en la de tu familia. Recuerda incluir a los hermanos, a los hijos y a las generaciones futuras en las devociones, ya sea implícitamente o por su nombre, y dejar que el amor guíe tu práctica.

Oración de sanación para la familia

Oro para que todos mis ancestros estén felices y en paz.
Oro para que toda mi familia en vida esté feliz y en paz.
Oro para que yo esté feliz y en paz.
Oro para que todas la generaciones futuras de mi familia reciban
bendiciones y amor de los ancestros.
Para que los ancestros guíen mi camino, destino y propósito en esta
vida, y para que yo pueda vivir su amor
y sabiduría por el beneficio de todos los seres.
Que todos mis ancestros y familia estén felices y en paz. ¡Que así sea!

Prayer for Family Healing

May all my ancestors be happy and at peace.
May my living family be happy and at peace.
May I be happy and at peace.
May all future generations of my family receive only blessings and
love from our ancestors.
May my ancestors guide me on my path of destiny
and purpose, and may I embody their love and wisdom

for the benefit of all my relations.
May all my ancestors and all my family be happy and at peace.

PRIÈRE POUR L'APAISEMENT AU SEIN DE LA FAMILLE

Je prie que tous mes ancêtres soient heureux et en paix.

Que ma famille soit heureuse et en paix.

Que je sois, moi-même, heureux et en paix.

Que toutes nos générations futures ne reçoivent qu'amour
et bénédictions de nos ancêtres.

Que mes ancêtres guident mes pas, vers ma destinée et ma raison
d'être, et que je puisse personnifier leur amour et leur sagesse,
et en faire bénéficier tous mes proches.

Je prie que tous mes ancêtres et toute ma famille soient heureux et
en paix.

緬懷祖先

祈求祖先平安喜樂
祈求家人平安喜樂
祈求我心平安喜樂
祈求世代子孫承襲先人之福祉及庇蔭
祈求祖先引領我人生的道路及歸宿
闡揚先人福祉及智慧以造福人群
祈求祖先及家人都平安喜樂

Молитва о благополучии семьи

Пусть все мои предки будут счастливы и пребывают в мире и
спокойствии.

Пусть моя семья живет в мире и согласии.

Пусть я буду счастлив и спокоен.

Пусть все будущие поколения моей семьи получат только
благословение и любовь от наших предков.

Пусть мои предки ведут меня по моей судьбе к исполнению
жизненной цели, чтобы я мог обратить их любовь и
мудрость во благо всех окружающих меня.
Пусть все мои предки и вся моя семья пребудут в мире и
согласии.

دعاء لشفاء العائلة

أسأل الله أن يكون أجدادي سعداء وأن يكونوا بسلام

أسأل أن تعيش عائلتي بسعادة و سلام

أسأل أن أعيش بسعادة وسلام

أسأل أن تتلقى جميع الأجيال القادمة من عائلتي البركات و السّلام و الحبّ من أجدادنا

أسأل أن يرشدني أجدادي في حياتي ، و أسأل أن أجسّد حبّهم و حكمتهم لخير جميع الكائنات

أسأل أن يكون أجدادي و كلّ أقاربي و عائلتي سعداء و أن يكونوا بخير و سلام.

Encarnación, canalización y mediumnidad

Muchas tradiciones incluyen formas en las que la familia viva puede
encarnar o fusionarse con los espíritus de los antepasados sabios y
amados. Personificar, encarnar o incorporar a los antepasados significa
literalmente que están en nuestro *caro* (carne) y *corpus* (cuerpo). Los
espíritus de los antepasados están en la carne, dentro del cuerpo físico.
Las prácticas que requieren la encarnación intencional de los antepasados
suelen tener lugar en un espacio ritual o ceremonial y tienen un comienzo
y un final claros, lo que significa que el practicante no permanece
fusionado con los espíritus indefinidamente.

Encarnar temporalmente a los espíritus de los antepasados no significa
perder el sentido de la elección o la memoria sobre lo que ocurrió cuando
compartieron tu cuerpo. Tal desplazamiento de la conciencia es posible
en estados de posesión más fuertes; sin embargo, según lo veo, incluso
cuando las personas entran en tales estados siguen siendo responsables
de sus acciones. Sospecho que esta es una de las razones por las que la

posesión plena tiende a producirse en un contexto comunitario: los líderes ceremoniales y los seguidores comparten la responsabilidad del bienestar de los participantes, y con suerte pueden traerlos de vuelta si es necesario.

A continuación, destaco tres términos relacionados: *encarnación, canalización* y *mediumnidad,* cada uno de los cuales es una forma de pensar y hablar sobre nuestra capacidad de encarnar a los espíritus de nuestros antepasados. Fíjate cuál de estos lenguajes es el que más resuena en tu interior. También destaco tres tradiciones: la mongola, la nórdica y la de Ifá/Òrìṣà, cada una de ellas cuenta con prácticas relacionadas a la comunión ancestral. Si ya tienes una práctica similar, fíjate en cómo se comparan estos ejemplos con tu formación y experiencia.

Encarnar a los antepasados

Según la chamán buriatomongola Sarangerel Odigan, "una de las cosas que distinguen al chamanismo mongol y siberiano de algunas (pero no todas) las demás tradiciones chamánicas es la idea de que el chamán encarna realmente a los espíritus en muchos de los rituales que realiza". Sarangerel describió este estado de encarnación como *ongón orood:* "tener a los espíritus *ongón* dentro del cuerpo" y "el estado chamánico en el que el cuerpo del chamán es poseído por uno o más espíritus ayudantes chamánicos"[2]. Estos ayudantes pueden incluir guías ancestrales, el linaje como energía colectiva y otros espíritus conectados a nuestras estirpes humanas (revisar el capítulo 6 para más detalles sobre la elaboración de un ongón). Sarangerel creía que, entre las prácticas occidentales, la canalización era la más cercana a encarnar a los espíritus, y escribió: "La mayoría de los canalizadores en trance aprenden a cultivar un estado mental receptivo que permite a los espíritus canalizados hablar a través de ellos". Al encontrarse en condición de ongón orood, Sarangerel aconsejaba "no pensar demasiado en lo que hacen los espíritus. Es como si fueras un pasajero en tu propio coche, permitiendo que otra persona te lleve a un lugar que no conoces. Estás observando, pero no controlando". Sarangerel describía la encarnación de los espíritus como "el avance más importante para convertirse en chamán"[3]. En su tradición, los chamanes suelen llevar a cabo el trabajo ritual mientras encarnan a los espíritus.

Casi cualquier persona con intenciones sinceras puede encarnar a los espíritus de sus antepasados. La mayor parte de mi experiencia con esta práctica ha sido a través del trabajo de viaje chamánico o a través del ritual en la tradición de Ifá/Òrìṣà. También, en ocasiones, he sentido que me he fusionado con los antepasados durante los sueños, la meditación y el tiempo en solitario en la naturaleza, siempre voluntario y conservando intacta mi memoria. Durante los cursos de formación, he invitado a los participantes a acceder a estados de encarnación parcial específicos y no muy abrumadores. A menudo, los participantes son capaces de acceder a esta conexión directa en su propia práctica con los antepasados.

Hablar en nombre de los muertos

La *Saga de Eric el Rojo* del siglo XIII, ambientada en Groenlandia, describe con cierto detalle un ritual en el que participaba una vidente u oráculo (nórdico: *spákona*) que servía a su comunidad como portavoz de los antepasados. En el registro, la *spákona* (nórdico antiguo *spahen,* cognado con el inglés *see* + nórdico antiguo *kona:* "mujer" o "esposa") o "mujer que ve" asumía su lugar ante la comunidad en una especie de asiento elevado. A continuación, esta entraba en un estado de contacto directo con los antepasados y procedía a responder a las preguntas de los asistentes. Inspirados por este relato de hace setecientos años, algunos practicantes de las vías de honor a la Tierra del norte de Europa (por ejemplo, el etenismo, el ásatrú, el paganismo nórdico) han revivido y adaptado este ritual bajo el nombre de *seidh* oracular, *seidh* de asiento alto o trabajo *spae*[4]. Por ejemplo, la respetada autora y docente de tradiciones nórdicas Diana Paxson escribió: "A principios de los noventa, comencé a explorar formas de reconstruir el *seidh* oracular como una práctica mágica del norte de Europa que pudiera servir a la comunidad pagana"[5]. Las veces que he participado en rituales de *seidh* oracular con Paxson y su comunidad, un facilitador guiaba una visión grupal con cantos, oraciones y visualización guiada alrededor del Árbol del Mundo (nórdico antiguo: *Yggdrasil*) hasta las puertas del reino de Hela, la morada de los muertos. Todos los participantes permanecían fuera del umbral entre los vivos y los muertos, excepto la *spákona,* que se sentaba en una silla elevada frente a los presentes. Una vez que la vidente entraba en el reino de los muertos y se orientaba, un mediador ayudaba a los participantes a dirigir sus preguntas a la spákona y, por extensión, a los antepasados y a los dioses.

Durante los rituales seidh, he oído al médium responder en primera persona (por ejemplo "te habla tu abuela y debes hacer tal cosa"), así como en tercera persona (por ejemplo "tu abuela me dice que te diga que hagas tal cosa"). En ambos casos, la vidente sirve de intermediaria con los antepasados. Cuando hablan directamente a través de ella, la vidente puede ser guiada para servir de médium para los antepasados que estén conectados con otros participantes en el ritual, a la mayoría de los cuales no ha conocido y con los que probablemente no hablará después del ritual. La médium puede ser llamada a contactar con diferentes tipos de espíritus, además de los antepasados humanos. Este trabajo de trance tiene lugar durante varias horas, sin interrupción, a veces al servicio de más de cien participantes.

En el ritual seidh, la vidente viaja en espíritu o en un estado de trance ligero al reino de los antepasados y desde allí trabaja en nombre de una comunidad mayor. En una práctica mucho menos exigente, puedes visualizar y orar con tus antepasados y guías por el bienestar de tu familia, solo o en pequeños grupos de apoyo. Cuando se trabaja con antepasados con los que ya se ha establecido alguna relación, no es necesario abandonar el cuerpo para establecer una conexión; de hecho, puedes sentirlos presentes mientras estás en un estado ordinario de conciencia. Una vez que hayas hecho lo que te ayude a invocar su presencia, puedes armonizar sus intenciones con las tuyas mediante la oración, la meditación, el canto u otras devociones. Esto puede involucrar orar por la salud de los parientes vivos, visualizar a tu familia rodeada del amor y de las bendiciones de los antepasados, y permitir que los antepasados compartan parte de la responsabilidad que puedas sentir por el cuidado de tu familia. Al unir fuerzas con tus antepasados para procurar el bienestar de los vivos, posiblemente hasta el punto de incorporarlos de manera parcial o encarnarlos en espíritu, completarás un circuito entre nuestro mundo y el suyo y servirás de canal para las bendiciones ancestrales aquí en la Tierra.

Mediumnidad ancestral

Los practicantes de diversos linajes de la tradición Ifá/Òrìṣà tanto en Nigeria como en la diáspora africana, saben que una forma de invocar y celebrar a los antepasados es a través de la mascarada ancestral (egúngún). Se entiende que los médiums egúngún se encuentran en un estado de encarnación o posesión invocada de manera intencional y apoyada ritualmente con antepasados útiles. Estos iniciados encarnan mediante un ritual a los antepasados, a menudo a través de una danza espontánea altamente expresiva durante las ceremonias comunales, mientras llevan trajes coloridos y consagrados que cubren sus cuerpos de la cabeza a los pies (ver láminas 6 y 7). Los seguidores del ritual ayudan a invocar y mantener diversos grados de posesión para los enmascarados y siguen al médium (y a los antepasados que estos encarnan) a lo largo del ritual, acompañando a los enmascarados, posiblemente tomando nota de los mensajes hablados de los antepasados y, en general, atendiendo a los antepasados en sus formas encarnadas temporales.

En la cultura popular estadounidense, la posesión es una palabra densa. Nos vienen a la mente imágenes de posesiones involuntarias, turbadas y totales (por parte de espíritus poco amistosos) presentes en las películas de terror de Hollywood, por ejemplo *El exorcista* o *El resplandor*. Aunque en raras ocasiones los muertos puedan dominar el sentido de sí misma y el control corporal de una persona, aquí nos centramos en la posesión voluntaria por parte de los antepasados solidarios y amorosos. En esos casos y en general después de un período de entrenamiento, el médium humano invita conscientemente a los antepasados a entrar en su cuerpo, y el estado resultante es una incorporación o posesión (parcial o total) deseable, temporal y apoyada por la comunidad. La posesión total o completa se refiere a la inundación o desplazamiento del ego o yo personal, y puede ir acompañada de la pérdida de la elección propia y de la memoria de los acontecimientos mientras se está poseído. Uno es tomado, "dominado", y sujeto a los caprichos del espíritu o fuerza poseedora.

Estos estados de posesión más completos ocurren idealmente bajo la supervisión de ancianos entrenados. Los líderes experimentados en rituales pueden traer de vuelta al médium si es necesario, y pueden ayudar a regular la situación si los antepasados se presentan de forma descontrolada o con demasiada "intensidad". Mi experiencia personal con la posesión completa es limitada, e incluye la pérdida de memoria, aunque he sido partidario y participante en rituales con médiums en ese tipo de estados. Durante mis experiencias de encarnación de antepasados, incluso cuando les he permitido hablar con mi voz en un ritual comunitario, siempre he sentido que puedo volver al mando de ser necesario y que soy consciente de lo que ocurre a mi alrededor. Los estados de posesión parcial son más comunes. A mí me parecen muy similares a los estados de encarnación y canalización.

A menos que tengas un entrenamiento previo y un fuerte apoyo comunitario para el trabajo de posesión total, recomiendo que primero te sientas cómodo trabajando con estados de luz o encarnación parcial o fusionándote con tus antepasados amorosos. El ejercicio 10 que aparece a continuación te invita a explorar la fusión parcial con los guías ancestrales y, cuando lo hayas logrado, te insta a orar por tus familiares y descendientes vivos. La encarnación de los antepasados de linaje elevado también puede hacerse con la estirpe de enfoque en una etapa anterior de la progresión, es decir, antes de conocer a tus antepasados familiares más recientes. Solo asegúrate de que lo que estés encarnando de los antepasados sea energía brillante, amorosa y positiva.

&∞

EJERCICIO DIEZ

ENCARNAR EL LINAJE Y OFRECER
ORACIONES POR LOS VIVOS

INTENCIÓN: Encarnar a los guías y a los antepasados del linaje mientras se ora por los vivos.

QUÉ NECESITAS: Un dispositivo de grabación, un espacio tranquilo, ofrendas y cualquier otro apoyo para tu visión (por ejemplo, un tambor, una canción, una oración).

En este punto, todos los antepasados del linaje deberían estar bien en espíritu. Si tienes alguna duda de que este sea el caso, vuelve a los ejercicios 7 a 9 y atiende al linaje con paciencia, hasta que todos los muertos estén claramente asentados como antepasados brillantes y sanos.

Como en los ejercicios anteriores, primero grabarás tu propia voz (o la de un amigo) leyendo la siguiente visualización guiada, y luego la reproducirás. También puedes pedirle a un amigo que te la lea en voz alta mientras la escuchas. Cuando hayas hecho estos arreglos, busca un espacio propicio para el trabajo ritual. Una vez allí, haz lo que te ayude a **establecer el espacio sagrado y la intención ritual** (por ejemplo, encender una vela, ofrecer incienso, orar, etc.). Si es posible, identifica los puntos cardinales y considera sentarte cerca del centro del espacio ritual. Reproduce la grabación o pide a tu amigo que empiece a narrar.

1. *(Comienza la grabación)*. Tómate unos minutos para **centrarte física y emocionalmente**. Esto puede incluir un poco de meditación o respiración, una oración personal de centrado, un movimiento no estructurado o simplemente una pausa para recordar tu intención para el ritual. Puedes dejar que tus ojos se cierren o relajar la mirada. Lleva tu respiración al centro de tu abdomen. Siente tus huesos y el bombeo de tu corazón y de tu sangre. Deja que la luz de tu alma llene y brille desde tu cuerpo. Establece la intención de permanecer presente en tu cuerpo durante toda la visualización *(haz una pausa de dos a tres minutos)*

2. Cuando te sientas centrado, **invoca a cualquier guía de apoyo** con el que ya tengas relación. Conecta con el guía ancestral brillante del linaje en el que estés trabajando. Comparte con los guías presentes tu intención de encarnar suavemente este linaje de antepasados mientras rezas por los miembros vivos de la familia. Confirma que tengas su apoyo antes de continuar *(haz una pausa de uno a dos minutos)*.

3. **Invoca la experiencia y la conciencia (fuera de tu cuerpo) del linaje general** con el que estás trabajando, incluido el antepasado más reciente (puede ser un padre o un abuelo). Tómate un momento para confirmar que todas las personas de ese linaje estén realmente bien en espíritu *(haz una pausa de un minuto)*. Si descubres que no es así, cambia tu enfoque de este ritual para hacer reparaciones donde sean necesarias.

4. Si el linaje está bien en espíritu, **invita a su encarnación parcial**. En primer lugar, nota la luz o la presencia concentrada cerca de ti, pero aún fuera de tu cuerpo *(haz una breve pausa)*. Cuando estés preparado, permite

que esta energía comparta ligeramente el espacio de tu cuerpo físico, para fusionarse contigo a nivel literal y espiritual. Al hacerlo, estarás encarnando personalmente la luz y las bendiciones de este linaje ancestral, asumiendo aún más tu lugar en la línea *(haz una breve pausa)*. Invita a esta fusión solo en la medida en que sea adecuada para ti, y deja que el tiempo se diluya en la experiencia *(haz una breve pausa)*. Nota cómo se siente incorporar a estos antepasados y saber que eres parte de este linaje *(haz una pausa de uno a dos minutos)*.

5. Una vez que te hayas fusionado con el linaje y los guías ancestrales, **haz una oración con ellos por la familia viva**. Puedes comenzar con una oración por los ancianos vivos: padres, abuelos, tíos, hermanos mayores y cualquier otra persona que sea mayor que tú y esté conectada por sangre con estos antepasados *(haz una pausa de dos minutos)*. A continuación, ofrece una oración por ti mismo y por cualquier persona de tu generación: hermanos y primos. Visualiza a esos familiares recibiendo una bendición de salud y felicidad de estos antepasados *(haz una pausa de dos minutos)*. Por último, extiende una oración a las generaciones más jóvenes que estén vivas en este momento: tus hijos, sobrinos y nietos. Intenta mantener un estado de ligera fusión con el linaje, permitiendo que sus bendiciones para los vivos fluyan a través de ti *(haz una pausa de dos minutos)*.

6. Observa tu nivel de energía y comprueba si todavía te sientes fusionado de forma cómoda con el linaje *(haz una breve pausa)*. Si lo estás, **procede a hacer oraciones por todos los futuros descendientes de los linajes familiares**, todos los que aún no han nacido. Visualiza a aquellos que están por venir siendo bendecidos por los antepasados *(haz una pausa de dos minutos)*.

7. Cuando hayas completado estas oraciones, **visualiza tu energía personal separándose ligeramente de la presencia mayor del linaje y de los guías ancestrales** *(haz una breve pausa)*. Ahora que están fuera de tu cuerpo físico, afirma que te comprometes a encarnar sus bendiciones en tu vida, que dejarás que te apoyen y que quieres encarnar lo bueno de ellos *(haz una breve pausa)*. Pregúntales si hay algo más que quieran que sepas *(haz una pausa de un minuto)*.

8. Antes de terminar, haz una pausa **para asegurarte de que los antepasados y los guías estén relativamente separados de tu energía y espacio personales** con respeto al vínculo ancestral inquebrantable que también existe *(haz una breve pausa)*. Agradece a tus guías ancestrales y a los demás que te acompañaron, y despídete por ahora *(haz una breve pausa)*.

9. Explora con detenimiento tu espacio y tu entorno por última vez **para asegurarte de que estés realmente pleno** y limpio de cualquier energía residual *(haz una breve pausa)*. Cuando estés preparado, abre los ojos y vuelve a prestar atención a tu entorno. Si te resulta útil, toma algunas notas sobre lo que has experimentado o se te ha mostrado *(finaliza la grabación)*.

Completar el ciclo de reparación ancestral

Cuando sientas que tanto los antepasados recientes como los más antiguos estén bien en espíritu y las oraciones por la familia viva sean claras y sentidas, pregúntales a los guías si has completado el trabajo de reparación del linaje en el lado escogido de la familia. Si te responden que sí, asume que has restaurado la base de una relación saludable con ellos, y si te responden que no, pregúntales qué acciones pueden ayudar a llevar este linaje a un estado de bienestar. Para aquellos que tengan familia viva, los guías pudiesen querer que hagan reparaciones u otros cambios con los miembros de la familia extendida (revisar "Asistencia ritual para los antepasados de la familia extendida", página 165). Cuando los guías hayan confirmado que las cosas están bien, regresa al inicio del ciclo y repite las etapas de la uno a la cinco (capítulo 5 al 9) con los otros tres lados de la familia. Para recapitular, he aquí una lista de las cinco etapas de la reparación del linaje.

Las cinco etapas de la reparación de linaje

1. Reúne información sobre tus antepasados a partir de los miembros vivos de la familia y de la investigación genealógica. Decide con qué parte de tu ascendencia sanguínea comenzarás el proceso de reparación del linaje y establece los límites necesarios con aquellos que aún no estén en paz.

2. Conecta con guías ancestrales sabios y amorosos, y accede a sus bendiciones y dones.

3. Comprende las cargas y las bendiciones del linaje, y restaura la línea a un estado saludable hasta el tiempo de los muertos recordados.

4. Ayuda a todos los antepasados recientes a ser acogidos por los guías y por el linaje.

5. Apoya el trabajo de los antepasados en relaciones sanas y empoderadas con los miembros vivos de la familia.

Si no estás seguro de en qué linaje centrarte a continuación, vuelve al ejercicio 4, "Armonizar tus cuatro líneas primarias", página 94. Fíjate en la energía brillante del lado de la familia con el que has estado trabajando y consúltales a los antepasados dónde centrarte a continuación. Para cada uno de los cuatro ciclos de trabajo de reparación, permite al menos un mes o dos para encarnar realmente el cambio. Invita a los antepasados restaurados y vivificados del linaje a conocerse a lo largo del camino.

Una vez que se hayan completado las reparaciones a lo largo de cualquier linaje o cuando los cuatro linajes primarios estén en una condición vibrante, puede que también desees incluir un ritual sencillo para extender las bendiciones y el cuidado ritual a los restos físicos de tus antepasados. Esto se suele hacer a distancia; sin embargo, si tienes acceso a su lugar de descanso final, puedes optar por entrelazar esta intención con una visita a sus tumbas (revisar el capítulo 10, ejercicio 13, página 213). En resumen, muchas tradiciones sostienen que los restos físicos de los muertos siguen reflejando la energía o el estado del difunto en el momento de su fallecimiento. Los relicarios cristianos, las tumbas de los santos sufíes, los objetos rituales tibetanos hechos de hueso y muchas otras tradiciones implican la asociación intencional con los restos de antepasados ejemplares para recibir una bendición. Este mismo principio sugiere que los restos de los muertos atribulados llevarán o emanarán una energía de menor calidad. Si este es el caso, ¿qué ocurre cuando esos antepasados pasan por un proceso de sanación y elevación? ¿Significa esto automáticamente que sus restos reflejan ahora una nueva energía más beneficiosa? Aunque no presumo de tener respuestas definitivas a estas esotéricas preguntas, considera pedir a tus antepasados, ahora brillantes y curados, que extiendan sus bendiciones a los restos físicos de los muertos a lo largo de cualquier linaje. Puedes imaginarte esto como un proceso de pedir que la tumba, los huesos y las cenizas (en los casos de cremación) reflejen la nueva energía vibrante de tus linajes de una manera que también armonice con la Tierra y los espíritus del lugar. Simplemente plantea la cuestión a tus guías ancestrales y deja que te muestren lo que puede ser útil.

Cuando completes el trabajo de reparación con tus cuatro linajes primarios, el paso final del trabajo de reparación es armonizarlos ritualmente entre sí y en tu experiencia directa y encarnada con tus antepasados. Aunque completes el ciclo de sanación y reparación, la relación con los antepasados es continua, y a menudo surgirán oportunidades para relacionar a los antepasados y a los parientes vivos de forma sorprendente.

Armonizar los linajes ancestrales

Cuando todos los muertos recientes se han unido a los antepasados, es natural sentir curiosidad por la interacción de tus cuatro linajes primarios, tanto como energías distintas y como una familia singular o alma ancestral. Una forma de representar visualmente esta interacción de unidad y diversidad es volver a ver el mandala ancestral (revisar la figura 9.1).

Si tienes los nombres de tus cuatro abuelos y ocho bisabuelos, añádelos al mandala o rueda sagrada (siempre que hayan fallecido). Formar estas asociaciones puede ayudar a integrar el trabajo con los antepasados en tus prácticas actuales, e implica un respeto equitativo por las diferentes estirpes. Si aún no has organizado los nombres de esta manera, pregunta a tus antepasados si quieren ser honrados colocándolos en una determinada dirección. Invita a establecer asociaciones entre tus cuatro linajes primarios, los puntos cardinales y otras fuerzas de la naturaleza, deidades, lugares, colores, dones ancestrales, etc. Por ejemplo, como residente del hemisferio norte, asocio la dirección del sur con el fuego elemental, el color rojo y la estación del verano. Mi abuela Howell era una mujer del signo Aries, cariñosa, asertiva y de carácter fuerte, y así es también como se presenta ante mí como antepasado. Mi abuela y su pueblo

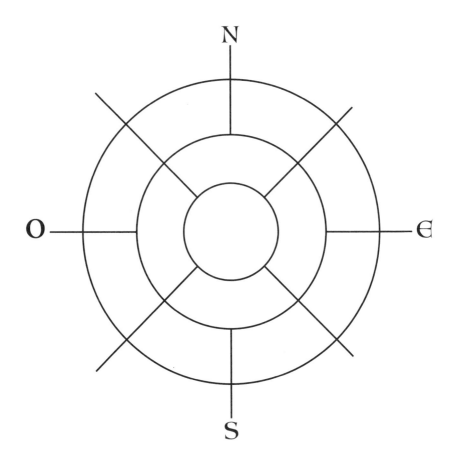

Figura 9.1. Mandala ancestral

parecen felices de asociarse con el fuego elemental y el sur en mi mandala.

Si el gráfico de la figura 9.1 te parece demasiado limitado, trabaja con una superficie mayor (por ejemplo, un lienzo o una cartulina) o con cualquier medio artístico que te resulte atractivo. Diviértete y sigue tu instinto creativo.

También se puede imaginar la interacción de los antepasados, los linajes y las estirpes individuales como una orquesta, con vientos, metales, cuerdas y percusión. Cuando las almas individuales de cada linaje están sanas y suenan con claridad, esa parte de la orquesta ancestral entra en sintonía consigo misma. Cuando las cuatro secciones están en sintonía consigo mismas, el sonido armonizado de toda la orquesta comienza a emerger, y puedes experimentar a tus antepasados familiares, brillantes y amorosos, como un único sonido, energía o conciencia. Recomiendo esta forma colectiva de relacionarse con los antepasados, ya que puedes enriquecer tu experiencia con ellos más allá del trabajo de reparación del linaje.

⚬⚬⚬

EJERCICIO ONCE

Armonizar tus cuatro linajes primarios

INTENCIÓN: Ofrecer un ritual en búsqueda de una experiencia de integración entre los cuatro linajes ancestrales primarios.

QUÉ NECESITAS: Un dispositivo de grabación, un espacio tranquilo, ofrendas y cualquier otro tipo de apoyo para tu visión (por ejemplo, un tambor, una canción, una oración).

Lo que sigue son en realidad tres rituales presentados como uno solo: la experiencia del pueblo de tu madre, del pueblo de tu padre y luego de ambos linajes como un colectivo armonizado. Procura ir despacio y ser minucioso. Con el tiempo, podrías considerar combinar los elementos de encarnación ancestral presentados en el ejercicio 10 con la experiencia de ellos como colectivo armonizado.

Como en los ejercicios anteriores, primero grabarás tu propia voz (o la de un amigo) leyendo la siguiente visualización guiada, y luego la reproducirás. También puedes pedirle a un amigo que te la lea en voz alta mientras la escuchas. Cuando hayas hecho estos arreglos, busca un espacio propicio para el trabajo ritual. Una vez allí, haz lo que te ayude a establecer **el espacio sagrado y la intención ritual** (por ejemplo, encender una vela, ofrecer incienso, orar, etc.). Si es posible, identifica los puntos cardinales y considera sentarte cerca del centro del espacio ritual. Reproduce la grabación o pide a tu amigo que empiece a narrar.

1. *(Comienza la grabación).* Tómate unos minutos para **centrarte física y emocionalmente**. Esto puede incluir una meditación, una oración personal de centrado, un movimiento no estructurado o una pausa para

recordar tu intención para el ritual. Puedes dejar que tus ojos se cierren o una mirada relajada. Lleva tu respiración al centro de tu abdomen. Siente tus huesos y el bombeo de tu corazón y de tu sangre. Deja que la luz de tu alma llene tu cuerpo. Establece la intención de permanecer presente en tu cuerpo durante toda la visualización (haz una pausa de dos a tres minutos).

2. Cuando te sientas centrado, **invoca a los guías de apoyo** con los que ya tengas relación. Conecta con los guías ancestrales brillantes de los cuatro linajes con los que has estado trabajando. Verifica en cada uno de estos cuatro linajes que los antepasados estén bien y en paz. Si tienes la impresión de que es necesario trabajar más con algún linaje, cambia el enfoque del ritual para abordarlo. Comparte con los guías tu intención de armonizar tus cuatro linajes primarios y pide su bendición antes de continuar (haz una pausa de dos a tres minutos).

3. **Del lado de tu madre, invita a los linajes de tus abuelos y abuelas maternos y paternos a que se mezclen y entrelacen en un único río o corriente de conciencia ancestral.** Si hay algún obstáculo para esta fusión, trata de entenderlo y abordarlo. Observa cómo estos dos linajes se convierten en uno solo fluyendo a través del espíritu de tu madre (especialmente si es un antepasado) o tanto alrededor como a través de ella (si todavía está viva). Como dicen algunas tradiciones, podrías sentir que el lado de la madre está en el lado izquierdo de tu cuerpo. Comprueba qué lado te parece correcto (haz una pausa de dos a tres minutos).

4. **Del lado de tu padre, invita a los linajes de tus abuelos y abuelas maternos y paternos a que se mezclen y se entrelacen en un único río o corriente de conciencia ancestral.** Si hay algún obstáculo para esta fusión, trata de entenderlo y abordarlo. Observa cómo estos dos linajes se convierten en uno solo fluyendo a través del espíritu de tu padre (especialmente si es un antepasado) o tanto alrededor como a través de él (si todavía está vivo). Las tradiciones que he estudiado asocian el lado derecho del cuerpo con los antepasados del lado paterno. Haz lo que te parezca correcto (haz una pausa de dos a tres minutos).

5. **Una vez que los cuatro linajes primarios aparezcan como dos linajes integrados, fíjate cómo se sienten estas dos corrientes de**

energía fuera de tu cuerpo: el linaje combinado de tu padre en tu lado derecho, y el linaje combinado de tu madre en tu lado izquierdo. Observa y aprecia estas dos complejas y vibrantes fuentes de energía ancestral, y practica sentir el apoyo de ambos linajes a tu espalda y a tus lados *(haz una pausa de dos a tres minutos)*.

6. Confirma con tus guías y con tu propio instinto que estés preparado para dar el siguiente paso; lo que ya has hecho pudiese ser suficiente por ahora. Si es así, avanza hacia la finalización (haz una breve pausa). Si obtienes un sí para continuar, **invita a los dos ríos ancestrales del lado de tu padre y de tu madre a que se mezclen y se entrelacen fuera de tu cuerpo** en una sola corriente energética, una especie de emblema o vibración. Puedes visualizar o sentir esto frente a tu cuerpo físico como una luz o energía mezclada. Observa la calidad y el carácter distintivo de esta mezcla de conciencia ancestral y familiar *(haz una pausa de dos a tres minutos)*.

7. Una vez que percibas la luz armonizada de tus antepasados sanguíneos fuera de tu cuerpo, **invita con respeto al menos a una parte de esta luz ancestral a unirse a tu núcleo**: tu corazón o centro abdominal *(haz una breve pausa)*. En lugar de entrar profundamente en estados de trance y encarnación, procura que esta práctica sea manejable y mantén los pies en la tierra. Invita a su luz, que también es tu luz, a infundir suavemente tus células y tu forma física con amor ancestral, curación y bendiciones. Toma solo la cantidad que te resulte cómoda y permanece en esta condición durante el tiempo que te sientas cómodo *(haz una pausa de cinco minutos)*.

8. **Antes de terminar, observa esta misma luz ancestral en tus hermanos y como parte de la huella ancestral de cualquier hijo o nieto**. Nota cómo estos antepasados se expresan de forma similar o diferente en la vida de otros familiares. Fíjate si ves esta luz en algún pariente vivo con la misma estirpe que tú. Si lo consideras conveniente, ofrece una oración con los antepasados por la felicidad y el bienestar de estos otros familiares vivos *(haz una pausa de dos a tres minutos)*.

9. **Pregunta si hay algún trabajo pendiente o algo que tus antepasados quieren que sepas antes de terminar**. *(haz una breve pausa)*.

10. **Cuando estés listo, agradece a los antepasados y vuelve a enfocarte en tu centro personal**. Pide que la intensidad de la conciencia ancestral disminuya lo suficiente como para que puedas funcionar con normalidad. Si lo necesitas, puedes separarte formalmente de la luz ancestral; sin embargo, esta luz también eres tú, y cualquier desvinculación es más una cuestión de regulación de la intensidad que de separación total *(haz una pausa de un minuto)*.

11. Examina tu espacio y tu entorno una última vez para asegurarte de que **estés realmente pleno** y limpio de cualquier energía residual *(haz una breve pausa)*. Cuando estés preparado, abre los ojos y devuelve tu atención completamente a tu cuerpo físico y a tu entorno. Si te resulta útil, puedes tomar algunas notas sobre lo ocurrido *(finaliza la grabación)*.

En las horas y días posteriores a este tipo de práctica de integración, vuelve periódicamente a notar la luz ancestral tanto dentro de tu cuerpo como en forma de danza de apoyo energético y espiritual en tu aura o en el espacio que te rodea. Intenta acostumbrarte a mantener la luz y el apoyo de los antepasados en el fondo de tu conciencia cotidiana, del mismo modo que a veces notas el proceso corporal automático de la respiración o del latido de tu corazón.

Celebrar a los antepasados

Cuando los muertos recientes y cada linaje respectivo están bien y los cuatro linajes primarios están armonizados entre sí, ¡es bueno celebrarlo! En esta etapa, has establecido las bases para mantener las relaciones y has restaurado los cimientos de tu casa ancestral. Si te sientes motivado, puedes ampliar el trabajo de reparación e incluir los linajes adicionales de tus otros cuatro bisabuelos (ocho linajes en total); sin embargo, he llegado a pensar en la sanación de las cuatro líneas de sangre primarias como una especie de competencia ancestral o meta razonable para el trabajo de reparación del linaje. Aunque las relaciones con los antepasados son continuas y, en este sentido, el trabajo con los antepasados nunca se "termina", el énfasis en las reparaciones de este tipo puede y debe ceder eventualmente a un tipo diferente de relación con tus antepasados como guías y aliados en tu vida cotidiana.

Lámina 1. Los túmulos funerarios, como los que se hallan en el lugar sagrado vikingo de Upsala (Suecia), son una forma antigua de monumento a los muertos y pueden encontrarse en toda Europa, América, Asia y partes de África.

Lámina 2. El despacho es una forma ceremonial compartida por los pueblos de habla quechua de los Andes que puede adaptarse a diversos objetivos ceremoniales. Este despacho centrado en los ancestros, realizado en Nederland (Colorado), utiliza álamo para los kintus (hojas utilizadas para llevar las oraciones de los participantes).

Lámina 3. Este despacho para alimentar a los antepasados fue elaborado en Asheville, Carolina del Norte, por participantes de un proceso de formación para sanadores ancestrales. Todo el fardo de la ofrenda se suele quemar en un fuego sagrado como finalización del ritual.

Lámina 4. Las ceremonias de despacho para los antepasados pueden incluir plantas locales, ofrendas que resulten familiares para los linajes que se honran e ingredientes tradicionales de la tierra natal del ritual en los Andes. En este entrenamiento de antepasados en Berkeley, California, algunos participantes de diversos linajes de Asia Oriental incluyeron ofrendas de cítricos y papel de fumar.

Lámina 5. Las tradiciones judías de reverencia a los antepasados incluyen el duelo ritualizado, la recitación del kadish, el encendido de una vela conmemorativa del yorzeit y la peregrinación a las tumbas de los muertos queridos. En esta ofrenda y oración solo se utilizaron ingredientes conocidos por las tradiciones judías.

Lámina 6. Los médiums de los antepasados, conocidos como egúngún en el África occidental de habla yorùbá y en las culturas vecinas, deben estar cubiertos de pies a cabeza. Estos médiums proporcionan una forma para que los muertos sigan relacionándose en los asuntos de los vivos.

Lámina 7 (derecha). Médiums ancestrales egúngún en Òdè Rémo, Nigeria

Lámina 8. Las visitas a las tumbas, como ésta en un cementerio chino de Ratchaburi (Tailandia), pueden incluir ofrendas, diálogo sincero y tiempo de calidad con los antepasados.

Lámina 9. Ofrendas a los antepasados en el Festival Da Jiu en Shek O, Hong Kong.

Lámina 10. La tumba de Mahoma, situada en Medina (Arabia Saudita), forma parte de la gran Mezquita del Profeta (al-Masjid an-Nabawi) y es uno de los lugares más sagrados para los 1.600 millones de musulmanes del mundo.

Lámina 11. La Tumba del Soldado Desconocido en el Cementerio Nacional de Arlington, cerca de Washington, D.C., utiliza los restos de varios soldados no identificados como punto focal para conmemorar a miles de antepasados desconocidos de la guerra. Los guardias de la tumba están a cargo de este lugar sagrado las veinticuatro horas del día, los siete días de la semana.

Lámina 12. La festividad mexicana del Día de los Muertos combina las tradiciones precristianas de veneración a los antepasados con la festividad católica del Día de Todos los Santos y puede incluir la creación de un altar para los antepasados, la realización de ofrendas y la visita a las tumbas de los seres queridos.

Lámina 13. Más de ochocientos mil ruandeses fueron asesinados en un período de cien días en 1994. La iglesia católica de Ntarama fue el lugar de la masacre de cinco mil personas.

Lámina 14. Durante la ceremonia de cremación balinesa (Ngaben), el difunto es colocado dentro de un sarcófago, que por lo general tiene forma de búfalo o de templo, antes de ser quemado.

Lámina 15. El cementerio alegre de Sapantza, Rumanía, ilustra una de las formas en que la belleza y el arte pueden desempeñar un papel en la conmemoración de los muertos.

Lámina 16. Muchas culturas identifican ciertos árboles como lugares de mayor conexión con el mundo de los espíritus y los antepasados. Este árbol sagrado se encuentra cerca de las orillas del lago Baikal, en Siberia.

Lámina 17. Durante el Festival Mitama de mediados de verano en el Santuario de Yasukuni, en Tokio, se encienden más de treinta mil linternas para honrar a los antepasados. Más de dos millones de kami (espíritus o deidades en la tradición sintoísta) están consagrados en Yasukuni, incluidos los casi cuatro mil pilotos kamikaze que murieron durante la Segunda Guerra Mundial. (Foto de Takashi Ueki via Wikimedia Commons)

Láminas 18 y 19. El Osario de Sedlec, cerca de la ciudad de Kutná Hora, República Checa, alberga los restos de entre cuarenta y setenta mil personas. Algunos osarios, comunes en aquellos lugares donde las sepulturas son escasas, se crearon en Europa para atender a los muchos miles de muertos no identificados en los campos de batalla de la Primera Guerra Mundial.

Malidoma Somé escribió: "Sabes que los antepasados están curados cuando a tu alrededor las cosas empiezan a cambiar de forma radical para bien"[6].

Los agasajos rituales para honrar a los antepasados son comunes en muchas tradiciones. Por ejemplo, en las fiestas celtas de Halloween y Samhain, algunas personas acostumbran a poner en la mesa lugares y comida extra para aquellos antepasados que deciden regresar. Esto se conoce a veces como Dumb Supper, o Cena de los Mudos, porque los participantes disfrutan a veces de la comida compartida en silencio con sus seres queridos. Aunque Halloween es una época potente para este ritual, puedes hacerlo en cualquier momento para honrar y avivar tu conexión con los antepasados. Recomiendo una comida compartida una vez al año después de haber completado el ciclo de reparación del linaje. Como en cualquier fiesta, debes tener en cuenta el estilo y las preferencias de los invitados de honor, en este caso, tus antepasados. La fiesta del espíritu es también una gran práctica para celebrar el cambio positivo después de cada ciclo de sanación y reparación con los cuatro linajes primarios o como una finalización del trabajo de curación con los cuatro linajes.

❦

EJERCICIO DOCE

RITUAL PARA FESTEJAR A TUS ANTEPASADOS FAMILIARES

INTENCIÓN: Ofrecer un festín espiritual a tus antepasados, incluyendo ofrendas de comida y bebida.

QUÉ NECESITAS: Un altar o santuario para los antepasados (aunque sea temporal) y ofrendas de comida y bebida.

Un festín ritual es una forma de celebrar la transición de un enfoque de reparación y sanación a uno basado en el apoyo mutuo y en el cuidado regular. Una comida compartida también puede ser un momento habitual de comunión con tus antepasados y guías y un ritual básico para el trabajo continuo con estos. Este ritual consta de dos partes: los preparativos y el banquete propiamente dicho.

1. Siéntate en meditación con tus antepasados. **Pregúntales qué tipo de ofrendas les gustaría**, por ejemplo, comida, bebida, humo (tabaco o incienso), flores, fuego (velas), música o telas de colores. Pregúntales cómo quieren que celebres el ciclo de trabajo de reparación del linaje. ¿Qué tipo de agasajo les gustaría? También puedes preguntarles si hay ciertos días u horas en los que les gustaría que se celebrara. Muchas personas prefieren la noche para el ritual de los antepasados, pero mantente abierto a la orientación que recibas.

2. **Reserva un tiempo para preparar y celebrar el agasajo.** Considéralo una cita formal como con cualquier persona a la que quieras y respetes y a la que desees causarle una buena impresión.

3. **El día o la noche del agasajo, prepárate físicamente.** Puedes bañarte o ducharte ritualmente para hacer la transición al espacio. Vístete para la ocasión. Algunas personas se visten completamente de blanco, pero puedes llevar cualquier otra ropa que te ayude a sentirte conectado de una manera ritual con tus antepasados.

4. **Prepara las ofrendas.** Si no tienes un altar para los antepasados, prepara temporalmente un lugar en el que los honrarás (consultar el capítulo 4, página 62), para ver sugerencias sobre cómo armar un altar para los antepasados).

∞ Celebración del festín ritual ∞

1. En el momento del ritual, **lleva las ofrendas a tu altar de antepasados** o al espacio designado. Prepara el plato de comida, bebida y otras ofrendas como lo harías para un invitado respetado en una cena.

2. Después de tomarte un momento para centrarte y conectarte, **invoca a tus antepasados.** Llámalos para que estén presentes. Prepara tu voz de alguna manera (canto, salmodia o tono espontáneo). Cuando te sientas listo, invita a tus antepasados por su nombre: "Te doy la bienvenida, (nombre). Te doy la bienvenida, (nombre)". Puedes pronunciar los nombres desde el presente hacia el pasado. Confía en tus instintos. A menos que tu intuición o la tradición te guíen de otra manera, los hombres pueden empezar por el

lado de su padre, y las mujeres por el lado de su madre. Quédate con esta invocación de bienvenida hasta que los sientas presentes.

3. **Comparte con ellos lo que has traído y por qué.** Presenta el banquete espiritual como si estuvieras dándole un regalo a alguien. Una vez hecho esto, sintoniza con los antepasados por un momento para preguntarles si **tu ofrenda ha sido bien recibida.** ¿Hay algo más que necesiten para estar satisfechos? Confía en tus instintos en ese momento y sigue con el proceso hasta que se sientan satisfechos con tu ofrenda.

4. En este punto las tradiciones varían, y **hay al menos tres formas de proceder.** Una de ellas es apartarse por completo y dejar que los antepasados disfruten de su banquete sin interrupciones. Una segunda es sentarse en silencio y disfrutar también de la comida. Una tercera forma es seguir hablando en voz alta e interactuando con ellos, como si se compartiera una comida con miembros vivos de la familia. Decide cómo transcurrirá este momento antes de comenzar el ritual. Si eliges una de las dos últimas opciones, come de tu propia comida y bebida en lugar de lo que les has ofrecido a los antepasados. Cuando te sientas pleno, dales las gracias, y si es posible, deja las ofrendas en el santuario.

5. **Déjales la ofrenda a los antepasados durante un cierto período de tiempo**, al menos una noche, pero no más de unos días. Verifica y confía en tu instinto para saber cuándo retirar la ofrenda. Si es posible, devuelve las ofrendas a la tierra de una forma ecológica.

6. **Después del ritual, vuelve a consultar a tus antepasados** en los días y semanas siguientes. Siéntate a meditar o a orar y dedícales un tiempo para disfrutar de la conexión que has establecido a través del banquete ritual.

Trabajo ancestral más allá del ciclo de reparación del linaje

Los antepasados han estado contigo desde antes de tu nacimiento, y desde antes de que tuvieras palabras con las que comunicarte con ellos. Estuvieron presentes antes de que entraras en contacto con la veneración hacia ellos, y seguirán formando parte de tu vida, tanto si te dedicas a estas prácticas como si no. Y cuando tu alma y tu cuerpo finalmente se separen, los representantes del reino de los antepasados te darán la bienvenida. Al haber completado el ciclo de reparación del linaje de este libro, habrás restaurado una parte de tu infraestructura psíquica hasta tal punto que no solo podrás relacionarte bien con los parientes vivos y los antepasados de la familia, sino que también serás capaz de encarnar cómodamente el apoyo y las bendiciones ancestrales en tu vida cotidiana. También te habrás preparado de manera implícita para tu propia muerte. ¿Y ahora qué?

Algunas razones para invocar a los antepasados familiares más allá del ciclo de reparación del linaje incluyen: orientación y apoyo para enfrentar los desafíos diarios, la celebración y la renovación de la relación, oraciones y apoyo a la familia viva, la aclaración del camino de la vida y del destino, y la atención ritual relativa a las responsabilidades familiares en la medida en que decidas asumirlas. Los antepasados pudiesen apoyarte como la encarnación del espíritu familiar, y ayudar a optimizar tu salud física y mental y la salud de tus relaciones. También pudiesen aportar conocimientos y habilidades relacionados con tu vocación o con el trabajo de los que te rodean. Por ejemplo, si sirves a otros en capacidad de curación, puede que tus antepasados quieran desempeñar un papel activo ayudándote en tu trabajo; del mismo modo, si eres un artista, pueden inspirar tu proceso creativo (revisar el capítulo 11).

A continuación, consideraré dos posibles instrucciones para el trabajo con los antepasados familiares más allá del ciclo de reparación del linaje. Asimismo, también podrías intentar armonizar las bendiciones de los antepasados familiares con otros tipos de antepasados (revisar la parte 3) y con otras fuerzas no humanas (por ejemplo, deidades, poderes elementales, espíritus del lugar), pero ese es un tema complicado que está fuera del alcance de este libro.

Invitar a los antepasados a aclarar tu destino y trayectoria vital

La relación con los antepasados de la familia, siempre que sea saludable, puede ayudarte a recordar tu vocación de vida, tu destino y tu propósito. Las distintas tradiciones abordan este tema de manera diferente, pero el sentido básico es que cada uno de nosotros tiene ciertos dones, talentos y contribuciones que aportamos al mundo. Estos dones son bendiciones que pueden estar relacionadas con tu vocación, o pueden tener que ver más con tus relaciones y tu encarnación personal del amor, la bondad u otras cualidades humanas redentoras. Muchas culturas indígenas creen que estamos moralmente obligados a por lo menos intentar recordar y cumplir nuestra vocación única, y que una de las funciones de la comunidad es ayudar a las personas a descubrir su vocación de servicio. En términos sencillos, me refiero a vivir una vida sana y significativa que aporte tu sabor específico de bondad al mundo.

Preguntarles a los antepasados cómo ven tu vocación de vida no siempre es tan sencillo como parece. Al participar conscientemente en cualquier linaje, biológico o cultural, recibes un mayor apoyo, pero también mayores exigencias. Si te sientes como la oveja negra de tu familia o del mundo en general, los antepasados pueden pedirte que sacrifiques parte de esta condición de forastero a cambio de una mayor pertenencia y responsabilidad comunitaria. En especial si no fuiste criado con un sano respeto por los antepasados recientes, puede costar acostumbrarse a esta sensación de formar parte de una familia humana más amplia. Uno de los padres fundadores de la psicología, Carl Jung, habló del sentido de pertenencia y de propósito que puede surgir cuando se trabaja con los antepasados:

La vida del individuo se eleva a una clase determinada, de hecho se convierte en el arquetipo del destino de la mujer en general. Esto conduce a la restauración o apocatástasis de las vidas de sus antepasados, que ahora, a través del puente del individuo momentáneo, pasan a las generaciones del futuro. Una experiencia de este tipo le da al individuo un lugar y un sentido en la vida de las generaciones, de modo que todos los obstáculos innecesarios son despejados del camino de la corriente de vida que ha de fluir a través de ella. Al mismo tiempo, el individuo es rescatado de su aislamiento y devuelto a la plenitud. Toda la preocupación ritual por los arquetipos tiene en última instancia este objetivo y este resultado[7].

Pedir a los antepasados que te ayuden a aclarar tu vocación puede comenzar con una revisión de las bendiciones y cargas que hayas heredado. ¿Existen bendiciones ancestrales que ya contribuyan a una vida significativa e inspiradora para ti? ¿Existen cargas en cuya transformación ya hayas trabajado como parte del servicio que prestas a las generaciones actuales y futuras? Al revisar el ciclo de reparación del linaje, pregúntate si hay estirpes específicas que informen con más fuerza tu sentido del ser y tu vocación. Algunas culturas creen que estamos más alineados en espíritu con un lado de la familia o con otro, y que incluso podemos ser antepasados renacidos de una estirpe específica. Fijarte en cómo resuenas con ciertas líneas puede darte pistas sobre el trabajo que estás llevando a cabo y qué bendiciones ancestrales brillan más en tu vida actual.

Puedes plantear la cuestión de la vocación y del camino a seguir directamente a los antepasados, pero con un tema de tal magnitud, tu mente consciente puede ser a menudo tu mayor obstáculo para escuchar la guía. Pedir mensajes a través de los sueños puede minimizar las distorsiones de tu propia idea preconcebida. En la práctica, la tarea de alinearse con el destino a menudo se siente como un juego de "caliente, frío", mediante el cual realizas cambios incrementales que te llevarán a sentirte más alineado. A medida que esto ocurra, es probable que descubras que los antepasados son una fuente vital de apoyo para recorrer tu camino y afrontar los retos que surjan de forma natural.

Asumir el rol de encargado de los antepasados de la familia

En mi propio recorrido al guiar a otros en las reparaciones ancestrales, he llegado a comprender una diferencia importante entre conseguir que las cosas lleguen a un lugar sano con los propios antepasados (o lo que yo llamaría competencia ancestral) y seguir el llamado a nivel del alma para especializarse en el trabajo con los antepasados.

En mi caso, las relaciones con los antepasados resultan ser una parte importante de mi destino en general. Fui llamado no solo a relacionarme con mis propios antepasados de forma activa y continua, sino también a centrarme en este aspecto del camino espiritual de tal forma que resulte útil para los demás.

La mayoría de las personas que recorren un camino espiritual no se sienten llamadas a especializarse en el trabajo con los antepasados. Aunque todos encarnan idealmente un nivel básico de alineación con sus antepasados, después de hacer las reparaciones necesarias la mayoría de las personas volverán a una relación de mantenimiento cuando retornen al día a día. Esto es normal, natural y esperable, ya que los antepasados humanos son solo un tipo de misterio o fuerza en la ecología más amplia de lo sagrado. Pero si te sientes llamado a un trabajo más especializado con tus antepasados, confía en que ellos te revelarán la naturaleza de ese llamado, incluyendo cuándo y cómo podrás apoyar a otros para que también trabajen con los suyos.

Este llamado también puede adoptar la forma de un voto de por vida para servir de enlace diplomático o representante ritual de tu familia con los antepasados. Basándose en su experiencia con la cultura dagara, Malidoma Somé escribió que casi todas las familias tienen "al menos una persona que funciona como receptora de las energías del otro mundo, un miembro de la familia que posee la sensibilidad necesaria para ser consciente de las necesidades espirituales y a veces físicas más profundas de la familia generación tras generación, y responder a estas. A veces estas personas son reconocidas como cuidadores de la familia". Somé describe a estas personas como "los chamanes, los guardianes de los santuarios y los curanderos del árbol familiar", y advierte que no se trata necesariamente de un papel fácil o glamuroso, ya que estas personas pueden ser llamadas para un servicio ingrato, difícil y a veces peligroso[8].

Luego de años de ver cómo las personas gravitan hacia el papel de cuidador ancestral, empecé a ofrecer una ceremonia formal de dedicación para aquellos que se sintieran atraídos por este rol. Uno de los componentes clave consiste en hacer votos en un espacio ritual ante los antepasados y la comunidad viva. He elaborado una lista de responsabilidades como punto de partida para la "descripción del trabajo" de especialista en antepasados familiares. Si eliges comprometerte con este trabajo de por vida, recuerda ser creativo sobre cómo esto lucirá en el contexto de tu propia vida y de tu familia. Las sugerencias que figuran a continuación son solo un punto de partida.

1. Establece líneas claras y continuas de comunicación con los antepasados elevados, y haz lo necesario para mantener sana tu relación con ellos.

2. Asegúrate de que todos los antepasados de tu linaje sanguíneo estén en una condición elevada y sana.

3. Eleva los espíritus de la familia viva en la oración y alimenta regularmente a los espíritus de los antepasados en su nombre.

4. Coordina los esfuerzos de forma humilde y constructiva con cualquier familiar que muestre interés en conocer y honrar a los antepasados.

5. Recopila la información existente sobre la historia de la familia, y considera la posibilidad de emprender nuevas investigaciones para determinar los nombres y las historias de las últimas siete generaciones, y más allá si es posible.

6. Haz que la información sobre la historia familiar esté accesible para la familia viva de manera útil y culturalmente sensible.

7. Ayuda a los miembros de la familia a convertirse en antepasados (en lugar de simples espíritus) tras su muerte.

8. Trabaja de manera activa en el bienestar de las relaciones entre los miembros de la familia, incluyendo, cuando sea apropiado, la resolución de conflictos familiares y la sanación de cargas o elementos tóxicos en la familia.

9. Mantén las tumbas de la familia o atiende otros restos. Esta tarea puede coordinarse con otros miembros de la familia.

10. Apoya los nacimientos de nuevos miembros de la familia y otros ritos de paso importantes (por ejemplo, ritos de paso de los adolescentes, matrimonios) de forma culturalmente sensible.

Tercera parte

HONRAR
A OTROS TIPOS
DE ANTEPASADOS

La tercera parte explora las maneras de relacionarse con antepasados humanos que no necesariamente sean nuestros familiares de sangre. En esta parte aprenderás:

- Diferentes maneras de relacionarse con el cuerpo y con los elementos después de la muerte.
- Un marco para múltiples almas y diversos tipos de antepasados.
- Prácticas y rituales cementeriales para honrar a los antepasados del lugar.
- Como solicitar apoyo de los antepasados para tener éxito en tu vocación.
- Maneras de ofrecer apoyo en los funerales y cómo ofrecer rituales para los muertos recientes.

Al igual que la primera, la tercera y última parte de este libro comprende una guía experimental para relacionarse con distintos tipos de antepasados, que pudiesen incluir a la familia adoptiva, a los antepasados de tradición, a amigos fallecidos y mentores, y también a antepasados del lugar. Te insto firmemente a estar primero bien claro en el trabajo con tus antepasados de sangre antes de enfocarte demasiado en estos. En el capítulo final, se te invitará a reflexionar sobre tu propia muerte, las prácticas para fomentar la muerte consciente, las costumbres funerarias más adecuadas y el viaje después de la muerte, así como las creencias sobre la conciencia después de esta.

DIEZ
ANTEPASADOS Y LUGARES

Cuando mueras, ¿seguirás recordando la tierra de tu infancia, y tu casa actual, o tus lugares favoritos en la Tierra? Si tus seres queridos visitaran tu tumba o guardasen tus cenizas, ¿te sería más fácil hablar con ellos? Una de las formas en que los muertos humanos hablan en esta dimensión es a través de la mediación de lugares específicos, tanto en el mundo moldeado por los humanos como en los entornos más salvajes. En este capítulo aprenderás sobre la relación de los antepasados con lugares como cementerios, monumentos públicos y entornos más naturales, y aprenderás pautas básicas para recorrer estos lugares de forma segura y respetuosa. Este capítulo también incluye prácticas para venerar a los antepasados de la familia cuando se visita un cementerio, así como un ritual para contactar a los antepasados de lugar cerca de tu hogar.

El hogar está donde están nuestros huesos

Si eres como muchas personas en los Estados Unidos, es posible que no vivas cerca de los lugares donde nacieron, murieron y fueron enterrados las generaciones recientes de tus antepasados. En comparación con muchas culturas, los estadounidenses modernos solemos tener altos índices de movilidad, y esto influye en cómo pensamos y nos sentimos respecto a un lugar determinado. Mi vida se ajusta a este patrón y pudiese reflejar la situación de muchas personas: al menos las últimas cinco generaciones de mis antepasados de sangre están enterradas en su mayoría en Ohio y Pensilvania, y antes de eso en Irlanda, Inglaterra, Alemania, Holanda y Austria, en tumbas centenarias desconocidas para mí. Al igual que la mayoría de las personas del hemisferio occidental con ascendencia europea, no he pasado demasiado tiempo en las tierras de estos antepasados más antiguos. Aunque tuviera los ingresos necesarios para contratar a un genealogista profesional y dedicar una temporada a un viaje al norte de Europa para estudiar a mis antepasados mediante el ritual, eso no me convertiría en inglés, irlandés o alemán. No contar con los medios para tal peregrinaje me pone en la misma posición que a la mayoría de los estadounidenses modernos que como yo no son acaudalados, no tienen raíces en términos ancestrales a lo que hoy se conoce como Estados Unidos, y no cuentan con los medios ni tienen un fuerte deseo de trasladarse a tierras ancestrales. Sospecho que tal empresa internacional sería agradable y espiritualmente potente, pero viajar a tierras lejanas o perseguir un pasado idealizado no es necesario para conectar con los antepasados. Después de al menos cinco generaciones de vida y muerte a lo largo de cada estirpe familiar, mi hogar y los restos de mis generaciones recientes de antepasados se encuentran ahora en Estados Unidos.

En contraste con este patrón de movilidad, los términos *indígena* y *nativo* implican "originario de un lugar". Cuando se aplica a la cultura humana, *indígena* suele referirse a personas que mantienen relaciones duraderas con lugares específicos y conexiones activas con formas de vida tradicionales y tribales. Por ejemplo, en 2010 tuve la oportunidad de servir como apoyo en una ceremonia de varios días de la Danza del Oso en el barrio Bayview-Hunter's Point de San Francisco. Los líderes ceremoniales de la tribu de los costanos rumsen eligieron este lugar en parte por su proximidad a lugares conocidos de enterramiento y aldeas de los pueblos ohlone. El desarrollo urbano, sin tener en cuenta los requisitos legales o los protocolos nativos sobre la alteración de los restos humanos sigue amenazando muchos lugares sagrados en toda California y más allá. Lo más destacado de la ceremonia fue el tipo específico de orgullo natural y empoderado que parecía irradiar de algunos de los bailarines de osos ohlone. Esta cualidad parecía decir sin palabras: "Aquí estoy en casa. Este es mi lugar".

Vivir y rendir culto directamente sobre las cenizas y los huesos de los antepasados de la familia de siglos o miles de años de antigüedad, tiene un significado psicológico y espiritual que a menudo se pasa por alto en la cultura moderna. En su obra fundamental sobre la relación de los pueblos indígenas de California con la tierra, M. Kat Anderson escribió:

> Vivir en el mismo lugar que los antepasados establece un vínculo multidimensional con ese lugar. Es tremendamente importante que la conexión de los indígenas de California con un lugar tenga profundidad en el tiempo, que puedan señalar una parcela de cosecha, un arbusto, un árbol, un lugar de vida o un lugar sagrado en particular y que sepan que muchas generaciones anteriores a ellos utilizaron las mismas plantas, recorrieron el mismo camino y cuidaron la misma tierra. Para muchos indígenas de California, un lugar de reunión está consagrado por las reuniones celebradas durante largos períodos. Cada generación honra a los antepasados, honra las costumbres y honra a las plantas al usarlas y cuidarlas. El enorme acervo de conocimientos intergeneracionales del que se puede sacar provecho es una bendición y un regalo. En general, cada uno de nosotros depende en gran medida de las pruebas y los logros de muchas generaciones de seres humanos anteriores a nosotros[1].

Lo mismo podría decirse de la mayoría de las culturas indígenas del presente, así como de la mayoría de las comunidades a lo largo de la historia. Cuando los grupos transmiten de generación en generación sus conocimientos sobre cómo vivir y prosperar en un lugar determinado, esta continuidad contribuye no solo a la supervivencia de la comunidad, sino también a una mayor sensación de intimidad y compenetración con el lugar.

Esto no quiere decir que los pueblos tribales hayan permanecido siempre en un mismo lugar. Todos los seres humanos fueron recién llegados en algún momento, aunque fuese hace miles de años. Algunos pueblos han permanecido seminómadas hasta tiempos recientes y, del mismo modo, algunos europeos urbanos modernos pueden vivir a un día de camino de sus antepasados de sangre de los últimos miles de años o más. Esta es la parte importante: cuanto más antigua sea tu reivindicación ancestral de un lugar y más generaciones de tu pueblo hayan vivido y muerto allí, más probable será que sientas que perteneces a ese lugar. Si eres una de las pocas personas cuyos antepasados recientes vivieron cerca de donde vives ahora, probablemente seas consciente de que la reubicación tendría un impacto, porque entonces estarías fuera del campo inmediato de energía y bendiciones que acompañan a tu tierra ancestral. Para todos los pueblos no nativos de América, aunque vivas en la misma zona que tus antepasados recientes, sigue habiendo otras comunidades humanas, a menudo con representantes vivos, que tienen una presencia ancestral aún más antigua en las tierras que en la actualidad llamamos hogar. Esto hace que alcanzar esa sensación de "estoy en casa aquí; este es mi lugar" sea complicado. Pero es ciertamente posible.

Antes de continuar, tómate un momento para reflexionar sobre las siguientes preguntas:

- ¿Tienes antepasados familiares enterrados cerca de tu residencia actual? Si tu hogar actual no es donde creciste, ¿tuviste antepasados familiares cerca de la casa de tu infancia? Si has respondido que sí a cualquiera de las dos preguntas, ¿notas que este historial te ayuda a sentirte más a gusto en estos lugares?
- Si no eres un indígena que vive en su tierra tradicional, ¿has pasado tiempo con alguna persona indígena de tu actual lugar de residencia? Si es así, ¿has notado alguna diferencia entre su relación con el lugar y la tuya?
- ¿En qué lugar has experimentado la mayor sensación de "hogar"? ¿Los lazos ancestrales con ese lugar jugaron algún papel en este sentimiento de pertenencia?
- ¿Sabes dónde te gustaría que reposen tus restos? ¿Es un lugar de enterramiento nuevo o familiar para tus linajes ancestrales?

¿Qué sucede con los restos de nuestros antepasados que influye de forma tan poderosa en nuestro sentido de pertenencia a un lugar? Una forma de pensar en los restos, las cenizas y otros tipos de restos humanos es imaginarlos como puntos intrínsecos de contacto con los difuntos. En el capítulo 6, aprendiste a elaborar y dar energía a un ongón para tus guías ancestrales. Piensa en los restos, incluyendo las urnas de cremación, como casas espirituales ya energizadas. Así como una pluma de halcón es ya un vínculo mágico consagrado con el halcón y la luz del sol corresponde inevitablemente al sol, los huesos humanos son las letras reverberantes del verbo que fue un alma encarnada. Los restos humanos son una extensión del espíritu del difunto, o al menos un aspecto de la cáscara que conserva la conexión con el alma viva. Esto puede ser útil conocerlo si acabas cuidando los restos de un ser querido fallecido o, más comúnmente, sus cenizas. En general, recomiendo tratar cualquier resto humano como algo consagrado, digno del respeto y la consideración que le darías a quien pertenecieron, como si aún estuviera presente en carne y hueso. Sin embargo, no trabajo con restos humanos en mi consulta. Al igual que la mayoría de los practicantes de la reverencia a los antepasados en todo el mundo, no creo que el contacto directo con los restos humanos sea necesario o incluso útil, salvo en los rituales conscientes de finalización con el cuerpo después de la muerte (revisar el capítulo 12). Si tienes alguna duda, consulta con un guía espiritual o anciano de confianza y sin prejuicios para que te aconseje sobre cómo cuidar mejor los restos de un ser querido.

Hay dos principios para el tratamiento de los restos humanos que son comunes a todas las culturas: en primer lugar, el deseo de una ceremonia funeraria adecuada o significativa y, en segundo lugar, el derecho a que los restos humanos no sean perturbados cuando sea posible. En la tragedia de Sófocles *Antígona*, del siglo V a. C., Antígona aboga por el derecho de su hermano Polinices a un entierro adecuado, aunque haya sido un traidor. Tiresias, el profeta y visionario de Tebas, apoya sus esfuerzos en nombre de los dioses. Los últimos ritos y el cuidado reverencial del cuerpo después de la muerte eran implícitamente importantes para los cadáveres adornados de maneras simbólicas que yacen en nuestros sitios arqueológicos más antiguos, y tal cuidado no es menos importante para la gran mayoría de las personas en la Tierra hoy en día. "Solo en Estados Unidos hay más de 22.000 funerarias, cerca de 115.000 cementerios, 1.155 crematorios y unos 300 vendedores de ataúdes. El total de la industria mortuoria en Estados

Unidos es de 11.000 millones de dólares. Cada año se entierra suficiente líquido de embalsamamiento para llenar ocho piscinas olímpicas, se emplea más acero (solo en los ataúdes) que el que se ha utilizado para construir el puente Golden Gate, y suficiente hormigón armado para construir una autopista de dos carriles desde Nueva York a Detroit"[2].

Como ocurre en casi todo el mundo, la ley y la cultura popular de Estados Unidos prohíben la profanación de los restos humanos. Para la mayoría de la gente, se trata de un tabú obvio y bien establecido: no se molesta a los muertos. ¿Por qué no? Por supuesto, la familia viva puede experimentar angustia si se entera de que las tumbas de sus antepasados han sido profanadas, pero ¿qué otras creencias refuerzan esto como un hecho cultural? Una de ellas es la creencia de que los huesos conservan un vínculo con el espíritu del difunto. La "maldición de la momia" se refiere a los relatos populares de arqueólogos en Egipto que murieron por haber perturbado a las antiguas momias. Si se le pregunta a la gente en la calle qué fue lo que llevó a la perdición a los arqueólogos, muchos apuntarían al espíritu de la momia, despertado por la profanación. Del mismo modo, los saqueadores de tumbas y las personas que utilizan los restos humanos de forma poco ética se arriesgan a incurrir en la hostilidad de los espíritus que habitaban esos restos. Si varios meses después de tu muerte alguien desenterrara tu tumba y robara tus huesos para utilizarlos en prácticas dañinas, imagina cómo reaccionarías.

Debido a este vínculo inherente entre los restos humanos y las almas, la ubicación de los restos (cementerios, osarios, catacumbas, el fondo del mar) puede favorecer el contacto con los espíritus de determinados antepasados y con los antepasados en general. La mayoría de la gente lo entiende de forma instintiva y tiende a tratar los cementerios y lugares similares con reverencia y respeto. Al entrar en un cementerio u otro lugar de enterramiento consagrado, recomiendo hacer primero una ofrenda sencilla y ecológica a los espíritus guardianes del lugar. Si las tradiciones locales o tu propia fe te orientan sobre el tema, empléalas. Si no, considera que puede haber un tipo particular de deidad o fuerza colectiva que cuide de los espíritus en los lugares de concentración de entierros humanos. Al dejar una pizca de harina de maíz o tabaco, incienso natural, flores locales o simplemente una oración de saludo, entras en el espacio con un gesto de respeto hacia cualquier espíritu que resida en el lugar. Incluso si no tienes seres queridos enterrados en el sitio, realiza al menos un gesto tangible de respeto y buena voluntad durante tu visita, que podría incluir retirar la basura, decir los nombres de los muertos de las lápidas, avisar al personal del cementerio de cualquier monumento caído o dedicar tiempo como voluntario al personal del cementerio. La oración espontánea y los cantos de agradecimiento y respeto pueden transmitir energía positiva. El siguiente ejercicio presenta una forma de relacionarse con las tumbas de los antepasados de la familia.

⊗

EJERCICIO TRECE

PRÁCTICAS CEMENTERIALES
CON LOS ANTEPASADOS FAMILIARES

INTENCIÓN: Estar en comunión con tus antepasados de forma segura y respetuosa en un cementerio u otro lugar de enterramiento.

QUÉ NECESITAS: Ofrendas (por ejemplo, flores, incienso, una piedra, objetos naturales, comida y bebida que puedan disfrutar tus antepasados) y cualquier otro apoyo para tu visión (por ejemplo, tambor, sonajero, canciones).

Los cementerios o cualquier recinto funerario son lugares entre mundos, y en estos la comunicación intencional entre los vivos y los muertos pudiera intensificarse. Este ejercicio te ayudará a realizar un ritual para honrar a tus antepasados y estar en comunión con ellos en el sitio donde están enterrados. Cuando acudas a un cementerio para saludar a los espíritus de los muertos, observa las precauciones básicas para prepararte y protegerte, tal y como se describe a continuación.

1. Antes de ir al lugar, busca un espacio tranquilo y de apoyo, y pregúntate a ti mismo y a tus guías: ¿Qué antepasados deseas visitar? ¿Qué sabes de ellos y por qué quieres visitarlos en este momento? ¿Son aquellos con los que has trabajado en el pasado? ¿Cómo sientes que se encuentran ahora? (revisa el capítulo 5). Nota: no pasa nada si no tienes la sensación de que estos antepasados están

en paz; solo cambia el enfoque ritual que adoptarás durante la visita. Si tus antepasados no están bien en espíritu, el cementerio puede no ser el mejor lugar para explorar tu dolor y tristeza, porque aumenta la probabilidad de una conexión directa. Pregúntale a tu intuición, a tus guías y a tus mayores si es una buena idea que visites el lugar de enterramiento de tus antepasados en este momento. Estate abierto a escuchar un "no" o un "todavía no". Suponiendo que escuches un "sí", continúa con los siguientes pasos.

2. **Prepara la visita**. Hay algunas cosas que debe tener en cuenta antes de ir a un cementerio.

Días específicos y hora del día. ¿Tu tradición reconoce ciertos días de la semana o ciclos de la luna como auspiciosos para honrar a los antepasados? ¿Aniversarios de nacimiento y muerte o fiestas como el Día de los Muertos o Halloween? La hora del día también puede ser significativa. Algunas tradiciones consideran que el mundo de los vivos asciende cuando sale el sol, por lo que una visita matutina podría servir para atenuar la intensidad del contacto ancestral, mientras que visitar cerca del atardecer puede amplificar la presencia sentida de los muertos. Sugiero que la visita se realice con luz diurna, a menos que estés seguro de que un ritual nocturno es legal y prudente.

¿Es mejor ir solo o con un acompañante? Cada uno tiene sus ventajas. La soledad te permite la libertad de seguir tu propio ritmo, pero ir acompañado puede ofrecerte un apoyo extra. Si vas con alguien, asegúrate de que conozca tu intención y de que entienda que pudieses necesitar quedarte en la tumba durante algún tiempo y sin interrupciones.

¿Qué tipo de ofrendas es bueno llevar? Las ofrendas pueden incluir comida o bebida que creas que tus antepasados disfrutarían, flores, piedras, otras ofrendas naturales (por ejemplo, tabaco, harina de maíz, incienso), canciones, música y oraciones. Además de las ofrendas para tus antepasados, considera la posibilidad de llevar una ofrenda para los espíritus del lugar: el propio cementerio o los espíritus u otros poderes del sitio. Algunas tradiciones tienen la creencia de que una deidad cuida del cementerio; otras, que hay que dar ofrendas a los muertos colectivos que están allí. Utiliza tu instinto o confía en tus guías para elegir.

¿Qué más debes llevar o no llevar? Obviamente, debes llevar lo que necesitas para cuidar de ti mismo y de tus necesidades personales. Sin embargo, decide si llevarás comida y bebida personal. Algunas tradiciones desaconsejan comer durante la comunión con los muertos, mientras que otras lo fomentan. Si te parece bien llevar comida o bebida en tu visita, considera la posibilidad de compartir con los muertos residentes y otros espíritus locales una pequeña porción de lo que vayas a comer, antes de empezar.

¿Qué ropa debes llevar? Algunas tradiciones visten con colores claros o todo de blanco, lo que ofrece una cualidad protectora, mientras que otras asocian la ropa negra con un estado de luto. Sea cual sea la ropa que elijas, vístete con un propósito como señal de tu respeto.

3. **Entra en el espacio con intención.** Recuerda que al acercarte al cementerio, aunque no haya nada que temer, estarás cruzando un umbral hacia un espacio diferente. Justo después de cruzar el umbral o justo antes, haz una pausa para reconocer a la tierra y a los espíritus del lugar con una oración u ofrenda. Si tus creencias apoyan esta práctica, después de entrar puedes dirigirte directamente al espíritu guardián del cementerio.

4. **Dirígete al lugar de la tumba.** Al llegar, busca una posición cómoda y tranquila y acomódate. Fíjate en el estado espiritual en el que parezcan estar los antepasados. Su estado determinará tus próximos pasos:

   Si sabes que los que estás honrando no están bien de espíritu, entra en un estado de protección. No estás allí para invocarlos sino para honrarlos y recordarlos. Sin pedirles que estén presentes, haz tus ofrendas de modo respetuoso, como un regalo, y déjalo así. Pide que las ofrendas tengan una intención curativa y beneficiosa para el difunto.

   Si sabes que los que honras están bien, invítalos a estar presentes.

5. **Invoca la presencia de los antepasados que estén bien en espíritu.** Puedes hacer una pequeña ofrenda primero y luego invocar su presencia, reservando tu ofrenda principal para después de la invocación. La invocación no tiene que ser elegante ni formal, solo háblales desde el corazón, diles: "Hola, soy yo, he venido a verte". Luego puedes hablar con ellos, cantar o rezar. Sigue con ello hasta que sientas un eco de vuelta.

6. **Presenta tus ofrendas.** Diles lo que has traído para ellos y por qué lo

has traído. Dáselo y luego siéntate y escucha. Confía en tu instinto sobre lo que debe ocurrir a continuación, si es que hay algo que deba ocurrir. ¿Hay ciertas cosas que tengas que decir? ¿Necesitan ellos decirte algo? Después de escuchar con paciencia y con el corazón abierto, enuncia cualquier preocupación y exprésate como sea necesario. Estate dispuesto a sentarte ahí durante el tiempo que sea necesario para permitir que se produzca la conexión. Permanece receptivo hasta que te sientas pleno.

7. **Márchate del cementerio**. Cuando estés preparado, despídete y aléjate de la(s) tumba(s). Cuando lo hayas hecho, escanea tu energía para asegurarte de que no estés arrastrando ninguna energía densa contigo. Establece la intención y pide que lo que no seas tú se quede allí, y que tu cuerpo energético esté limpio.

Al marcharte, haz una última ofrenda y una oración para liberar cualquier energía problemática. Puedes confirmar: "He venido en paz; me disculpo por cualquier falta de respeto no intencionada, y pido que la muerte permanezca aquí. Que los espíritus de este lugar estén en paz". Haz un segundo escaneo de limpieza de tu energía en el lugar donde hagas esta última ofrenda, y luego abandona el recinto.

Cuando vuelvas a casa, antes de hacer cualquier cosa, verifica por tercera y última vez y asegúrate de que tu cuerpo energético esté limpio. Puede que tengas que cambiarte de ropa, ducharte o hacer algún ritual de limpieza para asegurarte de no llevar ninguna energía pesada contigo. Confía en tus instintos y haz tanto o tan poco como sea necesario.

Conmemoraciones y monumentos públicos

Conmemoramos a los muertos en muchos otros lugares además de los santuarios familiares y los cementerios. Esta sección considera algunas de esas otras formas de honrar a los antepasados, dichas consideraciones incluyen:

- ¿Hay restos humanos en el lugar del monumento? Si es así, ¿en qué medida?

- ¿El monumento conmemorativo se encuentra en el lugar donde sucedieron las muertes?

- ¿Cómo ocurrieron las muertes? (por ejemplo, violencia humana, enfermedad, accidentes, desastres naturales, etc.).
- ¿Los nombres de los fallecidos son conocidos y se incluyen en el monumento?
- ¿Está el monumento conmemorativo intencionalmente en armonía con la tierra y con los elementos u otras fuerzas?
- ¿Hasta qué punto estos antepasados simbolizan algo importante en la cultura general?
- ¿Cuánto tiempo ha transcurrido desde la muerte de las personas conmemoradas?

La sensibilidad a estos factores puede aumentar tu comprensión de cómo una cultura entiende la relación entre los vivos y los muertos, y también puede ayudarte a relacionarte con los antepasados en diversos tipos de monumentos. En general, cuantos más factores se tengan en cuenta en un sitio conmemorativo, más potente será la conexión con las personas allí recordadas. En la siguiente sección, exploraremos diferentes tipos de monumentos conmemorativos, de menor a mayor potencia.

Cerca del Capitolio de los Estados Unidos, ubicado en Washington, D. C., se encuentra una estatua de mármol blanco de doce metros de altura conocida como el Monumento a la Paz, que conmemora a los que murieron en el mar durante la Guerra Civil estadounidense (1861-1865). El monumento está cerca de las estatuas conmemorativas de los presidentes Grant y Garfield. Ninguna de las personas conmemoradas murió en este lugar, ni sus restos se encuentran allí. En todos los casos, los muertos se fueron de este mundo hace más de un siglo, y es menos probable que los visitantes sientan la misma carga emocional que en los monumentos de los fallecidos más recientes. El Monumento a la Paz incorpora algunas deidades como Marte y Neptuno, pero no son dioses con los que la mayoría de los estadounidenses tengan una relación personal. Sin embargo, todos los monumentos están armonizados en cierta medida con otros espíritus del lugar en la medida en que formen parte de la ecología espiritual y psíquica del sitio. De este modo, los presidentes muertos conmemorados y los muertos de la guerra naval siguen velando en el perímetro occidental del Capitolio.

Dirigiéndose hacia el oeste, pasando por el Monumento a Washington, hasta la base del Monumento a Lincoln (ninguno de los cuales es un lugar de enterramiento), se llega al Monumento a los Veteranos de Vietnam. Ninguno de los 58.195 miembros del servicio nombrados en el "Muro" está enterrado en el lugar: la mayoría murió a más de trece mil kilómetros de distancia en el sudeste asiático; sin embargo y en especial para algunos veteranos y sus familias, el monumento funciona indudablemente como un punto de mayor contacto con los espíritus de los nombrados. El monumento suele figurar entre las estructuras arquitectónicas favoritas de Estados Unidos, y de una manera ritual "funciona". ¿Por qué? El "Muro" conmemora a aquellos que han muerto en tiempos mucho más recientes, lo que también significa que estas personas viven directamente en los corazones y recuerdos de muchos de los visitantes vivos. Por ello, la cantidad de dolor es mayor que la que se puede sentir en la mayoría de los monumentos conmemorativos de los alrededores. Dado que los lugares de duelo intenso por los muertos son lugares naturales de comunión con los antepasados, el duelo colectivo asociado a ellos puede facilitar el contacto con los muertos y su curación. Como resultado de sus muertes relativamente recientes, es más probable que los nombrados en el "Muro" conserven la conexión con sus encarnaciones recientes (ya sea porque aún no se han unido a los antepasados o simplemente por amor a los vivos), y eso también hace que sea más probable que conecten con los visitantes, en contraste con los marineros de la Guerra Civil fallecidos. El "Muro" también forma parte de la matriz energética del Capitolio, otro factor que contribuye a su potencia.

Una de las formas más poderosas y directas de invocar a los antepasados es por su nombre. Escribir los nombres anima a decirlos en voz alta, una especie de invocación continua en este tipo de monumentos. El sonido del nombre puede funcionar como una especie de vínculo auditivo para conectar con los difuntos que respondieron a él a lo largo de la vida. Los nombres de los fallecidos son, sin duda, una parte de la magia del Monumento de Vietnam. Cuando visité el monumento a los diez años, mi padre en Ohio me pidió que localizara el nombre de un compañero suyo de la Marina muerto en combate. Cuando lo encontré, me detuve un momento y me propuse tocar la inscripción. Esa noche pronuncié el nombre en voz alta por primera vez por teléfono con mi padre. Esto cumplió su deseo de presentar sus respetos a este amigo en espíritu, y sospecho que también repercutió de forma positiva para su amigo.

Un poco más de kilómetro y medio hacia el oeste, cruzando el río Potomac, se halla la Tumba del Soldado Desconocido en el Cementerio Nacional de Arlington. Esta tumba pone de manifiesto el carácter sagrado, el simbolismo y la potencia ritual de los restos humanos (revisar la lámina 11). Más de cuarenta naciones han erigido monumentos a los muertos desconocidos, y todos ellos suelen contener el cuerpo de un individuo que murió en una guerra. En Arlington, la tumba está vigilada las veinticuatro horas del día y en cualquier condición climática por una rotación de guardias de tumbas, una unidad élite del Tercer Regimiento de Infantería del Ejército de Estados Unidos. En la cripta descansan los cuerpos de tres soldados no identificados que murieron en la Primera Guerra Mundial, la Segunda Guerra Mundial y la Guerra de Corea. El anonimato de los soldados en la cripta es una parte esencial de la función del monumento. Desde 1984 hasta 1998, un cuarto soldado desempeñó el papel de los muertos de guerra no identificados de Vietnam, pero tras confirmarse su identidad mediante pruebas de ADN, el primer teniente de las Fuerzas Aéreas Michael Joseph Blassie fue exhumado posteriormente. Los restos de Blassie fueron devueltos a su familia y se volvieron a enterrar en el Cementerio Nacional Jefferson Barracks de San Luis, Misuri. La parte del monumento dedicada a Vietnam fue sustituida por una dedicatoria que compromete a las Fuerzas Armadas a intentar dar cuenta de todos los miembros del servicio desaparecidos*.

---

*Antes del entierro en la cripta, los cuatro desconocidos recibieron el reconocimiento *post mortem* con la Medalla de Honor del Congreso. En el 2013 me dirigí a la Sociedad de la Medalla de Honor del Congreso, la cual confirmó que estas medallas no fueron otorgadas por el servicio prestado en vida por parte de aquellos soldados, sino como una acción simbólica por los desconocidos como un colectivo. Cuando el cuerpo del teniente Blassie fue identificado y transferido en 1998, la solicitud de su familia para conservar la medalla fue denegada. La medalla de honor por los desconocidos de Vietnam se mantiene en la cámara bajo la cripta. Esta es la única medalla de honor que no está vinculada a ningún ser humano específico, vivo o fallecido.

¿Cuáles son las implicaciones de que toda una nación utilice los restos de un soldado sin nombre para representar a un número mucho mayor de soldados fallecidos? En los rituales para elevar a los antepasados de la familia, Malidoma Somé a veces guía a los participantes para que primero representen simbólicamente a un anciano o anciana de la familia que haya fallecido y luego utilicen a este antepasado como punto focal para el trabajo más amplio de ayudar a las almas de todos los muertos de su linaje a unirse a los antepasados amorosos. En este caso, las formas tradicionales africanas y las prácticas de las naciones modernas son estructuralmente similares.

Incluso en los casos en los que el cuerpo es incinerado o enterrado en otro lugar, el lugar de la muerte puede convertirse en sí mismo en un lugar de conmemoración. De las quince principales causas de muerte en Estados Unidos, tres son relativamente repentinas: accidentes, suicidios y homicidios. Según la Administración Nacional de Seguridad del Tráfico en las Carreteras, cada año mueren en Estados Unidos unas 33.000 personas en accidentes de tráfico[3]. Las cifras de suicidios son más elevadas, con 41.000[4], mientras que las de homicidios ascienden a 16.000[5]. Los monumentos conmemorativos en los bordes de las carreteras, con flores, cruces e imágenes de los fallecidos, marcan los lugares de muchos accidentes mortales, y monumentos similares honran a veces los lugares de la muerte de los homicidios o incluso de los suicidios. Una tradición más reciente de "bicicletas fantasmas" consiste en colocar una bicicleta pintada toda de blanco, normalmente en zonas urbanas, en los lugares en los que murieron ciclistas atropellados. Además de alertar a los conductores sobre los lugares peligrosos y concientizar sobre los crímenes violentos, estos santuarios son una forma de honrar y llorar comunitariamente a los fallecidos. Estos monumentos, atendidos por familiares y amigos, también afirman la conexión entre los fallecidos y los lugares específicos. Los muertos pasan a formar parte de la historia de estos lugares.

El tipo más potente de monumentos ancestrales suele: 1) incluir un gran número de restos humanos; 2) incorporar los nombres de los fallecidos; 3) estar situado en el lugar de la muerte; 4) honrar muertes relativamente recientes; y 5) marcar un lugar de profunda violencia entre humanos. Entre los ejemplos de monumentos conmemorativos de genocidios acaecidos en el siglo XX que se ajustan a estos criterios se encuentran el Monumento y Museo de Auschwitz-Birkenau en Polonia, el Monumento al Genocidio de Kigali en Ruanda y el Museo del Genocidio de Tuol Sleng en Phnom Penh, Camboya. En cada caso, miles o cientos de miles de muertes violentas ocurrieron en el lugar conmemorativo como parte de un genocidio mayor. Estos sitios no son solo fosas comunes o crematorios, sino también lugares de asesinatos en masa. Los campos de batalla de todo el mundo suelen cumplir estos criterios: el osario de Douaumont, en el noreste de Francia, alberga los huesos de al menos 130.000 combatientes franceses y alemanes no identificados de la Primera Guerra Mundial, una fracción de las más de 900.000 bajas totales estimadas en la batalla de Verdún de 1916; mientras que en Pensilvania, el Parque Militar Nacional de Gettysburg conmemora la mayor pérdida de vidas en una batalla en suelo estadounidense, con más de 50.000 bajas en tres días de lucha en julio de 1863. El genocidio y la violencia humana a gran escala dejan una huella en la tierra, creando una conexión entre esos antepasados y el lugar que perdura a través de la memoria cultural (y potencialmente en otros niveles) mucho más allá de la matanza. Los monumentos conmemorativos bien elaborados son una forma de empezar a transformar el miedo y el sufrimiento en sanación para los vivos, para los muertos y para la tierra que los alberga a ambos.

A excepción de varias catástrofes naturales ocurridas en la primera mitad del siglo XX, los atentados del 11 de Septiembre de 2001 contra el World Trade Center de Nueva York suponen la mayor pérdida de vidas en un solo día y lugar en Estados Unidos desde el final de la Guerra Civil. Ese martes por la mañana, en el bajo Manhattan, murieron más de dos mil quinientos seres humanos en un lapso de dos horas, muchos de ellos en estado de miedo y confusión. Tras los atentados se recuperaron menos de trescientos cuerpos enteros, y en la década posterior se han identificado positivamente fragmentos de huesos de poco más de la mitad de las víctimas. En 2013 se seguían encontrando nuevos restos en los escombros del lugar, y el depósito de restos del World Trade Center sigue analizando los más de diez mil fragmentos de hueso que aún quedan por identificar. Como en la mayoría de estos lugares, las dificultades para identificar los restos humanos pueden agravar el trauma para los vivos y ser una fuente de perturbación para los muertos también.

Si te encargaran la creación del monumento conmemorativo en la Zona Cero, ¿qué principios tendrías en cuenta? El diseño final del Monumento y Museo Nacional del 11 de Septiembre se basa en gran medida en las energías moderadoras de los árboles y del agua en forma de grandes piscinas reflectantes y cascadas. Al armonizar el monumento con las energías naturales en la medida de lo posible en un entorno altamente urbano, los diseñadores invitaron a los mundos vegetales y a las cualidades reconstituyentes del agua a participar en la sanación necesaria en este lugar. Además, al incluir el depósito de restos como parte del monumento, los diseñadores han reconocido el proceso sagrado de cuidar de los restos humanos. Al emplear millones de dólares públicos en la construcción y el mantenimiento de monumentos conmemorativos y en la identificación de restos humanos, afirmamos en algún nivel instintivo que estas cosas importan.

Los antepasados y el mundo natural

Ciertos lugares de la Tierra favorecen una mayor conectividad con los antepasados. En primer lugar, nuestros antepasados hablan a través de nuestra sangre y nuestros huesos. Nos guste o no, somos santuarios de antepasados, santuarios que caminan y respiran.

Los antepasados también pueden hablar a través de lugares específicos del mundo natural. El tema de cómo los seres humanos vivos, los espíritus ancestrales y la cultura material se relacionan con lugares específicos de la naturaleza y con la matriz más amplia de la conciencia ajena a la humana queda fuera del alcance de este libro. Esto se debe, en parte, a que el resto de la naturaleza tiene una enorme complejidad y diversidad, incluso antes de tener en cuenta el significado y la modificación por parte de los humanos. Algunos poderes y lugares salvajes pudiesen ser curativos y amistosos con los humanos, otros ser neutrales o recelosos, y otros ser hostiles. Por tanto, la consideración minuciosa y respetuosa de estos lugares debe tener en cuenta las perspectivas de sus habitantes no humanos.

Haciendo un guiño a la profundidad de este tema, a continuación exploro brevemente tres formas en las que los espíritus ancestrales humanos pueden conservar la conexión, tanto desde su propio lado como en la psique de los vivos, con los lugares del mundo natural:

1. Los seres humanos vivos, empleando sus enseñanzas culturales, pueden asociar automáticamente tipos específicos de seres vivos (por ejemplo, ciertas plantas o animales) y formaciones naturales (por ejemplo, cuevas, cascadas) con los antepasados.
2. Los lugares pueden servir como anclas en la memoria cultural para eventos pasados significativos en esos lugares.
3. Las formaciones naturales pueden estar consagradas de manera que focalicen la conciencia ancestral.

Cuando consideramos que determinados animales o plantas están vinculados a los antepasados humanos, su aparición puede funcionar como un desencadenante o un portal para la conexión ancestral directa. Además, sus moradas también pueden ser portales al reino de los antepasados; por ejemplo, muchas culturas de la Tierra asocian ciertos árboles con los muertos. De este modo, el paisaje de la vida cotidiana está poblado de antenas o puntos de enlace desde los que los antepasados podrían conectarse con nosotros (o viceversa) en cualquier momento. Entre los celtas, el manzano se asocia con Ávalon, el otro mundo, y con la fiesta de Samhain, centrada en los antepasados. En la cultura romana, los sauces se plantaban a veces sobre las tumbas, y los antiguos griegos asociaban el sauce con Hécate, patrona de las brujas y guía de las almas de los muertos. El tejo, el enebro y otros árboles de hoja perenne se asocian a menudo con la muerte y los antepasados en la tradición europea, como en el cuento de Grimm "El árbol de enebro". ¿Hay animales o plantas en concreto que te hagan pensar en los antepasados? Si estas formas de vida habitan en determinadas zonas (por ejemplo, un oso en las montañas cercanas o un sauce a lo largo de un determinado arroyo), ¿piensas también en sus hogares como lugares de mayor contacto ancestral?

En su libro *Wisdom Sits in Places,* Keith Basso explora la práctica de los apaches occidentales de anclar cierto tipo de historias de enseñanza en lugares específicos. Estos relatos implican acontecimientos históricos y narraciones que incluyen a los antepasados, y también hacen hincapié en los lugares donde tuvieron lugar los eventos originales. "Los acontecimientos sin lugar son una imposibilidad; todo lo que sucede debe ocurrir en algún lugar"[6], señala. Para los individuos que se aprenden las historias, el paisaje cobra vida a lo largo del tiempo con diferentes sabidurías ancestrales, cada una de las cuales reside en su respectivo lugar, y cada una de ellas espera ser activada cuando sea necesario en respuesta a los desafíos de la vida. Los lugares y las sabidurías arraigadas en ellos pueden invocarse como insumos curativos, tanto si el lugar está cerca como si no. Basso escribe:

> Viaja en tu mente a un punto desde el que puedas ver el lugar cuyo nombre se acaba de pronunciar. Imagina que estás allí, como si siguieras las huellas de sus antepasados, y recuerda historias de acontecimientos que ocurrieron en ese lugar hace mucho tiempo. Imagina estos eventos en tu mente y aprecia, como si los antepasados te hablaran directamente, el conocimiento que contienen las historias. Aplica estos conocimientos a tu propia situación de preocupación. Deja que el pasado te ayude a entender el presente. Te sentirás mejor si lo haces[7].

Los nombres de lugares pueden ser invocados (debido a los acontecimientos que tuvieron lugar en ellos) de tal manera que transmitan un conjunto condensado de significados que luego puedan aplicarse a otras situaciones. Por ejemplo, Waterloo es el nombre de una batalla histórica en Bélgica que supuso una aplastante derrota para Napoleón, y al mismo tiempo una palabra que puede significar un desastre inminente y servir de advertencia para evitar caminar hacia la propia muerte.

¿Puedes pensar en un lugar que te transmita alguna sabiduría o lección vital gracias a un evento pasado en tu vida? Si te detienes a llamar a tu conciencia a "el sitio donde ocurrió tal cosa" o incluso visitas ese lugar en persona, ¿podrías reconectar con la sabiduría expresada por el acontecimiento? Si otros recordaran esta conexión y la transmitieran después de tu muerte, podemos ver cómo la sabiduría ancestral puede llegar a anclarse en un lugar específico.

Los practicantes de la reverencia a los antepasados también pudiesen optar por establecer un santuario en el mundo natural que favorezca un mayor contacto con los muertos. Por ejemplo, si quieres honrar y estar en comunión con los antepasados conectados a una montaña sagrada específica, puedes pedirles que te guíen a un lugar de esa montaña que sea propicio para el diálogo (por ejemplo, un árbol, una arboleda o una roca en particular). Al regresar, compartir ofrendas y entrar en comunión con ellos allí, estarás consagrando un espacio en la naturaleza para el trabajo con los antepasados. Este espacio no tiene por qué lucir diferente para un transeúnte: algunos de los santuarios de antepasados más energéticos del planeta se comparten según la necesidad de conocimiento y serían irreconocibles para los forasteros. Se me ocurren un puñado de santuarios consagrados en la zona de la bahía de San Francisco por los que casi seguro la gente pasa, así como varias montañas que asocio con muertos humanos. ¿Existen lugares en el mundo natural que ya asocies con los antepasados? ¿Qué hay en estos lugares que te ayuda a conectar?

En la puerta norte de San Francisco, el puente Golden Gate tiene una de las mayores incidencias de suicidio de todos los lugares de la Tierra. De las miles de personas que se han quitado la vida desde la finalización del puente en 1937, los pocos que sobreviven al impacto inicial suelen ahogarse. Para honrar y apoyar a estos antepasados del lugar, en 2008 lideré un ritual para consagrar un árbol de la paz (*barisaa*) en Kirby Cove, un parque público cercano a la base del puente. Este ritual de estilo mongol invita a un árbol vivo a servir de faro y lugar de sanación para los muertos del sitio. El establecimiento de este santuario en este lugar específico incorpora los tres elementos explorados anteriormente. El ciprés de Monterrey, al igual que sus parientes (el cedro y el enebro), se asocia a menudo con los antepasados y con la continuidad de la conciencia después de la muerte. Aunque me sentí atraído por este tipo de árbol debido en parte a la asociación entre los árboles de hoja perenne y los antepasados, igual verifiqué con este árbol en concreto para saber si quería servir de árbol de la paz. En segundo lugar, como vemos en los escritos de

Basso sobre la cultura apache occidental, nuestra intención ritual abarcaba y se conformaba en torno a la historia humana en ese lugar específico. Al centrarnos en los espíritus de los que murieron allí por suicidio a partir de 1937, visualizamos la sabiduría de este lugar específico como la transformación del dolor emocional y el aislamiento en sanación y amor. Por supuesto, hay otras sabidurías en este lugar. Uno podría centrarse en la historia militar y en los búnkeres abandonados, en la fatídica entrada de Juan de Ayala a través del Golden Gate en 1775, o en los anteriores antepasados miwok de la costa del lugar. Por último, la elección de consagrar a ese ciprés como santuario de los antepasados fue pragmática. Ese elemento natural de la cala era uno de nuestros puntos focales rituales más cercanos a un santuario ecológicamente estable en honor a los antepasados locales. Si te sientes atraído por consagrar un árbol de la paz para honrar a los antepasados del lugar, consulta las instrucciones del libro de Sarangerel Odigan *Riding Windhorses*[8].

Nueve propuestas para venerar a los antepasados del lugar

Si estás interesado en honrar a los espíritus ancestrales elevados que habitan cerca de tu casa, el primer paso es preguntarles qué quieren de ti y dejarte llevar por ello (siempre que no sea contrario al sentido común). En lugar de adivinar, pregúntales cómo puedes comunicarles respeto y buena voluntad. Hay que admitir que a menos que seas bastante intuitivo, este tipo de indagación no siempre es tan directa, y puede haber voces contradictorias entre los antepasados. Las sugerencias a continuación te ayudarán en tu camino hacia una relación consciente, edificante y mutuamente satisfactoria con los antepasados del lugar cercano a ti o de los lugares que visitas. Respeta tus límites personales si encuentras energías conflictivas o cualquier otra fuerza potencialmente dañina o negativa.

1. Aprende la historia humana de la tierra

Si te pidiera que conectaras con el espíritu del kudú y no tuvieras ni idea de que es un tipo de antílope sudafricano, estarías en grave desventaja en tu trabajo intuitivo. Si deseas conocer a los antepasados humanos del lugar y no tienes un esquema básico de su historia, te enfrentas a una ardua batalla y corres el riesgo de inventarte cosas. Gracias a internet, unas pocas horas de investigación pueden ampliar tus conocimientos sobre la historia de tu lugar de residencia. Considera la posibilidad de aprender la historia humana del territorio lo suficientemente bien como para idear una narración interesante de cinco a diez minutos para alguien nuevo en la zona. Empieza a ir más allá de los hechos y a hablar de lo que para ti es distinto, bello, terrible y conmovedor de la historia del lugar. Incluye la historia de tus propios antepasados y de la familia que se trasladó al lugar. ¿Cómo llegaron a vivir aquí? ¿Cuáles fueron tus motivaciones, o las de ellos, para venir? Busca a un amigo que esté dispuesto a escuchar tu relato.

2. Aprende la historia ecológica de la Tierra

Casi todos los ecosistemas de la Tierra han sufrido cambios radicales en los últimos siglos debido al colonialismo, las migraciones humanas y el aumento de los viajes. Estos cambios en la flora y la fauna son a menudo paralelos a la historia humana de la tierra y permiten comprenderla. Una forma de acercarse a la alfabetización ecológica es informarse lo suficiente sobre la tierra a la que se llama hogar como para imaginar el paisaje de hace cincuenta, cien o quinientos años. ¿Cómo vivían los seres humanos en aquella época? ¿Cuáles eran sus principales fuentes de alimentación y los ritmos de la vida cotidiana y de las estaciones?

Al entrar en relación con los espíritus locales de las plantas y los animales, te haces amigo de los amigos de los antepasados. Esto pudiese ser a nivel de especie (por ejemplo, los pájaros carpinteros escapularios residentes en la zona de la bahía de San Francisco descienden de pájaros carpinteros que se relacionaban con las comunidades tradicionales de los ohlone antes del contacto con los españoles) o pudiera estar relacionado con un solo organismo (por ejemplo, algunos robles y secoyas presentes hoy en día en esa zona ya existían durante la época precolonial). La comunión directa con estas relaciones no humanas puede ser otra forma de acercarse a los antepasados locales. ¿Qué sabe el pájaro carpintero escapulario de las costumbres tradicionales? ¿Qué recuerdan los robles? Hablar con las piedras de un lugar determinado es otra forma habitual de obtener más perspectiva sobre el largo arco de la historia humana.

3. Asegúrate de que tu casa y cualquier propiedad a tu cargo sean vibrantes

Si eres propietario o incluso si rentas una propiedad, lo ideal es que la consideres como un fideicomiso sagrado que requiere ser administrado. A nivel físico, es posible que tengas que ocuparte de la basura, la contaminación u otros peligros ambientales. Mantener el interior de los espacios vitales limpios, vibrantes y bien cuidados también promueve una energía positiva que se extiende a las zonas circundantes. Ten en cuenta el impacto ecológico de las plantas y los animales de tus propiedades, y esfuérzate por ser una influencia positiva general para tus vecinos humanos, los ecosistemas locales y la ecología espiritual del lugar. Si no atendemos primero a nuestros propios hogares de forma bastante literal, al llegar a los poderes locales corremos el riesgo de saltarnos pasos. Como pauta que puede aplicarse a una visita de una semana o a toda una vida, intenta dejar cualquier lugar en mejores condiciones que cuando llegaste.

4. Comprende y cuando sea posible honra los protocolos más antiguos para habitar la Tierra

La tierra en sí misma es una convergencia viva y respirante de muchos poderes antiguos diferentes, algunos de los cuales aparecen a las formas modernas de pensar en forma de montañas, ríos, bosques, piedras, etc. La convergencia ecológica de la biosfera es la danza de los dioses. Tradicionalmente, muchas culturas han mantenido relaciones activas y conscientes con estas fuerzas, y como resultado, estas fuerzas son capaces de guiar a los humanos sobre cómo vivir en relación consciente y recíproca con ellas a lo largo del tiempo. Esto incluye el comportamiento adecuado que deben seguir las personas que son nuevas en la zona; por ejemplo, si se viaja a un pueblo tradicional cerca de una montaña sagrada, puede ser costumbre hacer ofrendas no solo a los antepasados de la familia anfitriona, sino también al espíritu de la montaña. ¿Se conocen todavía costumbres y protocolos para relacionarse conscientemente con la tierra en la que vives? Si es así, considera la posibilidad de aprender sobre ellos y determinar si sería beneficioso y respetuoso observarlos.

5. Presenta a tus antepasados a los espíritus del lugar

Durante una conferencia sobre los espíritus de lugar, los asistentes preguntaron a la artista y educadora ohlone Catherine Herrera, cómo pueden los no nativos transmitir respeto a los antepasados nativos de la zona de la bahía de San Francisco cuando realizan trabajos rituales en la tierra del lugar. Herrera sugirió: "Hagan que sus antepasados conozcan a los antepasados de este lugar"[9]. Esto, por supuesto, depende de que conozcas a tus propios antepasados. En otras palabras, trabajar con tus antepasados de sangre te permite relacionarte más profundamente con los antepasados de lugar. Cuando los individuos llegan a un punto de claridad con sus antepasados de sangre, he podido ver el impacto que tiene cuando se los presentan por medio de un ritual a los antepasados de un lugar en específico. En algunos casos, los antepasados de lugar ofrecen una bienvenida más sincera una vez que conoces y amas a tus propios antepasados. Considera la posibilidad de llevar una ofrenda de paz y buena voluntad a los antepasados locales de parte tuya y de tu pueblo, algo sencillo y biodegradable. Ubica un lugar en la naturaleza para dejar la ofrenda, y tómate un momento para compartir algunas buenas palabras con los que deseas honrar.

6. Identifica las áreas de vitalidad y perturbación ancestral y atiende una de cada una

En la mayoría de las zonas con una historia sustancial de ocupación humana, existen espacios que están vinculados con los antepasados de manera relativamente pacífica y otros que llevan una huella pesada. Para mí, las montañas que rodean a la bahía de San Francisco son un lugar en el que he sentido a los antepasados más antiguos en formas alentadoras. Para otros, los cementerios, los lugares de culto o los sitios históricos pueden ser lugares de tranquilidad y contemplación. Identifica un lugar que te ayude a sintonizar con los antepasados locales. En el extremo menos pacífico del espectro, las áreas de perturbación pueden comprender lugares donde en el pasado ocurrieron asesinatos, guerras, opresión o sufrimiento humano, así como espacios sagrados que hayan sido profanados. Según mi experiencia, los cementerios tienden a ser pacíficos, pero si están físicamente perturbados o no están bien armonizados con las demás energías locales, pudiesen generar algunas leves alteraciones. En los espacios más conflictivos, se pueden utilizar rituales básicos para de una manera suave y gradual transformar las energías pesadas y atascadas en expresiones más compatibles con la vida humana. Atender uno o varios lugares conflictivos de tu zona puede ayudarte a sentirte más conectado con todo el espectro de la conciencia ancestral local y darte la satisfacción de haber prestado un servicio útil. En cualquier caso, respeta tus límites personales y mantén claros los energéticos, en especial cuando te relaciones con los muertos con problemas. Ponerse mal porque les has permitido entrar en tu cabeza no es un acto de servicio útil.

7. Incorpora formas de honrar a los antepasados del lugar en tus prácticas actuales

Si tienes una práctica ritual, ¿alguna vez honras o invocas a los antepasados locales? ¿Los maestros o las tradiciones con las que practicas reconocen a los antepasados humanos como parte de la ecología espiritual del lugar? Aun si estos antepasados no han formado parte de tus devociones hasta la fecha, experimenta con la inclusión de una sencilla oración de reconocimiento a los muertos que residen cerca del lugar donde realizas el ritual. Esto no significa necesariamente llamarlos para que formen parte activa de tu práctica (aunque pueden elegir participar tanto si los invitas como si no); sin embargo, el simple gesto de respeto puede abrir nuevas vías de energía y conectividad. También puedes considerar la posibilidad de hacer ofrendas periódicas a los antepasados locales al comienzo o al final del ritual. Prueba a honrarlos de forma humilde, sin pedirles nada, y fíjate en el eco que te devuelven con el tiempo.

8. Defender las necesidades tangibles de los vecinos humanos y no humanos

Tan solo en Estados Unidos hay más de mil doscientas especies de plantas y animales en peligro de extinción. Algunas de ellas son tótems animales populares o "aliados chamánicos". Si el lobo, el bisonte o el cóndor se te aparecen como amigos espirituales o guías, una forma poderosa de reciprocidad es apoyar a las organizaciones que trabajan en pro de la supervivencia de estas especies. Asimismo, si sintonizas con los espíritus locales del lugar y entras en contacto con espíritus ancestrales humanos que no son de tu sangre, infórmate sobre las preocupaciones de sus descendientes vivos. Pregúntate si existen maneras de convertirte en un aliado consciente y útil. Cualquier acción de servicio útil se reflejará en tu cuerpo energético y apoyará las relaciones en curso.

9. Pregunta a los antepasados del lugar cómo puedes honrarlos

A riesgo de afirmar lo obvio, una vez que tengas una línea clara de conexión con los antepasados locales de un lugar determinado, puedes simplemente preguntarles cuál sería una forma adecuada de honrarlos. Asegúrate de nunca prometerles (a ellos ni a ningún otro ser) algo que no puedas cumplir. Tampoco querrás hacer nada ilegal, contrario al buen sentido ecológico o demasiado inusual para los estándares locales. Mantente abierto a orientaciones y directivas inesperadas de los antepasados locales, y asegúrate de verificar con tu propia intuición y con tus guías establecidos que cualquier cosa que se sienta como demasiado involucrada. Si pones en práctica un mensaje de este tipo, fíjate en el efecto dominó que se produce, y en los días y semanas posteriores, comprueba si el gesto ha sido bien recibido. Como en cualquier relación, al final obtendrás lo que decidas aportar con el tiempo.

Este capítulo finaliza con un ritual básico que puede utilizarse para iniciar el contacto con los espíritus ancestrales humanos espirituales y más o menos receptivos del lugar donde vives. Este ejercicio asume que algunos (si no la mayoría) de los antepasados humanos que han vivido y muerto cerca de tu hogar no son parte de tu familia de sangre extendida, de hecho, pudiesen ser de diferentes raíces étnicas y culturales. De nuevo, cuanto más hayas trabajado con tus propios antepasados familiares y de sangre, más podrás relacionarte respetuosamente con los antepasados locales que no pertenezcan a tu familia o etnia. Recuerda que experimentar un contacto beneficioso con antepasados del lugar que no forman parte de tu herencia personal no te da derecho a hablar en nombre de las comunidades con cuyos antepasados hayas contactado. Por último, ten en cuenta que los antepasados de lugar, al igual que los seres humanos vivos, pueden tener un espectro completo que va desde los altamente conscientes y útiles hasta los problemáticos y perjudiciales. Sé discerniente.

EJERCICIO CATORCE

RITUAL PARA SALUDAR A LOS ANTEPASADOS DE UN LUGAR

INTENCIÓN: Ofrecer un ritual para reconocer y honrar a los antepasados de un lugar específico (por lo general el lugar donde vives).

QUÉ NECESITAS: Estar al aire libre en la naturaleza, ofrendas naturales, y conocer la historia del lugar, si es posible.

I. **Antes de hacer este ejercicio**, consulta tu propia intuición y tu guía espiritual para determinar si es una buena idea ofrecer un ritual para honrar a los antepasados de un lugar concreto. Considera las siguientes preguntas:

- ¿Es buena idea para mí hacer esto? ¿Es el momento adecuado?
- En caso afirmativo, ¿en qué antepasados del lugar me centraré? (Por ejemplo, antepasados indígenas, primeros colonos, todos los habitantes anteriores). ¿O voy a ofrecer un ritual para honrarlos a todos colectivamente?
- ¿Dónde haré el ritual? (Es útil elegir un lugar que ya conozcas y donde no te molesten).
- ¿Es mejor ofrecer este ritual de honra solo o en un grupo pequeño? Si fuese en grupo, ¿a quién invitaré a unirse a mí?

Nota: Si sabes que otras comunidades de culto ya realizan rituales en un lugar o consideran que ese lugar es sagrado, elige un lugar diferente a menos que tengas permiso explícito de esos grupos.

2. **Una vez que tengas claras las preguntas anteriores, prepárate para el ritual**.

- Infórmate sobre la historia humana de la tierra.
- Recorre la tierra y explora el lugar donde ofrecerás el ritual. Confirma que tus intenciones sean bienvenidas, y estate abierto a escuchar un "no".
- Si te van a acompañar otras personas, armoniza el plan con ellas para minimizar la confusión.
- Decide qué ofrendas llevarás, preguntándoles a los antepasados de la tierra qué quieren. Pueden ser alimentos tradicionales o no. Lleva únicamente ofrendas naturales y biodegradables que sean bienvenidas en ese espacio.
- El día del ritual lleva lo que necesites para estar cómodo en la tierra y en los elementos sin necesidad de apresurarte.

3. **El día del ritual**, ten en cuenta que todo lo que hagas mientras te pones en marcha y llegas es, en potencia, parte del propio ritual. Cuando llegues al lugar en el que vas a trabajar, haz una ofrenda básica y una oración mientras comienzas a caminar por la tierra. En la oración, declara quién eres, quiénes son tus antepasados y por qué has venido.

4. **Instálate en tu ubicación ritual y comienza con una invocación**. (Consultar el capítulo 6, página 103, para ver una descripción de estos pasos rituales básicos).

- Invita a tus guías y maestros, incluyendo a tus antepasados, para que estén contigo y apoyen este ritual. Permanece con esta intención hasta que sientas que están presentes y que puedes proceder.
- Haz una ofrenda básica a los antepasados locales. Deja el grueso de tu ofrenda para más adelante, pero da algo que invite a los que deseen ser honrados a unirse a ti. Podrías decir algo como: "Si hay antepasados de este lugar que deseen dar un paso adelante para ser honrados, les doy la bienvenida".
- Una vez que percibas una respuesta de su parte, preséntate de nuevo a través de tus antepasados. Hazles saber quién eres, por qué has

venido y que estás abierto a escucharlos. Un ejemplo: "Me llamo (*tu nombre*), hijo de (*nombres de tus padres*) y nieto de (*nombres de tus abuelos*); nuestro pueblo es de (*lugares de mayor ascendencia en general*). He venido a presentar mis respetos, a escuchar y a hacer ofrendas con la intención de quedar bien con ustedes".

- Preséntales tus ofrendas como gesto de honor y respeto. Ten claro en todo momento que solo deseas relacionarte con los espíritus sanos del lugar.

5. **Solo escucha**. Siéntate en meditación silenciosa y receptiva. Si tú o los demás presentes están acostumbrados a visionar con los espíritus utilizando instrumentos o canciones, ahora es el momento de entrar en ese espacio. Haz lo que te ayude a sintonizar. La intención es entrar en comunión con los antepasados presentes. Algunas preguntas que puedes mantener en tu conciencia son:

- ¿Qué les gustaría que supiera y entendiera sobre esta tierra y los antepasados de este lugar?
- ¿Hay algo que pueda hacer o no para honrarlos? ¿Hay algún gesto de respeto que sería bienvenido?

Nota: Ten en cuenta que sus mensajes pueden no ser cálidos y difusos. Puede que quieran que veas cosas difíciles. Honra tus límites, y si sientes que es demasiado, comunícalo respetuosamente.

6. **Puede que escuches ciertas peticiones de los antepasados del lugar**. Mantente abierto, pero al mismo tiempo no aceptes nada que no puedas cumplir (por ejemplo, prometer que volverás una vez al mes o que traerás ofrendas específicas y que luego no lo hagas). Recuerda que estás en una etapa de construcción de confianza. Sé honesto contigo mismo y con ellos en lo que respecta a lo que puedes hacer; es mejor no comprometerse. Si estás en un grupo, asegúrate de que nadie se comprometa en exceso, porque eso los afectará a todos.

7. **Completa el tiempo de comunión directa**. Pregunta si hay algo más que los antepasados quieran que veas o entiendas. Quédate con ellos hasta que sientas una finalización natural.

8. **Agradece a los antepasados de ese lugar, así como a tus propios guías y apoyos.** Cierra el ritual pidiendo que cualquier energía inútil o pesada se quede allí. Permanece en la conciencia del ritual mientras sales del sitio.

9. **Cuando te dispongas a irte, haz una ofrenda final** por todos los seres allí presentes y pide perdón por cualquier falta de respeto o descuido involuntarios.

10. **Considera la posibilidad de volver a visitar el sitio para integrarlo en otro día.** Si regresas, reflexiona sobre cómo experimentas ahora la tierra allí en tu corazón e intuición. Observa el espacio que ocupan los antepasados para que tu imagen de la tierra los incluya. Ve a los antepasados humanos como parte de la ecología del lugar, una fuerza viva de la tierra.

Nota: Este tipo de reconocimiento ritual podría conducir a una relación continua con los antepasados de lugar. Si es así, recuerda ser culturalmente sensible sobre el tema y no pretendas hablar en nombre de los antepasados que no sean los tuyos (revisar el capítulo 11 sobre reencarnación y vidas pasadas).

ONCE

ANTEPASADOS
POR AFINIDAD,
ALMAS MÚLTIPLES
Y REENCARNACIÓN

Muchos de los antepasados humanos más inspiradores e influyentes no están relacionados con nosotros ni por la sangre ni por los lugares a los que llamamos hogar. Un término que engloba a estos otros es el de *antepasados por afinidad*. Pueden ser familiares, amigos, maestros y héroes culturales, antepasados de la tradición espiritual y pioneros de la vocación elegida. En este capítulo aprenderás a plantearte el apoyo de los antepasados por afinidad así como a solicitarlo. El capítulo también proporcionará un marco para tratar con las almas múltiples, la reencarnación y las vidas pasadas. El capítulo concluye con un ejercicio para armonizar tu experiencia con las tres categorías de antepasados exploradas en este libro: sangre/familia, lugar y afinidad.

Antepasados por afinidad

La siguiente sección explora cuatro tipos de antepasados de afinidad: amigos, maestros y héroes culturales, antepasados de tradición espiritual y antepasados de vocación. Mientras leas, fíjate si hay antepasados de estas categorías con los que ya sientas una conexión. ¿Existen otros tipos de antepasados por afinidad que sean importantes para ti?

Amigos queridos

Como se ha mencionado en capítulos anteriores, los antepasados de un determinado linaje pueden llegar a aceptar como familia a individuos selectos que no están emparentados por sangre. Esto puede ocurrir de forma natural con el tiempo, o puede acelerarse mediante adopciones, matrimonios y rituales similares. En estos casos, los amigos se convierten en familia y tienen esencialmente dos (o más) conjuntos de antepasados, una especie de doble ciudadanía en el otro mundo, con todos los privilegios y responsabilidades que conlleva. Otros amigos no son familia en sí; son simplemente amigos personales queridos de un tipo u otro que nos preceden en la muerte.

Si te relacionas con uno de estos antepasados, te aconsejo que tomes las mismas precauciones básicas que cuando te relacionas con cualquiera que haya fallecido hace poco. Lo más importante es que te asegures de que estén brillantes en espíritu, lo ideal es que estén tan bien o mejor que tú. Si los amigos que han fallecido te visitan en espíritu y no parecen estar bien, te animo a hacer oraciones, ofrendas y, si se puede, rituales de reparación en su nombre hasta que se hayan unido de una manera clara a sus propios antepasados. Si decides ayudar a tus amigos de esta manera, asegúrate de que cuentes con el permiso de tus propios guías para hacerlo, de que el espíritu del fallecido desea tu apoyo y de que respetes tus propios límites y la sensibilidad de la familia viva.

En ocasiones, los individuos preguntan sobre las relaciones continuas con amigos fallecidos como guías ancestrales. Suponiendo que el individuo en cuestión esté en realidad vibrando y no esté manteniendo un vínculo inútil para evitar la transición, no veo ningún problema, aunque en lo personal prefiero relacionarme con linajes de antepasados. Si deseas mantener una relación con el espíritu de un amigo fallecido (o crees que ellos desean seguir manteniendo esa relación contigo), te sugiero seguir los pasos a continuación:

- Asegúrate de que se hayan unido a sus queridos antepasados y guías propios y de que sean vibrantes en espíritu. Esto suele implicar darles espacio durante al menos unos meses, si no más, después de su muerte.

- Una vez hayas confirmado que están bien en espíritu, asegúrate de que ni tú ni tu amigo fallecido deseen mantener la conexión solo para evitar el dolor de la pérdida. El duelo es normal y saludable.

- Si tu amigo está bien en espíritu, ambos están emocionalmente actualizados y todavía mantienen un deseo común de relacionarse de forma regular, haz que el espíritu de tu amigo fallecido conozca a sus antepasados familiares y a otros guías y maestros. Mantente abierto a lo que tus guías tengan que decir, y determina si creen que esta relación sería beneficiosa para ti. Contempla la posibilidad de escuchar que lo mejor es separarte o solo interactuar de vez en cuando con el espíritu de este amigo.

- Si los amigos fallecidos son el único tipo de guía espiritual con el que te relacionas, considera la posibilidad de buscar otros tipos de guías dedicados a tu despertar y camino personal.

Estas sugerencias no pretenden disuadirte de estar en comunión con los espíritus de tus amigos. Sin embargo, por mi formación y experiencia, he aprendido que la mayoría de las veces es mejor relacionarse con los espíritus de los amigos fallecidos de forma ocasional, con veneración y amor, pero no necesariamente como guías regulares que luego se integran a la propia familia espiritual. Además de permanecer abierto al contacto ocasional a través de sueños o visiones durante la vigilia, recuerda que siempre puedes venerar a los espíritus de los amigos durante los festivales anuales de los antepasados o las fiestas espirituales comunitarias.

Maestros, mentores y héroes culturales

Otro tipo importante de antepasados por afinidad son los mentores, maestros y héroes culturales inspiradores. Estos pueden ser simplemente figuras que durante su vida humana nos mostraron un gran amor y cuidado de tal manera que lograron cambiar el curso de nuestras vidas para mejor.

También pueden ser líderes políticos, artistas y otras figuras públicas inspiradoras. Por ejemplo, al final de mi adolescencia, me nutrí de la poesía de Allen Ginsberg y tuve la oportunidad de oírle hablar en persona dos veces antes de su muerte. A través de su conexión con Walt Whitman, Ginsberg fue para mí un modelo de la posibilidad de comulgar con un artista ancestral en el oficio que uno ha elegido. Recuerdo claramente el día que recibí la noticia de la muerte de Ginsberg: tuve la sensación de que su espíritu se vertía como una especie de sustancia tangible y mágica en cada una de sus palabras y acciones, la unión del alma y el legado. Aunque no invoco a Allen Ginsberg ni a Walt Whitman por sus nombres en mi santuario de antepasados, para mí son héroes culturales y se encuentran entre los antepasados poderosos cuyo valor y creatividad abrieron puertas en mi vida y en la de innumerables personas.

¿Qué maestros y guías, tanto personales como públicos, han enriquecido tu vida y se encuentran ahora entre los antepasados? Si nunca lo has hecho, considera la posibilidad de hacer una lista de aquellos que te hayan marcado profundamente y ofrecerles un sencillo ritual o una sincera oración de gratitud.

Antepasados de tradición espiritual y de linaje

Casi todas las tradiciones espirituales veneran a sus fundadores humanos y a otras figuras importantes, aunque estas tradiciones desaconsejen las prácticas abiertas de reverencia a los antepasados o el diálogo con los muertos. Por ejemplo, la silsila o cadena de transmisión que se encuentra en muchas órdenes sufíes islámicas, afirma la importancia de situarse en un linaje de antepasados devotos y ejemplares. La práctica del zen suele incluir el canto de los nombres del propio linaje del dharma o la sucesión de maestros iluminados hasta el Buda histórico o los fundadores de linajes importantes. Las congregaciones cristianas se inspiran y se consuelan con las historias bíblicas de patriarcas, profetas y santos. Cualquier persona representada o invocada como parte de la práctica religiosa puede constituir un ejemplo de reverencia a los antepasados. ¿Quiénes son los antepasados venerados en tu fe? ¿De qué manera has aprendido a afirmar y renovar tus relaciones con ellos?

Aunque no sea un elemento de tu tradición, puedes aplicar los principios de la veneración a los antepasados para profundizar en tu práctica personal. Cuando te sientas atascado o desanimado, ¿qué harían los antepasados de tu fe? ¿Cómo imaginas que te aconsejarían y elevarían? Roshi Joan Halifax, maestra budista zen, escribió: "La veneración a los antepasados confirma la continuidad de la existencia en el tiempo y el espacio o lugar. El mundo vuelve a estar en equilibrio a través de la renovación de la vida ceremonial que confirma esa continuidad"[1]. Como Roshi Halifax sugirió a los participantes en un retiro al que asistí con ella: "Las prácticas mismas son el cuerpo de los antepasados". Fíjate en las formas en las que te conectas con los antepasados de linaje a través de las palabras y las prácticas compartidas. Cuando sientas que estés en un lugar de equilibrio e inspiración, ¿de qué manera pudiesen los antepasados de linaje espiritual estar ya guiándote y apoyándote?

Los antepasados de vocación

En muchas culturas tradicionales, las divisiones entre lo sagrado y lo secular son menos pronunciadas: los alfareros veneran a los dioses que dan forma a los cuerpos humanos a partir de la arcilla, los pescadores hacen ofrendas a las diosas del río y del mar, y los herreros se alinean con los señores del fuego y del metal. El trabajo no está separado de la vida, y todos participan en la transformación de los poderes elementales en bruto en alimentos, refugio y ofrendas tanto para la comunidad humana como para los dioses. Suponiendo que tengas una vocación u oficio, ¿te has detenido alguna vez a considerar sus antepasados y raíces sagradas? Algunas profesiones contemporáneas (por ejemplo, gerente de oficina, conductor de camión, programador de computadoras) pudiesen no parecer tan conectadas con otras más antiguas; sin embargo, al examinarlas más de cerca, estas también tienen raíces en lo sagrado. Un director de oficina contemporáneo suele recurrir a las habilidades que conocían las primeras generaciones de escribas y archiveros, comerciantes y mercaderes, y los jefes de proyecto empleados por cualquier ciudad-estado antigua con grandes núcleos de población a los que alimentar, alojar y defender. Los conductores son tan antiguos como las ruedas, los carros y las bestias de carga, y comparten la soledad de los viajes de larga distancia y el conocimiento necesario de los caminos entre lugares. La tecnología de la información moderna, al igual que los sistemas telefónicos e informáticos, se basa en innovadoras mezclas de metales refinados (tierra elemental) y electricidad (fuego elemental), a menudo con un elemento de transmisión o almacenamiento de datos. De este modo, según el tipo específico de trabajo informático, estas vocaciones podrían verse como una colaboración entre los dioses de la forja, los espíritus del rayo y el fuego eléctrico, y las deidades de la comunicación y la encrucijada. ¿Cuáles son las fuerzas específicas de la naturaleza y los análogos ancestrales de tu ocupación elegida? El siguiente ejercicio presenta una forma de aplicar los principios básicos de la veneración a los antepasados asociados a tu vocación.

⨯

EJERCICIO QUINCE
CELEBRAR A LOS ANTEPASADOS DE VOCACIÓN

INTENCIÓN: Buscar antepasados que puedan apoyar tu destino y vocación específicos.

QUÉ NECESITAS: Un espacio tranquilo y cualquier otro apoyo para la visión (por ejemplo, tambor, ofrendas).

¿Qué constituye el corazón de tu trabajo? ¿Quiénes son los fundadores sagrados de tu vocación? Este ejercicio te ayudará a conectar con los antepasados de vocación que te precedieron y que pueden ayudarte a valorar y comprender las raíces sagradas de tu trabajo. Como con cualquier ritual, antes de empezar, consulta a tu intuición y a tu guía para ver si este es un trabajo beneficioso para ti en este momento. Si obtienes un sí, sigue la progresión del ritual que aparece a continuación y adapta los detalles según tus preferencias.

1. **Antes del ritual**, reflexiona sobre la vocación en la que te centrarás. Esta puede ser o no la vocación que te genere ingresos (es decir, puedes amar la pintura sin ganarte la vida como pintor). Una vez que hayas elegido, pregúntate qué sabes ya sobre las raíces históricas de esa vocación.

- Intenta ver tu vocación en su forma más esencial (por ejemplo, un camionero puede ser un mensajero, un explorador que conoce los caminos entre las cosas y alguien con afinidad por la soledad). Si tu trabajo implica la creación de algo físico, considera los elementos implicados (por ejemplo, los cocineros trabajan estrechamente con el fuego y los frutos de la tierra, y los cirujanos con el metal, las artes curativas y los misterios del cuerpo). Investiga los diferentes nombres que se han utilizado a lo largo del tiempo para describir esa vocación y lo que revelan sobre sus orígenes sagrados.

- Pregunta qué personas a lo largo de la historia se destacan como modelos ejemplares de tu vocación. Aunque no puedas nombrarlos, ¿qué te impresiona de ellos?

- Pregunta qué tipo de ofrenda pudieses aportar a esos antepasados, una que ellos apreciarían y disfrutarían.

2. **Establece un espacio ritual**. Al entrar en el ritual, llama a tus guías de apoyo y a los maestros y antepasados que ya conozcas, y pídeles su bendición y protección para el ritual. Una vez que tengas su visto bueno, pide a los antepasados de tu vocación que se presenten ante ti de forma segura y apropiada. Asegúrate de solo llamar a las energías buenas o brillantes.

- Preséntate por medio de tus antepasados y de tu vocación. Hazles saber que has venido para aprender y, posiblemente, para recibir apoyo.

- Una vez que sientas su presencia, hazles cualquier ofrenda. Puedes presentarlas tanto a un antepasado como a todo el grupo.

3. **Pasa un tiempo en comunión ritual** con estos colegas antiguos. Tras escucharlos abiertamente, puedes preguntarles:

- ¿Cómo era para ellos realizar el tipo de trabajo que hacían? Suponiendo que compartan una experiencia similar, ellos y tú podrían conversar un poco y compartir sobre el trabajo que hacen.

- ¿Cómo ven su trabajo? ¿Hubo otros espíritus o poderes con los que interactuaron? Si es así, ¿cuál de ellos te serviría reconocer?

Fíjate en lo que te invitan a ver como sagrado y cómo puede ayudarte a sacar tus dones a nivel del alma para hacer lo que haces de forma aún más eficaz. Esto puede incluir extender una bendición de protección si tu ocupación es peligrosa.

4. **Cuando te sientas preparado, completa el ritual**. Da las gracias a los antepasados por lo que han compartido. Asegúrate de anotar cualquier invitación para un mayor compromiso o "tareas pendientes". Vuelve a prestar atención y haz algunas anotaciones si te resulta útil.

Almas múltiples

Existen dos incógnitas sobre la naturaleza del alma y el viaje posterior a la muerte que pudiesen influir en tu enfoque de las relaciones con los antepasados. Una es la siguiente: *¿Nuestra alma es única o poseemos almas múltiples?* Según mi experiencia, la mayoría de la gente en Occidente nunca ha considerado la posibilidad de que su alma o espíritu pudiese ser otra cosa que una fuerza o presencia única. Pero las tradiciones establecidas de reverencia a los antepasados abordan el tema de las almas múltiples de diversas maneras, y el trabajo sostenido con los antepasados no depende de ninguna postura específica sobre este tema.

Otras interrogantes todavía más comunes son: después de morir, *¿nuestra alma (o diferentes almas) renacerá(n) en forma humana o de otro tipo? ¿Reencarnaremos? ¿Ya hemos reencarnado?* Una pregunta complementaria: Suponiendo que reencarnemos, ¿conservamos alguna conexión con nuestras vidas pasadas?

Suelo eludir las cuestiones relacionadas con la reencarnación y la naturaleza del alma. Mi respuesta instintiva a las preguntas teóricas sobre estos temas suele ser una combinación de "no lo sé", "en realidad no importa" y "opta por lo que te parezca más mágico e inclusivo". En su lugar, prefiero un enfoque pragmático de los antepasados. No presto mucha atención a las vidas pasadas, ni he visto a mis maestros y ancianos en las tradiciones paganas, el chamanismo mongol, las formas nativas americanas o Ifá/Òrìsà prestar mucha atención al tema. Esto no significa que ellos o yo descartemos la posibilidad de experiencias de vidas pasadas. En lo personal, simplemente no me motiva enfocarme en ello. Sin embargo, sé que con la popularidad que tienen en Occidente las experiencias de vidas pasadas y las terapias, es imposible eludir del todo las preguntas sobre la reencarnación y las vidas pasadas en un libro sobre los antepasados.

Examinemos primero la cuestión de las almas múltiples. Con la excepción de las enseñanzas esotéricas matizadas en las que hacen hincapié grupos relativamente pequeños dentro de cada fe, el judaísmo, el cristianismo y el islamismo tienden a enseñar de forma más o menos explícita que los humanos tienen una sola alma o espíritu. Esto no sorprende, ya que tendemos a ver el mundo exterior que nos rodea como un reflejo del nivel interior o subjetivo. Estas tradiciones enfatizan la unicidad o singularidad de Dios, por lo que esta suposición de unidad subyacente puede extenderse fácilmente al alma humana, en especial si somos "creados a imagen y semejanza de Dios". Esta suposición de un Dios/un alma no es ni buena ni mala, pero las creencias humanas son extremadamente diversas. No todas las culturas hacen hincapié en la unicidad de Dios o del alma humana.

De hecho, muchas sociedades y religiones entienden que el espíritu humano es múltiple, como una convergencia de diferentes fuerzas o almas que se unen al principio de la vida y que pueden ir en diferentes direcciones después de la muerte. Ejemplos de estas tradiciones son las celtas y nórdicas, las de Ifá/ Òrìsà, la antigua religión egipcia, algunos linajes del budismo, las cosmologías andinas y las formas de vida de los lakota. Estas tradiciones pueden reconocer o no una coherencia subyacente, un Dios o un creador; las dos perspectivas no se excluyen una a la otra.

Ciertamente hay elementos de verdad en ambos puntos de vista, al igual que existen místicos, videntes y curanderos muy despiertos dentro de cualquier tradición. Si eres nuevo en la idea de las almas múltiples, por favor, siente tu camino hacia esta perspectiva y nota cómo puede resonar o diferir de tu experiencia. Para ilustrar algunos conceptos de la perspectiva de las almas múltiples, he aquí un resumen de unas de las tradiciones.

En 1999, y de nuevo en 2003 hasta su fallecimiento en 2006, aprendí de la chamán buriatomongola Sarangerel Odigan de qué manera su cultura ve las almas múltiples y los antepasados. A continuación, presento un breve esbozo de este marco de comprensión de las almas múltiples; considéralo como un ejemplo de las muchas formas posibles de entender tu relación con los antepasados. Según algunos mongoles tradicionales, lo que podríamos considerar como el alma (singular) se describe más exactamente como un conjunto de tres almas, que funcionan de diferentes maneras para animar y mantener el cuerpo físico. En mongol se las conoce como la *suld*, el *ami* y el *suns*; en español las considero respectivamente como nuestras almas de hueso, sangre y estrella. Estas tres almas comienzan a converger en el momento de la concepción, dan lugar a nuestro sentido del yo durante la vida y suelen separarse después de la muerte. Nuestra conciencia básica del "yo soy" es un compuesto de la conciencia de estas tres almas en cada momento. Estos puntos de vista suelen implicar (o afirmar) que la mayoría de estas almas, o todas ellas, continúan su camino después de la muerte del individuo. Como resultado, surgen diferentes tipos de antepasados humanos, cada uno de los cuales requiere protocolos o enfoques específicos, y cada uno de los cuales corresponde a ciertos aspectos de nuestra conciencia. Exploremos cada una de las tres almas en el modelo buriato mongol compartido por Sarangerel.

El alma ósea y corporal (suld)

El alma dominante en la personalidad humana es la suld, el alma ósea o corporal. La suld se distingue de las otras dos almas en algunos aspectos importantes: por un lado, es exclusiva de los seres humanos, mientras que los animales poseen las otras dos almas. En una conversación personal, Sarangerel especuló que las almas *suld* llegaron a la Tierra hace unos 150.000 años, más o menos cuando los humanos empezaron a divergir de forma pronunciada de los demás animales. A diferencia de las otras dos, la suld permanece firmemente arraigada dentro del cuerpo físico. "Al igual que el cuerpo es único en esta vida, también lo es la suld, y ambos están estrechamente asociados hasta que el cuerpo muere, momento en el que la suld se asienta en la naturaleza. Si la suld abandona el cuerpo, el cuerpo muere casi de inmediato"[2]. Cuando los chamanes buriatos guían el ritual para localizar y reintegrar el alma errante de un paciente, pueden buscar cualquiera de las otras dos almas, pero no el alma suld.

Sarangerel enseñó que, de las tres almas, la suld es la que más influye en nuestra personalidad y en nuestro sentido del yo. A diferencia de las otras dos, la suld solo nace una vez; esto implica que las experiencias de esta vida, incluidas las de la familia viva, suelen tener el mayor impacto en la formación de la personalidad humana. Después de la muerte, mientras las otras dos almas hacen la transición desde esta dimensión y se preparan eventualmente para renacer, la suld se instala en el mundo natural, ya sea cerca del lugar de la muerte o en un lugar conocido por el recién fallecido. Muchas almas suld se convierten en *ezen* o espíritus guardianes de formaciones naturales como piedras, árboles y masas de agua. Al igual que otros tipos de espíritus de la naturaleza, las almas suld pueden ser útiles, problemáticas o no poseer interés en los asuntos de los humanos. Siguen cambiando después de la muerte, pero se encarnan como humanos solo una vez.

A partir de este modelo, ¿en qué lugar del mundo natural imaginas que se instalaría tu suld después de la muerte? ¿Cuál es su lugar de mayor resonancia con la naturaleza a nivel del alma?

Los espíritus ancestrales que fueron almas suld antes encarnadas también se encuentran entre el tipo de guía ancestral más buscado por los chamanes mongoles. Esto se debe en parte a que las almas suld permanecen dentro de la matriz de conciencia que es la naturaleza; en otras palabras, siguen estando presentes. Por ejemplo, Sarangerel enseñó que muchas almas suld de las primeras naciones o de los antepasados nativos americanos se han integrado con el mundo natural durante los últimos miles de años, en lo que hoy en día comprende el territorio abarcado por Estados Unidos. Para ella, esta es una de las razones por las que tantos habitantes no nativos de Norteamérica afirman haber sido contactados por antepasados nativos en sueños y visiones durante la vigilia.

Partiendo de esta idea, ¿quiénes son las probables almas suld o antepasados de lugar donde vives?

Sarangerel también enseñó que las almas suld a veces molestan a los vivos, especialmente en lugares con historiales de traumas históricos y muertes violentas. En una conversación que mantuvimos a principios de 2003, hablamos de los atentados del 11-S, y yo compartí la opinión, sostenida por varios maestros que conocía entonces de que, debido a las oraciones mundiales y a las muestras de cariño, las almas de los muertos del 11-S gozaban de un enorme apoyo en su viaje para reunirse con los antepasados. Sarangerel estaba de acuerdo en que las almas suns (estrellas) habían hecho la transición, pero sentía que no se había hecho ningún ritual para las almas suld. Contó que mientras dirigía una ceremonia del Árbol de la Paz (revisar el capítulo 10, página 222) cerca de la Zona Cero a principios de 2003, las almas suld de los muertos se le aparecieron como un "estadio lleno", miles de ellas necesitadas de cuidados, y que durmió durante un día entero después de la ceremonia.

El alma de sangre y aliento (ami)

Si el alma suld u ósea corresponde estrechamente a los antepasados del lugar (capítulo 10), entonces el ami, el alma de sangre y aliento, se relaciona con los antepasados familiares y el ciclo de reparación del linaje (capítulos 5 al 9), aunque el trabajo de sanación familiar también se basa en gran medida en las experiencias de esta vida (suld). Sarangerel caracterizó al ami como la menos dominante de las tres almas en la formación de la personalidad humana; el orden de influencia es suld, suns y ami, respectivamente. De las dos almas que se reencarnan, la ami suele seguir a las estirpes; de ahí la tendencia en muchas culturas a ver a los recién nacidos como antepasados que regresan. Además de la asociación con la sangre, en mongol la palabra ami está relacionada con las palabras *vida* y *aliento*, y ami se asocia a menudo con las aves y el vuelo.

Antes de la concepción, el alma ami viaja desde su nido en las ramas del Árbol del Mundo por el río espiritual Dolbor, descendiendo desde el reino de la diosa madre Umai y el mundo superior para entrar en la puerta del nacimiento y bendecir al recién nacido con su primer aliento. En especial durante la infancia o en casos de trauma, el alma ami puede huir del cuerpo físico. Si el alma ami asustada no regresa de forma espontánea, pueden ser necesarias intervenciones rituales para localizar y devolver el alma ami al cuerpo. Según Sarangerel, el tipo más común de recuperación de almas realizado por los chamanes mongoles es recuperar y devolver un alma ami descarriada. En algunas partes de Siberia, se utilizan tatuajes de pájaros para asegurar el ami dentro del cuerpo. Tras la muerte física, el ami regresa como un pájaro a lo largo del río Dolbor a su hogar en los reinos del cielo.

Recuerda que los humanos no son los únicos con alma ami. Por ejemplo, los protocolos de caza exigen reverencia hacia los cazados, y estos códigos de respeto se basan en parte en la comprensión de que, después de la muerte, las almas ami de los animales cazados informarán al ami colectivo de las especies de esa localidad que están esperando para nacer. Cuando los cazadores se comportan de forma respetuosa con los animales que matan, mejora la reputación de esa comunidad humana entre la comunidad de espíritus de los animales (a la inversa, las faltas disminuyen la reputación del cazador). Esta reputación, a su vez, informa sobre dónde deciden nacer los futuros animales. El que los cazadores honren a las almas de los parientes animales afecta directamente los niveles de población de la caza local, lo que a su vez favorece la supervivencia de la comunidad humana.

El alma ami es portadora de lo que podríamos considerar como instinto corporal, memoria genética o memoria de vidas pasadas asociadas a nuestros antepasados biológicos. También nos vincula con los misterios del aliento y la sangre: el viento y el agua.

Entendiéndose lo anterior, ¿tienes parientes que murieran antes de tu nacimiento cuyo ami pudiese estar ahora mismo ayudando a animar tu cuerpo? ¿Has visto en visiones durante la vigilia o en sueños qué tipo de forma de pájaro adoptará tu ami cuando regrese a casa de la Gran Madre después de tu muerte?

El alma estelar y el alma fantasma (suns)

La tercera de las tres almas que convergen para crear la conciencia humana es el suns. Al igual que el ami, el suns se reencarna, aunque no necesariamente a lo largo de las estirpes, lo que hace que el suns sea nuestra principal fuente de recuerdos de vidas pasadas de diferentes culturas y afinidades con otros tiempos y lugares. De este modo, el alma suns se corresponde con los antepasados afines (aquellos que no están vinculados ni por la sangre ni por la geografía). Al tomar forma humana antes del nacimiento y fluir por el río espiritual Dolbor hacia las profundidades de la Tierra después de la muerte, las almas suns suelen visualizarse como si viajaran por el agua cuando están fuera del cuerpo. Entre encarnaciones, las almas suns habitan en el mundo inferior y son supervisadas por Erleg Khan, señor del inframundo. Sarangerel también hablaba de las almas suns como si estuvieran vinculadas a las estrellas y al ser cósmico.

De nuestras tres almas, el suns es el más propenso a convertirse en una fuente de perturbaciones, enfermedades y tormentos. El título de la popular película *Ghost* de 1990, con Patrick Swayze, se tradujo al mongol como *Suns*. Las prácticas chamánicas para resolver las persecuciones o las posesiones espirituales pueden incluir la escolta de las almas suns rebeldes o que aún no hayan hecho la transición a su lugar de residencia apropiado con Erleg Khan en el mundo inferior. Sarangerel consideraba que las almas suns descarriadas eran un factor común en las enfermedades físicas y mentales. Las almas suns también se asocian en la tradición buriata mongola con la capacidad de transformarse en formas animales. Pueden habitar temporalmente en la forma física de animales u otros seres humanos (ten en cuenta la tendencia a asociar a los seres queridos fallecidos con apariencias animales inusuales o animales específicos en el transcurso del tiempo).

En el capítulo 8 presenté formas de asociarse con guías ancestrales amorosos y brillantes para ayudar a los muertos atribulados cuando se trabaja con los antepasados de la familia, pero estos mismos espíritus caprichosos pueden causar problemas a personas que no pertenezcan a su familia. En otras palabras, todos los muertos problemáticos son parientes de alguien. Digamos que el espíritu atormentado de mi bisabuelo sigue viviendo en mi casa, y un amigo me visita desde fuera de la ciudad. Si este amigo no puede dormir en toda la noche o sufre una inexplicable y desagradable caída por las escaleras, mi amigo no está siendo afectado por uno de sus propios antepasados atribulados, sino que es el equivalente a encontrarse en la calle con un desconocido infeliz. Los fantasmas o las almas suns descarriadas tienden a adherirse a las personas o a los lugares, siendo los primeros más comunes en mi experiencia. Las almas suns que permanecen aquí después de la muerte y que se centran en personas vivas suelen continuar un vínculo establecido en vida (por ejemplo, el espíritu de un padre, hijo o cónyuge fallecido). Los que están más apegados a los lugares suelen haberlos frecuentado en vida, han muerto cerca de ellos, o simplemente les resulta fácil conectar con los seres humanos vivos del lugar (por ejemplo, los fantasmas de los bares).

Cuando diagnostiques un problema de apariciones o de embrujo, intenta estar seguro de que no estés siendo paranoico o delirante. Algunas personas que creen tener un problema de apariciones tienen afectaciones de salud mental más sistémicas, otras son personas bastante equilibradas que en realidad tienen "invitados", y algunas necesitan tanto atención psicológica como ayuda con las apariciones. Busca segundas y terceras opiniones sobre esta evaluación de fuentes fiables siempre que sea posible. Si llegas a la conclusión de que un espíritu humano problemático se ha vinculado de algún modo a ti o habita en tu casa, considera la posibilidad de ponerte en contacto con un especialista (revisar también el apéndice). En un apuro, las oraciones sinceras y las ofrendas generosas pueden ayudar, y muchos elementos de la sección del capítulo 8 "Trabajar con muertos y espíritus relacionados con serias dificultades" (página 167) también se aplican cuando se trata de espíritus desconocidos o almas suns.

Así, desde la perspectiva buriata, la conciencia humana es un compuesto de tres almas o fuerzas discretas que convergen en torno al nacimiento y que viajan en direcciones separadas después de la muerte. Sí, hay reencarnación (almas ami y suns), y no, no hay reencarnación (almas suld). Sí, las almas reencarnadas nacen siguiendo la misma estirpe (alma ami), y no, no se guían por las estirpes (alma suns). Este modelo de almas múltiples permite que coexistan muchos tipos diferentes de experiencias. También implica que los individuos criados por sus familias biológicas pueden esperar que, en promedio, unos dos tercios de su sentido del yo (el alma suld y el alma ami) se reflejen en el mundo que les rodea. Las personas criadas por padres adoptivos o sin conexión con su familia biológica pueden esperar que cerca de un tercio de su identidad a nivel del alma (la suld) se corresponda con su familia de origen. Es probable que todo el mundo tenga alrededor de un tercio de su energía del alma (suns) que no se refleje necesariamente en su cultura de origen, aunque también es posible que el alma suns elija reencarnarse en la misma cultura, comunidad o familia.

Esta forma de entender el alma también sugiere que tenemos diferentes tipos de antepasados y, al morir, las diferentes almas que nos componen se convierten en diferentes tipos de antepasados. En otras palabras, pudiésemos experimentar la continuidad de la conciencia después de la muerte en varias direcciones diferentes. Por extensión, un sentido del yo o de la identidad puede existir en múltiples lugares en el mismo momento (esto también es cierto durante la vida). Después de la muerte, tú (es decir, los tres) puedes al mismo tiempo desplegar tus alas e ir "hacia la luz", hacer tu camino de vuelta al oscuro vientre de la Tierra, y simplemente salir por la puerta hacia los bosques cercanos. Si tienes una pregunta que comience con "¿Es posible que...?", lo más probable es que la respuesta sea afirmativa, ya que el modelo no intenta conciliar la pluralidad de forma definitiva ni hacer encajar todas las piezas. Según este modelo, el cual es común en las culturas indígenas, cada uno de nosotros es una convergencia dinámica de múltiples fuerzas que incluyen no solo la conciencia humana, sino la tierra, los elementos y las estrellas.

Reencarnación y vidas pasadas

Casi siempre que he oído a la gente hablar de la reencarnación y de las vidas pasadas en relación con los antepasados, asumen que existe un modelo de alma única. Esto da lugar a preguntas como: "¿De qué manera puedo relacionarme con mis antepasados si ya se han reencarnado?". Mi intención al explorar la cuestión de las almas múltiples ha sido hacer que este tema sea más abierto y amplio, menos seguro y lineal. Por ejemplo, si dos de las tres almas que te animan ahora estuvieron encarnadas antes en la Tierra, esto significaría que las personas que aún viven en la Tierra hoy pudiesen estar haciéndote ofrendas o incluso invocando a una o dos de "tus" almas ahora mismo como uno de sus antepasados. En lo personal, no soy consciente de que alguien haya invocado mis encarnaciones anteriores como antepasados, y no experimento ser el antepasado de otras personas, pero tampoco descarto la posibilidad, ya que el tiempo no es lineal y solo soy consciente de una pequeña fracción de mi experiencia a nivel de alma en un momento dado. Esto puede ser parte de la razón por la que en el sistema buriata los guías ancestrales tienden a ser almas *suld* (que solo encarnan una vez).

Si tienes la práctica de honrar a tus antepasados por su nombre, es lógico que pudieses estar llamando a almas que tras la muerte se hayan reencarnado como tú, el que invoca. Esto plantea una pregunta común: "¿Cómo distinguir la relación con un espíritu ancestral de la memoria de vidas pasadas?". Aunque enseñó y escribió sobre los puntos de vista de los buriatos sobre la reencarnación y las almas múltiples, nunca oí a Sarangerel hablar de forma verdadera sobre los recuerdos de vidas pasadas, ni animar a los estudiantes a buscar recuerdos de vidas pasadas, ni sacar este tema en las sesiones de sanación. En última instancia, la creencia en la reencarnación parcial o total no requiere que nos centremos en las vidas pasadas en esta vida, y no es un tema en el que yo haga hincapié. Para ser transparente sobre mis reservas, a continuación hablaré de tres riesgos que se corren al enfocarse en las vidas pasadas: insensibilidad cultural, inflación del ego y reducción interpretativa de la relación con los antepasados.

Vidas pasadas e insensibilidad cultural

Han sido incontables las veces durante la última década en que personas con poca o ninguna ascendencia indígena reciente, me han dicho que fueron nativos americanos o africanos o afroamericanos en una vida pasada. Sin embargo, podría contar con una mano o probablemente con un dedo el número de veces que he oído a nativos o afroamericanos hacer afirmaciones en el espacio comunitario sobre vidas pasadas (de cualquier tipo). ¿Por qué la diferencia? Creo que es bastante común que las almas humanas nazcan en culturas totalmente diferentes a las de sus encarnaciones anteriores. No estoy discutiendo la realidad espiritual del renacimiento, sino llamando la atención sobre cómo estas afirmaciones pueden funcionar cultural y socialmente en un mundo con considerable racismo, sexismo y desigualdad. Por ejemplo, si como un privilegiado hombre estadounidense de ascendencia europea le digo a un grupo de mujeres afroamericanas que en una vida pasada fui una esclava en Carolina del Sur a principios del siglo XIX, puedo esperar, en el mejor de los casos, que me den la espalda por grosero e ignorante. Estoy haciendo (al menos) tres afirmaciones para comprender ámbitos de experiencia que nunca he experimentado ni experimentaré en esta vida: ser de ascendencia africana, ser mujer y tener un estatus socioeconómico diferente (en este caso, estar relacionada con otros seres humanos como propiedad). Afirmaciones como esta suelen ser insultantes porque pueden minimizar fácilmente las profundas formas en que la raza, el género, la clase, la religión y otros factores similares dan forma a la experiencia en esta vida.

También he oído a personas insinuar que deberían tener un acceso más rápido al estatus o que no deberían someterse a la misma formación y disciplina espiritual que los demás debido a sus afirmaciones sobre vidas pasadas. Hacer años de meditación en una vida pasada puede conferir beneficios en esta vida, pero no te da un pase libre en tu práctica de meditación hoy. Imagina que te subes a un avión y te informan en pleno vuelo de que tu piloto nunca fue a la escuela de vuelo, pero que tiene fuertes recuerdos de vidas pasadas en las que pilotó aviones en la Segunda Guerra Mundial. La persona que más se reencarna en la Tierra, su santidad el decimocuarto Dalai Lama, pasa varias horas al día meditando y estudiando las enseñanzas budistas. El hecho de que haya pasado las pruebas que confirman que es la reencarnación del decimotercer Dalai Lama (y de sus doce predecesores) no le otorga un pase para librarse de la disciplina.

Si crees estar experimentando recuerdos de vidas pasadas de una cultura distinta a la tuya, te sugiero que lo utilices como catalizador para informarte mejor sobre los pueblos vivos hacia los que sientes atracción o aversión. Si te relacionas directamente con esos individuos en esta vida, ten en cuenta que tus afirmaciones de pertenecer a esa cultura en una encarnación anterior no te dan derecho a nada, y en general es mejor mantenerlas en secreto. Si tu afinidad es sincera y tu compromiso es respetuoso, es posible que con el tiempo llegues a ser conocido y respetado entre otros grupos culturales, pero por la persona que eres en esta vida y por cómo te muestras en el presente. Si evitas hacer afirmaciones desagradables sobre vidas pasadas, tus recuerdos personales de vidas pasadas pueden incluso ayudarte a sentir una mayor empatía por el sufrimiento histórico de una comunidad o individuo. Si fuiste un jefe indígena en una vida pasada, la humildad y la ética de servicio deberían ser naturales para ti, así que empieza a modelar esto con todas las personas de tu vida. Si fuiste un esclavo en el sur de los Estados Unidos, tu anhelo de justicia e igualdad a nivel del alma debería ayudarte a identificar los problemas actuales que exigen una mayor justicia y corrección social. En pocas palabras: sé fiel a ti mismo en esta vida y espera que los demás también te vean así. Honrar a tus propios antepasados y a tu(s) cultura(s) de origen es una gran base a partir de la cual iniciar un diálogo respetuoso con personas de distintos orígenes.

Vidas pasadas e inflación del ego

El término ego, de valor neutro, se refiere aquí al sentido del yo personal. Parte de la maduración espiritual y psicológica incluye el cultivo de un ego o sentido del yo sano, con resiliencia y de una dimensión adecuada. Pensar que somos mejores o peores que los demás es una forma de egoísmo o de inflar nuestro ego (pensar que somos peores que los demás se ha descrito como inflación negativa del ego). En ambos casos, todo gira en torno a nosotros, es decir, se centra demasiado en el yo personal. ¿Cómo pudiesen influir las vidas pasadas en este problema? Las afirmaciones sobre recuerdos de vidas pasadas a veces refuerzan historias poco útiles sobre quiénes y cómo somos. Por ejemplo, si soy profundamente inseguro y por tanto deseo que los demás me consideren importante, puedo afirmar que fui un líder importante en una vida pasada. Si busco contrarrestar o contener mi inflado sentido del yo (y este proceso es a menudo inconsciente), puedo afirmar haber sido una persona victimizada en una vida pasada (por ejemplo una víctima del Holocausto, una bruja quemada en la hoguera o un nativo americano asesinado mientras defendía a su pueblo). Este segundo tipo de afirmación es un tipo de egoísmo más sutil, ya que implica que la persona que hace la afirmación es humilde, perseguida o incluso víctima, aunque no haya pasado por esas experiencias en esta vida, al menos no en la manera que afirma. En ambos ejemplos, hay una oscilación entre formas positivas y negativas de inflación del ego. No estoy diciendo que las almas de los faraones y de las brujas quemadas no renazcan, pero es importante concienciar y reflexionar con ojo crítico sobre cómo funcionan psicológica y socialmente estas reivindicaciones de la memoria de vidas pasadas.

Los recuerdos de vidas pasadas, trabajados de forma autorreflexiva, pueden ser catalizadores para la integración del ego y la sanación personal. Si sufres de baja autoestima crónica, los recuerdos de vidas pasadas de haber sido un líder importante pudiesen ayudarte a activar cualidades de liderazgo en tu vida actual. Si tienes problemas para acceder al dolor personal de esta vida, el trabajo con la experiencia de vidas pasadas como víctima pudiera ayudarte a comenzar el duelo. Trabajar con los recuerdos de vidas pasadas como si se tratara de un sueño o una visión durante la vigilia también puede fomentar un sentido más flexible de la identidad y una mayor capacidad para acceder a diferentes perspectivas. Ofrezco dos pautas para trabajar con los recuerdos de vidas pasadas. En primer lugar, hay que estar dispuesto a preguntarse: "¿Cuál es mi motivación para compartir esto con los demás?" antes de hacerlo. Tal vez la intención de compartir durante una sesión de psicoterapia sea dar voz a percepciones que de otro modo serían de difícil acceso en tu viaje de sanación. Es relativamente común que las personas con una historia de trauma cuenten recuerdos de traumas de vidas pasadas en lugar de hablar de traumas más abrumadores o preverbales ocurridos en esta vida. En otra situación, compartir una vida pasada en un círculo espiritual puede estar motivado por un deseo de mayor aceptación o validación por parte de otros miembros del círculo. Esta estrategia puede ser contraproducente. El objetivo puede lograrse mejor diciendo algo más directo y honesto como: "Los valoro mucho a todos y me siento vulnerable al saber ahora mismo lo mucho que me importa su opinión sobre mí. ¿Estarías dispuesto a compartir algo que aprecies de mí (en esta vida)?". En segundo lugar, el objetivo de trabajar con el material de vidas pasadas no es reforzar viejas historias, sino resolver experiencias anteriores de manera que conduzcan a una mayor integración en la vida presente. En este caso, la pregunta podría ser algo así: "¿Qué me pide este recuerdo de vidas pasadas que encarne en esta vida, y cómo puedo vivir esta lección hoy, de una vez por todas?". De este modo, el trabajo con los recuerdos de vidas pasadas apoyará la integración equilibrada del ego en el presente, y también prevendrá los riesgos de la inflación del ego y de perderte en un laberinto de historias sobre encarnaciones anteriores.

Las vidas pasadas como barrera para el contacto ancestral

He conocido a muchas personas que tienen una práctica rica e involucrada en el trabajo con los recuerdos de vidas pasadas, pero que no poseen ningún interés en relacionarse con los antepasados. Todas las imágenes, sentimientos e impresiones que no pueden ser rastreadas a la experiencia de esta vida, se asume que son de vidas pasadas. Suponiendo que coexistan las dos verdades, que la reencarnación se produce y que los antepasados son "reales" como una fuerza más allá del yo personal, ¿cómo se pueden diferenciar? ¿Cómo saber si la experiencia de los antepasados es un contacto real con una fuerza externa a uno mismo o si se trata de un caso de acceso a un recuerdo de una vida pasada?

Antes de intentar responder a esta pregunta, debo aclarar por qué es tan importante. En la experiencia de vidas pasadas, no hay una relación entre el yo y el otro; todo es el yo. No es tan diferente de la experiencia de vidas pasadas o de años pasados. Si ves a otros seres meramente como un aspecto del yo, estos otros seres pueden sentirse irrespetados y no vistos en la relación, y pudieses intentar integrarlos en tu sentido del yo de formas que pueden ser problemáticas. Esto sucede a menudo cuando las personas tratan de resolver los apegos con espíritus dañinos o intrusiones espirituales solo a través de la integración psicológica del material de la sombra. Algunas cosas no son tú, y el no reconocer esa verdad fundamental puede contribuir a la inflación del ego, la fragmentación psicológica o la enfermedad física. Por otro lado, si externalizamos aspectos del yo, incluidos los que provienen de encarnaciones anteriores, entonces podríamos pasar algún tiempo hablando esencialmente con nosotros mismos. Pero las consecuencias de esto no suelen ser tan perjudiciales como intentar integrar energías ajenas a tu identidad personal.

La base para distinguir recuerdos de vidas pasadas de contactos ancestrales es desarrollar un sentido corporal de la diferencia entre ambos. Mi postura por defecto es asumir que cualquier corriente de conciencia que no esté compuesta por recuerdos de esta encarnación y que alcance un nivel de intensidad más allá de la simple ensoñación o imaginación puede tratarse de un caso de contacto con un espíritu distinto a mí. A menudo, el simple hecho de hacer una pausa para preguntarse "¿Es esto un aspecto del yo o es 'otro'?" ayudará a aclarar la situación, ya que rara vez otros seres desearán ser percibidos como un mero aspecto del yo. Cada vez que decidas dedicarle atención a un espíritu ancestral, considera preguntarles a tus guías establecidos si estás tratando con un espíritu distinto o con un aspecto de ti mismo que aún no está integrado. Al igual que los seres humanos vivos, otros espíritus pueden entrar en nuestras vidas durante un período de tiempo para ayudarnos a integrar lo que ellos representan. En otras palabras, incluso los antepasados u otros poderes útiles inevitablemente reflejan algún aspecto de nosotros mismos.

Trabajo de integración con la familia, el lugar y los antepasados por afinidad

El modelo buriato de las almas múltiples ami, suld y suns corresponde de cierta forma a los antepasados de sangre, lugar y afinidad o espíritu. Existen prácticas en la tradición buriata para armonizar la energía de estas tres almas en el cuerpo. Si ese marco cultural te interesa, consulta los escritos de Sarangerel Odigan. Para otros, ¿cómo pudieses empezar a armonizar tus relaciones con estos diferentes tipos de antepasados?

Dependiendo de las circunstancias de tu vida, estos tipos de antepasados pueden no ser particularmente distintos para empezar. Por ejemplo, mi tío abuelo Donald, ya fallecido, trabajaba en una granja familiar en Bedford, Pensilvania. Sí, los antepasados de lugar en Bedford incluyen a los shawnee y otros pueblos nativos, y también de tres a cinco generaciones de Foors, Clarks, Samses y Bequeaths previas a Donald, así como otros antepasados de sangre que Donald y yo compartimos. No solo los antepasados de Donald de sangre y de lugar estaban alineados entre sí, sino que los hombres y mujeres del linaje Foor han trabajado la tierra cerca de Bedford como agricultores desde finales de 1700. Y al igual que muchos de los primeros inmigrantes del suroeste de Alemania que dieron lugar a la cultura denominada Pennsylvania Dutch, Donald era luterano. Sus antepasados de vocación y de linaje espiritual eran congruentes con los antepasados de sangre y de lugar. En su caso, las prácticas para armonizar diferentes tipos de antepasados habrían sido innecesarias y redundantes, aparte del hecho de que Donald podría haber encontrado el tema de los antepasados un poco "fuera de lugar" (siendo él un hombre luterano con los pies en la tierra).

Otro ejemplo de la armonización entre diferentes tipos de antepasados de sangre es la negociación invisible que tiene lugar en las relaciones comprometidas y en la crianza de los hijos. Cada uno de nosotros representa una convergencia de muchos linajes, y las relaciones íntimas no son una excepción. Aunque tú y tu pareja o parejas no compartan hijos, lo ideal es que sus respectivos antepasados armonicen para el bienestar de la relación. Los hijos, por supuesto, aportan su propia alquimia ancestral a la familia. Los padres que crían a niños adoptados o hijos de parejas anteriores pueden beneficiarse de trabajar tanto con los antepasados familiares personales como con los antepasados biológicos del niño. Tener un sencillo altar comunitario para honrar a los diferentes linajes puede favorecer la integración y la armonía familiar.

El siguiente ejercicio puede utilizarse como punto de partida para entrelazar las diferentes líneas de trabajo con los antepasados. Asegúrate de haber completado el ejercicio 11, "Armonizar tus cuatro linajes primarios", y el ejercicio 14, "Ritual para saludar a los antepasados de un lugar determinado". Si es necesario, realiza la siguiente práctica por partes, completando un paso a la vez. Mantente abierto a tus sueños y recuerda que debes involucrar tu creatividad e intuición cuando te acerques a los antepasados.

EJERCICIO DIECISÉIS

ARMONIZAR A LOS ANTEPASADOS FAMILIARES, DE LUGAR Y POR AFINIDAD

INTENCIÓN: Presentar y armonizar con delicadeza a los antepasados familiares, de lugar y por afinidad.

QUÉ NECESITAS: Un espacio ritual con tres altares básicos o lugares de veneración, tres copas o recipientes rituales de agua fresca, un cuarto recipiente vacío más grande que los otros, y ofrendas sencillas y naturales para cada uno de los tres tipos de antepasados.

Este ejercicio reúne, en un sentido ritual, los diferentes tipos de antepasados con los que has estado trabajando. Asegúrate de haber completado la segunda parte y los ejercicios de la sección anterior antes de continuar, porque este ejercicio más avanzado se basa en el trabajo anterior. Como con cualquier ritual, antes de empezar, consulta a tu intuición y a tu guía para ver si este es un trabajo beneficioso para ti en este momento. Puede que recibas el mensaje de que está bien trabajar con dos de las tres agrupaciones de antepasados (por ejemplo, solo los antepasados de la familia y de lugar, o solo los antepasados de la familia y del linaje). El ejercicio que sigue describe cómo armonizar los tres tipos de antepasados, pero modifícalo para solo dos de los tres si es necesario. Confía en tu propio ritmo; está bien proceder por etapas.

1. **Establece un espacio para el ritual.** Prepara un sitio para tu ritual con tres lugares diferentes para honrar. Puedes hacerlo de forma sencilla: por ejemplo, tres trozos de tela diferentes como base, tres velas y otras ofrendas y símbolos para honrar a estos tres tipos diferentes de antepasados. A continuación, coloca un cuenco ritual o un vaso de agua limpia, uno en cada lugar de homenaje, y un cuarto vaso vacío cerca de ti. Sugiero establecer el lugar de veneración para tus antepasados familiares en el centro, con los antepasados de lugar y de afinidad a cada lado. El cuarto vaso vacío puedes colocarlo más cerca de ti, entre tú y el lugar de veneración a los antepasados familiares.

2. **Comienza el ritual** con una invocación u oración general. Sintoniza con cada agrupación de antepasados, empezando por tus antepasados de familia y/o sangre.

   • Pide a tus antepasados familiares que estén presentes, y asegúrate de sintonizar solo con aquellos antepasados que ya estén bien y brillen en espíritu. Haz una sencilla ofrenda de agradecimiento y respeto, y observa si tienen algún mensaje para ti en este momento. Después de darles la oportunidad de hablar, vuelve a confirmar que deseen participar. Si es así, pídeles que impregnen el vaso de agua con sus bendiciones. Siéntate pacientemente con ellos hasta que sientas que este proceso se ha completado.

- Dirige tu cuerpo y tu atención al segundo lugar de veneración, y llama a tus antepasados por afinidad o linaje espiritual para que estén presentes. De nuevo, asegúrate de que ya estés en relación con ellos en sus propios términos antes de hacer este ejercicio. Presenta tus ofrendas y observa si tienen mensajes para ti en ese momento. Después de compartir un momento escuchándolos con el corazón, confirma que estos antepasados también deseen participar. Si escuchas un sí, pídeles que infundan el vaso de agua con sus bendiciones. Siéntate con ellos pacientemente hasta que sientas que este proceso se ha completado.

- Dirige tu cuerpo y tu atención al tercer lugar de veneración, e invita a los antepasados del lugar a estar presentes. Como en el caso anterior, asegúrate de que ya estés en relación con ellos, y solo llama a aquellos con los que ya hayas establecido una relación. Presenta tus ofrendas, y reconfirma que deseen participar. Si escuchas un sí, invita a estos antepasados a infundir la copa de agua con sus bendiciones. De nuevo, siéntate pacientemente con ellos hasta que sientas que este proceso se haya completado.

3. **Vuelve a tu centro**, a una posición neutral, y nota la presencia de estos tres grupos de antepasados, cada uno distinto y presente en el espacio ritual compartido.

- Cuando te sientas movido a hacerlo, transfiere el agua infundida de bendiciones de tus antepasados familiares al cuarto recipiente vacío. A continuación, elige uno de los otros dos vasos de agua bendecida (de los antepasados de lugar o de afinidad) y añádelo al cuarto vaso. Después de combinar estos dos vasos de agua, mantén estos dos grupos de antepasados en tu conciencia con la intención de que se conozcan de una manera adecuada. Puedes hablar en voz alta o simplemente escuchar; en cualquier caso, deja espacio para que se produzca este encuentro.

• Cuando tus antepasados familiares y la segunda agrupación de antepasados se sientan asentados y en armonía, procede a incluir la tercera agrupación. Una vez que hayas añadido su agua bendecida al cuarto recipiente, mantén las tres agrupaciones de antepasados en tu conciencia. Ya sea en voz alta o con la voz silenciosa del corazón, mantén la intención de que se conozcan de una manera adecuada. Dale tiempo a esta reunión para que se desarrolle y fíjate si tienen algún mensaje para ti en esta etapa.

• Recoge el cuarto recipiente que ahora contiene las bendiciones combinadas de las tres agrupaciones. Observa si hay algo más que deseen expresar o añadir a estas bendiciones antes de que participes, y cuando sea el momento indicado, bebe. Obviamente, no sientas que necesitas tomarte todo si es un recipiente muy grande. Si estás acostumbrado en tu práctica ritual a trabajar con bebidas alcohólicas (por ejemplo, ginebra, hidromiel, vino), puedes considerar la posibilidad de sustituir los vasos de agua por vasos con estas sustancias. Solo hay que asegurarse de que los líquidos se presten a ser combinados y sean agradables para los antepasados presentes.

4. **Siéntate a reflexionar en silencio.** Después de recibir la bendición combinada, dedica un tiempo a la reflexión. Observa la dinámica entre tus antepasados familiares y los de afinidad. Mantén ambos en tu conciencia al mismo tiempo. ¿Hay algo que estas dos agrupaciones de antepasados quieran comunicarte sobre su relación? Haz lo mismo entre tus antepasados familiares y los antepasados de lugar. ¿Hay algo que quieran transmitir? ¿Cómo te sientes al tener estos dos grupos en tu conciencia? Por último, mantén a los tres en tu conciencia. ¿Existen áreas de tensión o desarmonía por parte de ellos? ¿Hay alguna conexión sorprendente o alineación natural entre ellos?

5. **Cierra el ritual dando las gracias** a todos tus antepasados. Comprométete a honrar la diversidad y la humanidad común de cada uno. Son almas y linajes diferentes, pero también pueden experimentarse como una energía compleja y (más o menos) armonizada, tu interfaz personal con el espíritu más amplio de la humanidad.

Unirse
A LOS ANTEPASADOS

Queda por abordar un último aspecto de la relación con los muertos: la transición de esta vida a la siguiente. En este capítulo reflexionaremos sobre nuestra propia mortalidad y sobre las formas en que deseamos ser honrados cuando muramos. Conocerás el papel de los elementos (fuego, agua, viento y tierra) en los rituales para cuidar el cuerpo después de la muerte y en el simbolismo que rodea a la otra vida. Este capítulo concluye con prácticas para apoyar en los funerales, formas de navegar por las etapas del viaje posterior a la muerte y sugerencias para honrar el primer aniversario del fallecimiento de un ser querido.

Preparación para la muerte

Cuando se nos invita a reflexionar sobre nuestra propia muerte, nos puede tentar la imagen de estar rodeados de seres queridos al final de una larga vida, liberándonos tranquilamente del cuerpo con muy poco dolor. Algunos de nosotros realmente disfrutaremos de alguna versión de este final de cuento de hadas, la clásica "buena muerte". En lo personal, no estoy convencido de que hacer un trabajo interior y vivir como un ser humano consciente y ético tenga alguna relación particular con el momento y la forma de nuestra salida de este mundo. Creer lo contrario es alimentar la ilusión de que, a diferencia de otras personas, uno puede controlar el momento de su muerte y el funcionamiento del destino. Pero la evidencia sugiere de forma abrumadora que incluso las personas buenas y sanas a veces mueren de manera repentina o de forma violenta y agónica. Para muchos de nosotros, la muerte llegará de repente, con dolor o miedo, y en estados que son cualquier cosa menos lúcidos. La muerte no tiene que ver con lo que merecemos, y morir, al menos en la mayoría de los casos, no tiene que ver con el castigo. No obstante, la siguiente sección supone un escenario óptimo de varios meses relativamente libres de dolor durante los cuales podremos prepararnos para la muerte.

Meses finales

Si crees que vas a morir en los próximos meses, antes de hacer paracaidismo o peregrinar espiritualmente a tierras lejanas, considera la posibilidad de ocuparte primero de tus asuntos y relaciones personales. Esto incluye el cuidado de los asuntos legales y los activos financieros, así como decidir el destino de tus posesiones personales. Todo ello puede abordarse con relativa facilidad mediante la creación de un testamento; sin embargo, menos de la mitad de los estadounidenses han dado este paso. Las personas que se ven obligadas a gestionar las complejidades legales y financieras de un ser querido junto con el proceso de duelo pueden dar fe de los beneficios de crear de forma proactiva una última voluntad y testamento. Cuando reflexiones sobre el destino de tus posesiones personales, ¿puedes pensar en algún objeto que te gustaría que fuese enterrado o incinerado contigo? ¿Hay algún objeto ritual que deba pasar a otros practicantes de tu tradición o que requiera algún tipo de cuidado especial? Recuerdo los relatos sobre la confusión que existía en torno al cuidado de las herramientas consagradas y espirituales de mi amiga Sarangerel Odigan, luego de su repentino fallecimiento en 2006. En unas pocas horas, y hasta empleando algún recurso en línea, puede crearse un testamento legal que brinde alivio a esas preocupaciones. Esto puede dar tranquilidad a tu familia en caso de un fallecimiento inesperado, y es también útil para ponerse al día con tu vida.

Planificar con antelación también te permitirá recibir la extremaunción que desees. ¿Sabes qué quieres que se haga con tu cuerpo después de tu muerte? Si mueres con los ojos abiertos, ¿te gustaría que te los cerraran? ¿Te gustaría donar tus órganos o cuerpo a la medicina o la investigación científica? Si vas a ser enterrado o incinerado, ¿quieres que primero se lave tu cuerpo o se le vista de una forma determinada? ¿Te gustaría que tus seres queridos celebraran una vigilia o cualquier otro ritual de homenaje en los días inmediatamente posteriores a tu muerte? Considera la posibilidad de compartir tus respuestas a estas preguntas y otras que te parezcan importantes con alguien de confianza, o escribe un plan funerario. Esto puede incluirse en tu testamento o en un documento de "última voluntad" destinado a complementar el testamento. La siguiente sección, "Los ritos funerarios y el cuerpo después de la muerte", pudiese darte luz sobre las opciones con las que cuentas.

Una vez que los asuntos prácticos estén en orden, ¿quedan cuestiones importantes que resolver con los vivos? Como comenté en los capítulos 8 y 9, dejar este mundo con asuntos inacabados puede ser un lastre en nuestro viaje al más allá y pudiera acabar afectando negativamente a los familiares y amigos vivos que necesitan su propio cierre. En términos pragmáticos, la resolución emocional nos ayuda a convertirnos en antepasados. Si antes de morir tienes unos meses lúcidos, o incluso unos días lúcidos, considera la posibilidad de reunirte en persona con las personas importantes de tu vida y comunicarte de alguna manera con otras personas que puedan beneficiarse al saber de ti. Cuando esto no sea posible, la correspondencia escrita es una gran manera de concretar sentimientos importantes, incluso si otra persona tiene que escribir por ti, o si quieres que las cartas solo se lean después de tu muerte. Las prácticas de muchas tradiciones nos animan a afrontar y hacer las paces con nuestra muerte, a estar preparados para morir en cualquier momento. Esta preparación incluye, sin lugar a dudas, estar lo más al día posible con las personas de nuestra vida.

Dejando a un lado el paracaidismo, cuando hayas atendido otros proyectos, ¿quedan elementos pendientes en tu "lista de deseos" (experiencias que harían resonar tu alma)? Si es así, ¿por qué no hacer lo posible para convertirlos en realidad? Aunque unos pocos meses de vida no anulen los años de experiencia previa, el alma es también una criatura dinámica capaz de cambiar con rapidez. Al atravesar el umbral de la muerte, el estado de nuestro corazón y nuestra mente tiene al menos cierto impacto en lo que sucederá después, y dedicar tiempo a hacer cosas que animan el alma ayuda al viaje posterior. Después de reflexionar sobre las experiencias que te gustaría que formaran parte de tus últimos meses, pregúntate si es posible cumplir alguno de esos planes y visiones ahora, aunque no tengas motivos para creer que te estás muriendo.

Días finales

Si pudieras pasar tu última semana sin dolor y de la forma que quisieras, ¿qué incluirías en tus últimos días? ¿Pondrías una alarma o dormirías hasta tarde? ¿Preferirías estar en casa, en la naturaleza o en algún lugar público disfrutando de tus lugares favoritos? ¿En qué medida la soledad y la introspección formarían parte de tus últimos días en la Tierra? ¿Tienes una práctica espiritual a la que acudirías de forma más centrada? Si aún no cuentas con alguna práctica de este tipo, pero sientes que una determinada tradición resuena contigo, podrías pedirle a algún practicante de esta que te acompañe o que dirija una ceremonia en tu nombre. Por ejemplo, un ministro local podría celebrar un servicio de oración en tu casa, un maestro budista podría compartir enseñanzas sobre cómo navegar por la muerte, o un practicante de la tradición lakota podría estar disponible para ofrecer una ceremonia de pipa (*chanunpa*) o incluso una logia de purificación (*inipi*) para despejar el camino hacia tu fallecimiento. La mayoría de los maestros y comunidades espirituales responden bien a las peticiones de apoyo en el proceso de la muerte. Esto pudiese ser un consuelo para la familia viva y para el moribundo, representar una fuente de apoyo para el alma que pasa a la otra vida y, por supuesto, un precioso regalo para quienes ofrecen esta ayuda.

A menudo, los moribundos deciden pasar al menos una parte de los días previos a la muerte buscando la plenitud y pasando tiempo de calidad con sus seres queridos. Si las relaciones han sido conflictivas o distantes, este puede ser un momento para pedir perdón y compartir información sensible y complicada de explicar. Como le decía mi abuela moribunda a mi madre: "No esperes a morirte para decirle a la gente lo que sientes por ella". Cuantas menos sorpresas haya que expresar en tus últimos días (por ejemplo, "no soy tu verdadero padre"; "tienes una hermana que no conoces"), más podrás disfrutar de la compañía de amigos y familiares. Cumplir con mantener tus asuntos al día también dejará más espacio para cualquier bomba emocional, bien sea positiva o desafiante, que tus seres queridos deseen compartir contigo. Ser lo suficientemente valiente como para decir adiós servirá de apoyo para una buena muerte, para un proceso de duelo menos enredado para los vivos y para una transición más suave al unirse a los antepasados.

Cuando las ceremonias finales y los encuentros con los seres queridos se hayan completado, poco se interpone entre tú y el otro mundo. ¿Recuerdas cuando, antes de un gran viaje o transición vital, has proyectado tu atención hacia la nueva realidad, imaginando cómo será una vez que estés allí? Tal vez lo hagamos como un consuelo en tiempos de cambio, enviando una parte de nosotros mismos por delante para que nos reciba cuando lleguemos. Cuando sabemos que estamos a punto de morir, es natural realizar este tipo de reflexión anticipada. Los cuidadores y otros seres queridos que acompañan a los moribundos hablan de diálogos entre los antepasados y el que está a punto de morir, como si los muertos estuvieran presentes en la habitación.

Entonces surge la gran pregunta: "¿Qué pasa cuando morimos?". No para la gente en general, sino para ti en particular. ¿Tienes una idea de lo que va a ser para ti en los minutos, horas y días después de que tu cuerpo deje de funcionar? ¿Irás finalmente a otro lugar que no sea la Tierra? ¿Irás al cielo, a alguna otra dimensión o renacerás? ¿Te fundirás con los elementos o la naturaleza de alguna manera? ¿Habrá espíritus o fuerzas esperándote para ayudarte con estos próximos pasos?

Aquellos que tengan fuertes creencias sobre la realidad que viene tendrán más facilidad para imaginar el camino que les espera. De este modo, los creyentes estarán mejor equipados para abordar la transición sin miedo, ya que tienen una estructura de creencias sobre la cual proyectar la parte de sí mismos que viajará por delante y explorará el camino. Aquellos que practiquen meditación o tengan un aprecio instintivo por lo desconocido también serán más propensos a ver el viaje del alma después de la muerte con interés y no con miedo. Incluso si no tienes creencias o prácticas espirituales establecidas, no dejes que el miedo posponga las reflexiones importantes sobre la muerte hasta el último momento. Intenta dirigir tu atención a la próxima realidad, llénate de coraje, abre tu mente y tu corazón. Si has realizado las prácticas de este libro, considera la posibilidad de preguntarles a los amorosos antepasados y a los guías espirituales si quisieran compartir contigo cualquier cosa acerca del proceso de morir. Si lo haces, sé amable contigo mismo y aclárales que solo deseas saber lo que sea útil para ti en este momento. Y recuerda que muchos de los que casi han muerto o que han muerto de forma temporal, incluso los que se dicen ateos, han regresado para informar de experiencias de amor expansivo, felicidad y encuentro con los antepasados.

Momentos finales

En esta versión de la buena muerte, imaginemos que te despiertas descansado de un sueño apacible a las tres de la mañana y sabes que morirás en unas horas con la salida del sol. Si tus familiares y amigos están durmiendo en la habitación de al lado, ¿les despiertas o prefieres pasar tus últimas horas en soledad? ¿Están tus amorosos antepasados presentes contigo? Si has cultivado una relación positiva con ellos durante tu vida, es probable que te den la bienvenida en el momento de tu muerte. ¿Hay otras deidades, espíritus o poderes (incluido Dios) con los que tengas una relación duradera y que desees invocar? Supongamos que parte de tus últimas horas incluye la invocación de algún tipo de apoyo por parte de los mundos invisibles (por ejemplo, antepasados, guías espirituales, deidades, dios/diosa) y que eres capaz de recibir este apoyo y disfrutar de su guía para lo que está por venir.

Las enseñanzas budistas sobre el viaje que implica la muerte siempre me han parecido inclusivas, útiles y alentadoras. La muerte física se considera un momento de gran oportunidad, en parte porque es un estado de umbral, un momento en el que termina un modo de conciencia y comienza otro. Imagínate a ti mismo, en un viaje a través de muchas vidas, llegando a una estación de tren rural en una noche clara y sin luna, un punto de transferencia de una línea a la siguiente. Luego de salir de un tren y antes de subir al que espera, las enseñanzas animan a hacer una pausa en el andén para mirar a las estrellas, para ser testigos directos de la naturaleza más expuesta de la realidad.

Las enseñanzas sugieren que si podemos aprovechar la oportunidad, ese instante durante o justo después de la muerte puede ser un momento de gran apertura para el alma. Para aumentar las posibilidades de acordarse de mirar hacia arriba en el momento justo y ver las estrellas, intenta entrar en el umbral de la muerte con claridad y presencia, incluso si no tienes experiencia previa con la práctica budista. Esto está en consonancia con el estímulo general de las enseñanzas budistas de tomar conciencia en los momentos de transición (por ejemplo, al entrar y salir del sueño, al someterse a anestesia, al comenzar y terminar la meditación intensiva). ¿Qué prácticas pueden ayudarte en el momento de la muerte a estar en un estado más presente y consciente?

Recuerda que la muerte en este mundo se parece al nacimiento y a la vuelta a casa desde la perspectiva del otro mundo y de los antepasados. Cuando dejamos el otro mundo para atravesar la puerta del nacimiento humano, nos despedimos de nuestros compañeros en los reinos invisibles; fue una especie de muerte o pérdida para ellos y también para nosotros. Del mismo modo, la muerte en la Tierra señala el nacimiento de un antepasado. Cuando un capítulo del largo viaje del alma termina, otro comienza.

Ritos funerarios y el cuerpo después de la muerte

Los seres humanos no son la única especie que se relaciona de forma intencionada y ritual con los cuerpos de sus antepasados. Un enterramiento neandertal de cincuenta mil años de antigüedad en el sureste de España demuestra que nuestros primates, ya extintos, honraban a sus muertos de forma simbólica[1]. Los elefantes muestran interés por los huesos de otros elefantes y pueden pasar días reunidos cerca de los restos de otros elefantes o de seres humanos. Otros primates vivos (junto con los cetáceos, los perros, los gatos y algunas aves) también se relacionan con los cuerpos de sus parientes fallecidos de formas que se asemejan a la experiencia humana del duelo. Incluso si no eres religioso en particular, es probable que tengas una preferencia instintiva sobre cómo deberán relacionarse los demás con tus restos. Al presentar el material que sigue, parto de la base de que la muerte del cuerpo físico inicia un ritual de paso que finaliza cuando el alma llega al reino ancestral, o quizás en la etapa algo posterior de establecerse como un antepasado útil.

La siguiente sección explora las costumbres funerarias a la luz de los cuatro elementos: fuego, agua, viento y tierra. Mientras leas, reflexiona sobre tus creencias actuales acerca del viaje posterior a la muerte. ¿Cómo influyen en lo que crees respecto al trato que los demás darán a tu cuerpo? Al examinar las diversas formas de tratar el cuerpo en los días posteriores a la muerte, he explorado de qué manera los elementos naturales desempeñan un papel importante en muchas prácticas funerarias y en el simbolismo que rodea el viaje posterior a la muerte.

En todo el mundo, las dos formas más comunes de tratar los cuerpos humanos fallecidos son la inhumación y la incineración. Sin embargo, también existen tradiciones bien establecidas de entierros en el mar, ceremonias en el cielo, momificación y otras formas de descomposición natural ritualizada. A veces, la necesidad se impone a la preferencia (por ejemplo, si no hay suficiente combustible para el fuego de cremación, si la muerte se produce en el mar o si es necesario quemarlo para reducir la transmisión de enfermedades). Además, el estatus cultural y el protocolo pudieran dictar un tratamiento diferente tras la muerte de los individuos, incluso siendo de la misma cultura y fe. Otros factores relevantes pueden ser los códigos sanitarios, la escasez de espacio para enterramientos y la preferencia por prácticas de menor impacto ecológico.

A lo largo de esta exploración, recuerda que la relación entre los vivos y los muertos a menudo contiene un elemento de reflejo. Esta experiencia sensorial y táctil de la encarnación humana (es decir, de la vida en la Tierra) es un reflejo dinámico o una llamada y respuesta con lo invisible, el mundo de los espíritus o el cielo. Los ancianos de la tradición Ifá/Òrìṣà a veces transmiten este reflejo dentro de una unidad mayor como una calabaza (*igbá*) compuesta por dos mitades: el mundo material o Tierra (*ayé*) y lo invisible o el cielo (*òrun*). El nacimiento y la muerte física son puertas entre los mundos, y la tierra de los vivos y de los muertos son dos mitades de un todo. Recuerda también que las referencias al reino de los muertos, el mundo de los espíritus o el cielo no significan necesariamente un lugar literal en cualquier dirección espacial, sino que también pueden referirse a lo invisible. El cielo no está solo en el sol y las estrellas, sino que impregna, se superpone y se cruza con nuestras vidas en la Tierra, incluidos estos cuerpos. Enterrar a nuestros muertos en la tierra para que las almas que parten pasen a los misterios invisibles en la Tierra no rompe la conexión entre el alma y las estrellas, sino que extiende al reino del cielo bajo la cubierta de tierra y vegetación.

Cremación y muerte por fuego

El fuego es un acontecimiento o proceso termodinámico que se expresa en luz, calor y reacciones químicas por las que los combustibles pasan de un estado a otro. Cerca de un millón de estadounidenses al año, más o menos tres mil individuos al día, comienzan su viaje ancestral a través del poder mediador del fuego; casi el 50% de la población estadounidense es partidaria de la cremación. Las principales tradiciones religiosas que fomentan esta práctica son el hinduismo, el budismo, el jainismo y el sijismo. Muchas tradiciones indígenas de todo el mundo, así como las antiguas culturas griega, romana y otras culturas paganas europeas, practicaban o siguen practicando la cremación. La mayoría de las denominaciones cristianas también la aceptan hoy en día como una alternativa al entierro. Las cenizas y los fragmentos de hueso que quedan tras la cremación pueden ser enterrados, conservados por los familiares o esparcidos en la naturaleza. Para muchas personas, esparcir las cenizas de un ser querido en lugares significativos es una forma de reforzar la conexión del antepasado con elementos y lugares específicos. Si se opta por esta vía, hay que asegurarse de que sea legal y aceptado cultural y espiritualmente. Es posible que los habitantes humanos y otros espíritus del lugar no vean con buenos ojos que introduzcas restos incinerados en determinados lugares sagrados o masas de agua. Además, dependiendo de las leyes locales, la práctica podría ser ilegal.

Algunos individuos también mueren por medio del fuego. La muerte por fuego puede ser voluntaria (por ejemplo, la autoinmolación) o, más comúnmente, accidental o involuntaria (por ejemplo, incendios de casas, explosiones, electrocuciones, explosiones nucleares, erupciones volcánicas, etc.). Algunas afecciones médicas pueden ser el resultado de un exceso de calor (por ejemplo, fiebre, insolación, reacciones alérgicas, algunas enfermedades infecciosas) o de un fuego eléctrico o metabólico insuficiente (por ejemplo, insuficiencia cardíaca, cese de la actividad cerebral, hipotermia). El medio de la muerte puede o no ser considerado como espiritualmente significativo para el alma del fallecido, pero en los casos en los que se hace una asociación significativa con el fuego elemental, esto podría jugar un papel útil en el proceso de ancestralización. Por ejemplo, una amiga me contó que sus tres sobrinas murieron en un incendio y, como parte de sus devociones anuales, enciende una vela por cada uno de sus seres queridos, visualizando su transformación en luz angelical. Desde el siglo XV hasta el XVIII, principalmente en la Europa continental, al menos cuarenta mil mujeres, hombres y niños fueron ejecutados, a menudo quemados vivos, por el supuesto delito de brujería. Los paganos modernos a veces reclaman esta asociación ancestral con el fuego como fuente de fuerza y conexión con estos antepasados perseguidos.

Los volcanes son epicentros de muertes por fuego elemental. Los antiguos griegos consideraban que el monte Etna, de gran actividad en Sicilia, era el lugar donde se encontraba la herrería de Hefestos, y su homólogo romano, Vulcano, era venerado en los lugares de actividad volcánica de todo el imperio. El 24 de agosto del año 79 de nuestra era, apenas un día después de la fiesta anual de la Vulcanalia en honor a la deidad del fuego y los volcanes, el Vesubio entró en erupción cerca de Pompeya, en el sur de Italia, matando a más de quince mil personas. ¿Las almas de los que mueren en las erupciones volcánicas conservan vínculos con el fuego elemental o los espíritus del lugar? De ser así, ¿puede la invocación de estos poderes elementales ayudar a la transición de estas almas a los reinos ancestrales?

Aunque el fuego no haya desempeñado ningún papel en la muerte y el cuerpo no haya sido incinerado, se puede trabajar con el fuego para elevar y ancestralizar a los muertos. Cuatro temas comunes que vinculan al fuego con los ancestros incluyen la purificación, la liberación, la transformación y la iluminación. En el cristianismo y el islam, la otra vida para las almas menos afortunadas, más conocida como infierno, se caracteriza a veces como un horno ardiente de purificación. Los teólogos y los místicos difieren sobre si el infierno implica la condena eterna o una etapa finita de purificación tras la cual el alma se libera o se eleva. La alquimia y la metalurgia europeas también afirman el poder del fuego para purificar o refinar los metales básicos quemando los elementos más pesados.

Algunos psíquicos que afirman comunicarse con las almas de los recién fallecidos informan que estos pueden enfrentarse a una revisión de su vida o a un ajuste de cuentas con su vida en la Tierra antes de unirse plenamente a los antepasados. Si en tu deseo de ayudar a un ser querido fallecido tienes la impresión de que estás siendo testigo de las consecuencias de sus elecciones mientras estuvo en la Tierra, no te atrevas a interferir: ese ajuste de cuentas pudiera ser importante para su viaje. Desde la distancia puedes orar para que sea bendecido con valor y humildad en su proceso de expiación, y después de un período de semanas o meses, podrás verificar si ha progresado en su viaje a los reinos ancestrales.

Las tradiciones hindúes y budistas suelen hacer hincapié en el poder del fuego crematorio para cortar los apegos innecesarios a la vida terrenal y apoyar la liberación del alma de su encarnación más reciente. En la medida en que los restos físicos puedan funcionar como un vínculo a nivel del alma con esta dimensión, la cremación reduce el cuerpo a cenizas de una forma mucho más rápida que la descomposición asociada al entierro. El fuego destruye ritualmente la casa del cuerpo, dejando al alma sin más opción que enfrentarse a la realidad del otro mundo. Esta finalización ritual puede ir acompañada de tristeza y pérdida, pero también puede ser recibida como un alivio y una liberación, en especial cuando la vida en la Tierra se caracterizó por el sufrimiento. La cualidad de liberación asociada al fuego puede ser invocada de una manera más directa cerca del momento de la cremación. Antes o durante este proceso, considera la posibilidad de realizar una oración individual o familiar para que tus queridos difuntos se liberen de los apegos a esta vida que ya no les sirven.

Además, el fuego es por naturaleza un proceso de transformación. Este aspecto puede invocarse durante los rituales de cremación, o simplemente encendiendo una vela con la intención de fomentar la rápida transformación de un estado (vida encarnada en la Tierra) al siguiente (convertirse en un antepasado desencarnado). Al describir la conexión entre el fuego y los reinos ancestrales, Malidoma Somé escribió: "La lengua dagara utiliza la misma palabra, *di*, como quemar, consumir y alimentar. Sin embargo, la conexión no tiene que ver con la destrucción, sino con la transformación"[2]. Él interpreta al fuego interior como una fuerza que nos une a los antepasados y al otro mundo, "una cuerda que nos conecta con el mundo que abandonamos cuando nacimos en un cuerpo humano"[3]. Las asociaciones ancestrales con el sol, las estrellas y las luces celestiales son otra forma en la que el fuego expresa la conectividad con el reino de los muertos. De este modo, el fuego es tanto la energía que transforma como una expresión tangible de los propios antepasados.

Ya sea en forma de relámpago, magma, llamas o energía estelar, el fuego también ilumina. Esta iluminación puede expresarse en pequeñas formas, como el encendido de una lámpara para ayudar a guiar el alma del difunto, o de forma más brillante, como el resplandor de una pira funeraria colectiva a lo largo de las orillas de la madre Ganges. La deidad hindú Agni (sánscrito: *agni*, "fuego"; cognado en latín: *ignis*; español: encender) aparece en gran medida en las escrituras del Rigveda, de varios miles de años de antigüedad, y sigue desempeñando un papel importante en muchos rituales de paso, incluida la cremación. Se puede invocar el fuego elemental como mensajero para ayudar a guiar el alma a su próximo destino y para transmutar la fuerza vital del difunto en una condición de iluminación y conectividad radiante. Cuando visualizas el mundo más allá de esta vida, ¿existe una cualidad de brillo e iluminación? Si es así, considera invocar esa luminosidad en tus oraciones y devociones.

Los entierros en el mar y la muerte en el agua

Son pocas las culturas que prefieren la inmersión en el agua como medio de culminación ritual del cuerpo tras la muerte. Algunas culturas de las islas del Pacífico devuelven tradicionalmente al mar a individuos seleccionados, aunque estas prácticas han disminuido en los últimos siglos. En los humedales y ciénagas del norte de Europa se han encontrado cuerpos momificados de forma natural desde el año 9000 a. C. hasta la época de la Segunda Guerra Mundial. Muchos de estos cuerpos de las ciénagas parecen proceder de ejecuciones o sacrificios, mientras que otros están adornados con ofrendas rituales.

Aunque un entierro en el mar no suele ser la primera opción, la muerte en el mar puede hacer necesaria una eliminación respetuosa o la aceptación de la pérdida del difunto en el medio acuático. A la luz de esta realidad, la mayoría de las principales religiones del mundo, así como las armadas modernas, han modificado los ritos de entierro para los entornos marítimos. Las condiciones durante la Segunda Guerra Mundial exigían entierros en el mar del personal de la Marina estadounidense a bordo de portaaviones en el Pacífico. En 2011, Estados Unidos acordó con Arabia Saudita que los últimos ritos de Osama bin Laden se realizaran en algún lugar al norte del mar Arábigo para evitar que se centrara la atención en una tumba física. Su cuerpo fue lavado y se observó el protocolo islámico para los últimos ritos y el hundimiento del cuerpo.

Otros tipos de muertes relacionadas con el agua son el ahogamiento, las catástrofes naturales (por ejemplo, inundaciones o tsunamis) y los fallos de las infraestructuras humanas (por ejemplo, fallos de diques y presas). Las afecciones médicas como las hemorragias internas o la hinchazón, la deshidratación y otras complicaciones sanguíneas y circulatorias pueden entenderse como muerte por agua. Las víctimas de homicidio a veces mueren ahogadas o son arrojadas al agua para evitar la recuperación del cuerpo. ¿Implica la muerte por ahogamiento o el retorno de los restos físicos a los cuerpos de agua una conexión entre el difunto y el agua elemental? En Teotihuacán y en la tradición azteca posterior, el dios Tlaloc preside las tormentas, la fertilidad y el agua. También recibe a los que mueren ahogados, por un rayo o por enfermedades transmitidas por el agua. En lugar de ser incinerados, los que están bajo el cuidado de Tlaloc son tradicionalmente enterrados con semillas en la cara y un palo para plantar en las manos.

Desde el África occidental de habla yorùbá, Ayo Salami escribió:

En los casos de ahogamiento, hay que realizar adivinaciones para determinar el tipo de entierro que debe hacerse. Hay que saber si el cadáver debe ser llevado a casa o si la "deidad del río" se hará cargo de él. Hay que saber si el espíritu del difunto ha pasado a ser parte del agua. Si se confirma que forma parte del constituyente espiritual del río o lago, se cree que llevar el cadáver a casa podría suponer una desgracia para la familia inmediata. Por ello, estos cuerpos se entierran junto al río[4].

¿Por qué tratar a las muertes relacionadas con el agua de manera diferente a nivel ritual si no es por una importante conexión entre el difunto y los dioses del agua? ¿Cómo puede el trabajo con el agua elemental ayudar al difunto a convertirse en antepasado?

Muchas culturas incluyen agua en los rituales funerarios, de forma literal o simbólica. Los temas recurrentes incluyen la limpieza, el duelo sagrado, el viaje al reino ancestral y la conectividad a través de la sangre. Dado que la muerte suele ser sucia, el lavado del cuerpo antes de los últimos ritos es habitual tanto en la práctica médica occidental como en muchas tradiciones espirituales. El simbolismo que rodea este lavado final puede incluir la limpieza de energías pesadas o problemáticas, la disolución de apegos a este mundo y la absolución de daños pasados. Si alguna vez tienes el honor de lavar a un ser querido fallecido como parte de sus últimos ritos, considera primero infundir el agua con oraciones u otras medicinas sagradas. Deja que la tradición y la intuición te guíen sobre las plantas que deberás añadir para apoyar tus oraciones (por ejemplo, cedro, enebro o laurel para la purificación). Si oras por el difunto durante el lavado, podrías ayudarle a prepararse para el viaje que se avecina.

Las lágrimas derramadas por los moribundos son también ofrendas de agua, un tipo de libación muy íntima para los antepasados. Permitir que el dolor y otras emociones se expresen de forma saludable fomenta el bienestar personal y la apertura de corazón, y proporciona un apoyo tangible para que tu querido difunto se una a los antepasados. Saber que sus vidas importaron, que son amados y recordados, puede ayudar a los difuntos a dejar esta vida y abrazar su nueva forma como antepasados. Además de las ofrendas saladas de tus lágrimas, puedes ofrecer a tus antepasados agua fresca, té, café, licores o cualquier otra bebida que les aporte felicidad. Las ofrendas líquidas pueden colocarse o verterse como libaciones en un santuario familiar, una tumba o cualquier lugar receptivo en la naturaleza. Si haces libaciones de lágrimas u otros líquidos, considera acompañar estas ofrendas con una oración espontánea, una canción u otras buenas palabras del corazón.

Muchas culturas expresan el viaje de los muertos como la navegación de un río en barco o la travesía de una gran masa de agua para llegar al reino de los antepasados. Las primeras culturas nórdicas medievales incineraban a la mayoría de sus muertos pero enterraban a otros, en un barco real con ofrendas o en formaciones de piedra y tierra que se asemejaban a barcos. En el antiguo Egipto, tanto la Vía Láctea como el Nilo se consideraban sendas importantes para las almas humanas. Se enterraban elaboradas embarcaciones funerarias cerca de las personas de estatus para ayudarles a navegar por el cielo nocturno y las aguas ancestrales. El psicopompo griego Hermes a veces conduce a las almas descarriadas a la tutela de Caronte, barquero del río Aqueronte y guardián de la puerta del Hades. Las almas de los muertos deben cruzar las aguas para entrar o salir. Como se ha señalado anteriormente, Martín Prechtel escribió sobre la tradición maya: "Los tz'utujil creían que los muertos remaban hacia el otro mundo en una 'canoa hecha de lágrimas, con remos hechos de preciosas canciones antiguas'. Nuestro dolor daba energía al alma del difunto para que pudiera llegar intacta a la Playa de las Estrellas, donde los muertos se dirigen al otro lado del océano, la Abuela Océano que se agita entre nosotros y el otro mundo"[5]. Más al norte, algunos pueblos nativos de California hablan del alma humana como si fuera hacia el oeste, hacia el sol poniente y el océano. Incluso en tradiciones como el hinduismo, que limpian el cuerpo con fuego después de la muerte, las cenizas pueden añadirse a una masa de agua (por ejemplo, el río Ganges) como representación ritual del viaje desde esta vida hacia la siguiente a lo largo de los caminos de agua que unen los mundos. ¿Cuál es la embarcación con la que los difuntos navegan por las aguas entre este mundo y el siguiente? ¿Quiénes son los guías y los guardianes del camino?

Para poetas, científicos y chamanes, la sangre es un vínculo directo y potente con la conciencia ancestral. Las células madre de nuestros huesos dan lugar a la sangre de nuestras venas, y ambas contienen el guion genético de nuestros ancestros biológicos. Décadas antes de que Watson y Crick descubrieran la estructura molecular del ADN, el poeta alemán Rainer Maria Rilke abría la tercera de sus *Elegías de Duino,* una extensa exploración de la influencia ancestral, con la siguiente frase: "Una cosa es cantar al amado; otra, por desgracia, es invocar a esa oculta y culpable deidad-río de la sangre"[6]. En su libro *El árbol del encanto,* Orion Foxwood, un maestro del paganismo europeo, escribió: "El primer contacto en este trabajo es ancestral, no hay manera de evitarlo. El contacto con el antepasado despierta tu sangre, despierta tus huesos y tu carne. El camino hacia la sabiduría de los antepasados está en tu sangre"[7]. El siguiente poema de Elise Dirlam Ching evoca con belleza el río de sangre como un pasaje hacia y desde el reino de los antepasados.

CUANDO COMIENZA A LLOVER

Te digo que no te preocupes.
Un año no hubo cosecha.
Un día la Tierra se desgarró
como las entrañas de un ciervo enfermo.
Un momento me vi
en el ojo de la Luna
y tuve miedo:
incluso ella está siendo besada
por la oscura boca del Cielo,
y junto a ella esta vida
es un pequeño tronco seco que arde.

Un año el Oso se escabulló entre nosotros enloquecido
y desgarró muchas vidas
antes de que la flecha detuviera su dolor.
Lloré por nosotros y por el Oso.
Un día el Océano vino a través de la tierra a nuestras puertas,
se llevó a algunos de nosotros para alimentar a sus criaturas,
envió al resto a las montañas
dejando nuevas deidades entre nosotros.
En un momento miré hacia el abismo del pasado
hacia el río rojo de mi nacimiento
y me preparé para dejar
a mis hijos y a sus hijos.

Envejezco.
El sol ha arañado mi rostro.

La tierra ha doblado mi columna vertebral.
Mis ojos son lunas nubladas.
Mis oídos se cierran al canto y al terror.

Ponme en una canoa llana
sin ceremonia,
y cuando la Luna se oculte
y empiece a llover,
entrégame al río,
a los caprichos de las piedras y las corrientes
y a una violencia
que es natural y devenida.

ELISE DIRLAM CHING

Funerales en el cielo y muerte en el aire

El simbolismo de la muerte en torno al viento, el aire y el cielo suele incluir temas de purificación, respiración, transformación y vuelo. En el sureste de Turquía, cerca de la frontera con Siria, el yacimiento de Göbekli Tepe data de cerca del año 10.000 a. C. y es la estructura religiosa humana más antigua conocida en la Tierra. Este y otros yacimientos de la región oriental del Mediterráneo (por ejemplo, Çatalhöyük, Jericó) muestran fuertes evidencias de "entierros en el cielo", incluyendo plataformas elevadas y atención ritual a los buitres como catalizadores en el proceso de muerte. En la época contemporánea, los dos linajes más consolidados de entierros en el cielo se encuentran en la tradición zoroastriana y en el budismo tibetano. En el Tíbet, los entierros en el cielo se practicaron junto a la cremación durante al menos ochocientos años antes de que los ocupantes chinos los prohibieran en la década de 1960. Una famosa escena de la película *Kundun*, de Martin Scorsese, muestra al padre del actual Dalai Lama siendo desmembrado ritualmente y entregado a los buitres. En la década de 1980, el gobierno chino flexibilizó las restricciones sobre el funeral en el cielo, y la práctica se ha reanudado en cierta medida.

¿Por qué estos antiguos antepasados preferían ofrecer sus muertos a las aves? Los buitres, que son las aves que vuelan más alto en la Tierra, pueden transformar la carne podrida en energía utilizable de una forma que pocos animales pueden. Sus ácidos estomacales son altamente corrosivos, y sus cabezas sin plumas reflejan su especialización en el trabajo de limpieza de cadáveres. Los buitres que más carne humana comen en la actualidad viven entre los parsis o zoroastrianos del noroeste de la India. Por desgracia, casi las nueve especies de buitres indios están ahora en peligro de extinción como consecuencia del envenenamiento por diclofenaco, y ahora existen muy pocos buitres para consumir los cadáveres de forma oportuna en las tradicionales *dakhmas* zoroastrianas, *cheel ghar*, o "torres del silencio". Imagina el impacto de verse obligado a romper con esta tradición si tu familia había trabajado en colaboración con cientos de generaciones de buitres para la limpieza y el cuidado de los cuerpos de sus antepasados. Además de los buitres, los cuervos y las cornejas son famosos por su afición a los globos oculares humanos y a otras partes que pueden recuperarse tras batallas o desastres naturales. ¿Cuál es tu intuición del efecto que tiene sobre el difunto el hecho de que el cadáver sea consumido por las aves? ¿Pueden las aves carroñeras o "comedores de muerte" ayudar a neutralizar y purificar las energías pesadas en la vida del difunto? Si fuera culturalmente aceptable, asequible y ecológico, ¿preferirías un funeral en el cielo?

Aunque los pájaros no limpien tus huesos, todos dejamos de respirar, y para muchas personas, el cese de la respiración es el principal medio de muerte. Los patógenos transmitidos por el aire, las afecciones respiratorias y la asfixia accidental o intencionada pueden considerarse muertes por aire o viento. Entre los sucesos de asfixia a mayor escala se encuentran las nubes de cenizas volcánicas, los accidentes mineros y submarinos, el afloramiento de dióxido de carbono sumergido (por ejemplo, en los lagos de Camerún y el Congo) y el uso mortal de armas químicas. El cine y la literatura popular suelen mostrar el alma partiendo con el último aliento o tras las últimas palabras. La palabra *espíritu* deriva del latín *spiritus,* que se refiere directamente al aliento. En la tradición judía, la palabra *ruaj* se refiere literalmente al aliento de los seres vivos y también al espíritu y la fuerza vital animadora. En la tradición Ifá/Òrìsà, cuyo nombre en yorùbá significa literalmente "desgarrar" o "rasgar", habla a través de los desastres naturales, el viento y las tormentas. También está íntimamente asociada a los antepasados humanos y a los rituales de ancestralización. En su forma de diosa del viento, Ọya entra con el primer aliento e inhala a plenitud el último aliento de cada ser humano. Si has estado con alguien durante su último aliento, ¿qué has notado en el vínculo entre la respiración y el alma? ¿Tienes alguna creencia o costumbre en torno a tu último aliento?

Como el más mutable y dinámico de todos los elementos, el viento elemental también se asocia con la transformación repentina y profunda. Las tormentas y los vientos fuertes transmiten esta potencia, al igual que los riesgos de la aviación. Los tipos de muerte súbita provocados por los poderes del viento incluyen accidentes de vuelo y muertes durante huracanes, tornados y tormentas. Durante la Segunda Guerra Mundial, unos cuatro mil pilotos japoneses, al igual que muchos de las fuerzas aliadas, murieron en misiones suicidas intencionadas contra las fuerzas navales estadounidenses y británicas en el Pacífico. Los dirigentes japoneses les aseguraron a los pilotos kamikaze o "vientos divinos" (*kami:* "dios/espíritu/divinidad" + *kaze:* "viento") que sus almas serían acogidas después de la muerte en el santuario de Yasukuni, un templo sintoísta famoso por albergar a los *kami* o almas de los que mueren luchando por el emperador de Japón (ver lámina 17). Es de suponer que al menos algunos pilotos kamikaze sintieron esta alineación con el espíritu del viento y con la patria ancestral en el momento del impacto. ¿Afecta la muerte desde el cielo y la creencia de ser uno con el espíritu del viento a lo que sigue después? Aparte de la tragedia de una muerte prematura por la guerra y de la distorsión de los valores sintoístas tradicionales para apuntalar objetivos imperialistas cuestionables, ¿el hecho de asumir la misión de kamikaze afectó al proceso de ancestralización de estos hombres?

Si alguno de tus queridos difuntos perdió la vida por culpa del aire elemental, considera orar y hacer ofrendas por la felicidad y el bienestar de estos antepasados a las fuerzas que son el viento y el clima. Si fueron incinerados y llevas algunas de sus cenizas, determina si devolver una pizca de su cuerpo al viento reforzaría tu oración. O más sencillamente, alinea tus oraciones con el espíritu del viento, dedicando una barrita de incienso u otro humo ritual a la elevación de los antepasados.

El alma humana se ha comparado con un pájaro quizá más que con cualquier otra criatura[8]. Mediadores entre la tierra y el cielo y expresiones de libertad y vuelo, los pájaros también se invocan para expresar la liberación del alma de la "jaula" del cuerpo tras la muerte. Los antiguos egipcios creían que el ba (una de las cinco almas que componen al ser humano) desempeña un papel importante en nuestra personalidad única, y los jeroglíficos representan al ba como un pájaro con cabeza humana. En la tradición buriata mongola, se entiende que el alma ami levanta el vuelo tras la muerte y se posa en el mundo superior para esperar futuras encarnaciones. En su poema épico del siglo XII, *La conferencia de las aves,* el famoso místico persa Farid ad-Din Attar habla del anhelo del alma por conocer a Dios a través del lenguaje de las distintas aves.

Fíjate si aparecen aves específicas en tus sueños o durante la vigilia alrededor del momento en que amigos y miembros de la familia están dejando esta vida. Mantente abierto con el tiempo a las asociaciones entre tus muertos queridos y linajes familiares con aves específicas, ya que nuestros parientes alados son mensajeros comunes para los antepasados en este mundo.

El entierro y la muerte en la tierra

Aunque se sabe que los neandertales enterraban ritualmente a algunos de sus muertos, las pruebas definitivas más antiguas de enterramientos humanos se remontan a entre 100.000 y 130.000 años atrás, en lo que hoy en día es Israel[9]. Muchas formas de vida indígenas, incluidas algunas tradiciones europeas precristianas, siguen favoreciendo el enterramiento, y el islamismo, el cristianismo y el judaísmo fomentan el enterramiento en lugar de la cremación. A diferencia de lo que ocurre en muchas otras naciones industrializadas (por ejemplo, en Inglaterra, Japón y Australia), la mayoría de los muertos en Estados Unidos (alrededor del 60%) son enterrados en lugar de incinerados. Actualmente, a principios del siglo XXI, mueren unos 150.000 seres humanos al día en el mundo (unos cincuenta y cinco millones al año). Aunque las tasas de incineración y enterramiento varían mucho de una cultura a otra, al menos la mitad de estos recién fallecidos son depositados en el cuerpo frío y oscuro de la Tierra. Para los cerca de setenta y cinco mil cuerpos humanos que se entierran cada día, la tasa natural de descomposición varía en función de los suelos y la hidrología locales, del tipo de urna (si la hay) y del tratamiento químico que reciba el cadáver (si lo hay). Incluso los cuerpos embalsamados y sellados en ataúdes metálicos y cubiertos de hormigón se reducirán probablemente a dientes, huesos y tejidos residuales en un año, si no antes. Los casos de cuerpos conservados en ataúdes u otros entornos de enterramiento durante décadas o más son la excepción y no la norma.

En mayor medida que la cremación, los entierros en el mar o el ser devorado por los buitres, el enterramiento afirma un vínculo entre el difunto y el lugar de enterramiento. A nivel puramente físico, los dientes y los huesos casi siempre permanecen en el lugar. De los cerca de treinta millones de cuerpos humanos que se entierran cada año, la gran mayoría permanecerá en el lugar hasta mucho después de que la carne y los huesos se hayan convertido en paisaje y el difunto haya desaparecido de la memoria viva. Al igual que la piedra, los fragmentos de hueso pueden perdurar durante siglos y, en algunas circunstancias, durante miles de años. Los rituales para honrar a los antepasados y entrar en comunión con ellos en el lugar de enterramiento refuerzan la asociación entre esas almas ancestrales y su lugar de descanso final. Si has visitado los restos de tus antepasados conocidos, ¿qué sensación te ha producido la conexión entre ellos y su lugar de enterramiento? Revisa la sección "El hogar está donde están nuestros huesos" (página 207) en el capítulo 10 que habla sobre la conexión entre los restos y el lugar.

Algunas formas de morir parecen estar conectadas de manera especial con la tierra elemental. Ejemplos de "muertes por tierra" son las avalanchas, los desprendimientos de tierra y los terremotos, los derrumbes de edificios, los accidentes en minas subterráneas o cualquier otro tipo de muerte provocada por la tierra y la piedra. En las estribaciones de la sierra de California, la entrada a las Moaning Caverns presenta una caída de doscientos pies de altura hasta el suelo de la cámara principal. Los primeros europeos que exploraron estas cuevas en la década de 1850 informaron de la existencia de cientos de esqueletos humanos apilados bajo la entrada de la cueva, con una capa de huesos que probablemente tenía más de diez mil años de antigüedad. Tanto si fueron arrojados de forma intencional a la cueva como si murieron por accidente, podemos preguntarnos si la forma y el lugar de fallecimiento influyeron en la experiencia de estas almas tras la muerte. ¿Mantienen algún vínculo con las cuevas aquellos antepasados cuyos restos fueron trasladados más tarde a su interior? Otra forma de muerte, mucho más común que la caída en cuevas gigantes, es la que se produce por la exposición prolongada a metales pesados y otras sustancias extraídas de la Tierra que pueden ser mortales. ¿Qué otras formas de muerte se te ocurren que puedan crear una asociación significativa entre el difunto y la tierra elemental, el metal y la piedra?

Las historias sobre el viaje del alma después de la muerte suelen ser paralelas a los ciclos naturales (por ejemplo, los ritmos solares, los ciclos del agua, el crecimiento de las plantas, la migración de los animales). Consideremos el simbolismo que rodea a los entierros en la tierra a través de tres etapas básicas del crecimiento de las plantas: la plantación de la semilla (el cuerpo), la germinación en lo invisible y el surgimiento de un nuevo crecimiento. En los días luego de que el aliento deja de animar al cuerpo, la mayoría de las personas serán plantadas en la tierra y cubiertas ritualmente con esta. Y cuando la familia viva arroja tierra fresca sobre el ataúd recién bajado, la puerta terrenal de la iniciación se cierra tras el recién fallecido y surge la expectativa de que entre en su próxima realidad como antepasado. En muchas culturas, las almas de los recién fallecidos viajan a la Tierra en lugar de hacia las estrellas o hacia el cielo. El otro mundo y el reino de los antepasados pueden residir en las moradas de los espíritus en la Tierra, así que colocamos los cuerpos de nuestros muertos en este misterio viviente, plantándolos como lo haríamos con una semilla.

Para honrar la primera etapa del entierro, considera todo lo que se coloca en la tierra como una ofrenda a la Madre Tierra y a lo sagrado que es este planeta. Estas incluyen el cuerpo, el contenido del ataúd (si se utiliza uno) y cualquier otro objeto enterrado con el difunto. Los "entierros verdes", por desgracia, todavía no están muy extendidos en Estados Unidos, pero llevar a cabo entierros que representen el menor impacto ecológico posible respeta la santidad de la Tierra y honra el bienestar de la tierra.

Si el propio cuerpo es el corazón de la semilla, todo lo que se entierra con el cuerpo corresponde a la capa de la semilla, el abono y los ingredientes de apoyo para el siguiente ciclo de vida. ¿Qué oraciones, ofrendas o elementos rituales ayudarán al difunto a germinar en la oscuridad de la tierra como un antepasado brillante y amoroso? Si tu familia y amigos estuvieran dispuestos a suministrarte el "ajuar funerario" de tu elección, ¿qué incluirías en este? Al participar en un entierro, podrías incluir semillas o granos infundidos con oraciones para el recién fallecido dentro del ataúd. Las semillas u oraciones pueden verse como alimento e impulso para el viaje que se avecina; también afirman la fertilidad o continuidad del alma y el eventual regreso a la superficie y a la luz del día. También puedes orar con semillas durante el primer mes o el primer año posterior al fallecimiento de un ser querido, guardar estas oraciones en un tarro de semillas en el santuario de tu antepasado o de tu familia y depositarlas en la tierra cuando llegue el momento.

Los árboles y jardines conmemorativos son una gran manera de honrar a los antepasados y a su afinidad con los ciclos de las plantas y la tierra. Si no es práctico plantar un árbol o dedicarse a un jardín, considera incluir una nueva planta en el santuario de tus antepasados o en tu casa. Si se ha optado por la cremación, el entierro de las cenizas puede recurrir al simbolismo y al ritual que rodea al fuego y a la tierra. Las urnas biodegradables permiten plantar un árbol fecundado con las cenizas de los seres queridos incinerados, una idea inspiradora que de hacerse popular, daría lugar a bosques y arboledas conmemorativas allí donde se practique la cremación*. Los restos de la cremación pueden ofrecerse en la base de árboles y jardines vivos para afirmar la reintegración del cuerpo y el alma en el flujo mayor de las energías elementales y de la tierra. La ceniza de madera es también una gran ofrenda para hacer en el momento del entierro, ya que el potasio, el carbonato de calcio y otros componentes de la ceniza sirven como fertilizante para el crecimiento de nuevas plantas.

Una segunda etapa en el simbolismo del entierro comienza cuando se han completado los ritos funerarios iniciales (por lo general en una o dos semanas). Suele ser un momento de relativa tranquilidad respecto al contacto entre los vivos y los muertos. El ciclo de tiempo en el que germinan las nuevas plántulas en la tierra corresponde con la fresca oscuridad de la noche en el ciclo de la noche y el día. El filósofo, ecologista y escritor David Abram

---

*Ver, por ejemplo, las urnas Bios de Gerard y Roger Moliné en https://urnabios.com

señala: "Para algunas culturas indígenas, es precisamente durante este viaje a través del suelo cuando el sol impregna la tierra con su vida ardiente, dando lugar a una miríada de seres vivos (humanos y no humanos) que florecen en la superficie terrestre"[10]. La vida como luz y nuevo crecimiento queda temporalmente oculta a nuestra percepción cuando el sol desaparece bajo el horizonte y se planta en la tierra. Asumiendo que el alma del difunto esté ahora mismo en camino hacia los antepasados, lloramos no solo la pérdida de su presencia física sino su alejamiento temporal de los vivos.

El dolor sincero y las lágrimas son excelentes ofrendas en los meses siguientes a una muerte, en especial si se combinan con oraciones y deseos de felicidad y transición exitosa del ser querido. Ofrecer lágrimas directamente a la tierra sirve para regar la semilla plantada en el entierro y transmite amor y recuerdo para dar impulso a la transformación del alma en un antepasado brillante y sano. Si es posible, deja que tu dolor fluya con el apoyo de tu familia y amigos y de forma que comunique la liberación y las bendiciones para el muerto. Para honrar el período de alejamiento entre los vivos y los difuntos, considera dirigir cualquier ofrenda ritual adicional a las deidades útiles y a los antepasados ya brillantes en nombre de la persona recientemente fallecida, en lugar de hacerlo de manera directa a esa persona.

Después de nutrirse en la fértil oscuridad de la tierra, las primeras hojas del nuevo brote alcanzan la luz de este mundo, la actividad del alma se da a conocer a los vivos, y el contacto entre los vivos y el ancestro recién establecido suele reanudarse (o hacerse posible). Algunos de los antepasados recién llegados pudieran sentirse más atraídos por el reino de los vivos, mientras que otros pudiesen centrar su atención más en el reino ancestral propiamente dicho. Como se explica en la sección sobre almas múltiples del capítulo 11, el alma o las almas de los fallecidos pueden convertirse al mismo tiempo en un antepasado establecido y útil y volver a nacer entre los vivos. Esto me resultó evidente durante varias peregrinaciones personales a Òdè Rémo, estado de Ògún, Nigeria. En julio de 2013, el venerado anciano y patriarca Àràbà Adésànyà Awoyadé pasó al reino de los antepasados a la edad de noventa y nueve años. Como es habitual en la cultura yorùbá, fue enterrado bajo su residencia familiar, y varias semanas después de su muerte durante la primera visita de nuestro grupo, la tierra sobre la tumba de Àràbà estaba aún fresca. Los ancianos nos pidieron entonces que nos abstuviéramos de invocarlo como antepasado tan poco tiempo después de su fallecimiento (es decir, que no perturbáramos a la semilla recién plantada). Poco después de nuestra visita, recibimos la noticia de que el hijo del Àràbà y nuestro anfitrión, Olúwo Fálolú Adésànyà Awoyadé, le había dado la bienvenida al mundo a un hijo recién nacido. La adivinación confirmó que este niño, el nieto del difunto Àràbà, era la reencarnación del Àràbà, y se le dio el nombre de Babátúndé (literalmente "El padre vuelve"). Durante nuestra segunda visita a Òdè Rémo en febrero de 2014, para los que estaban de pie junto a la tumba del Àràbà en señal de alabanza mientras su hijo Olúwo Fálolú sostenía a su hijo pequeño (el Àràbà reencarnado), no había ninguna contradicción entre convertirse en un antepasado y renacer en la Tierra. El Àràbà fue alimentado de forma ritual como un antepasado altamente venerado el mismo día en que se cambiaban los pañales a su nieto vivo y reencarnado, Babátúndé.

La luz de este mundo pudiese obligar a los antepasados a ayudar en los asuntos de la Tierra, o estos pudieran verse más atraídos por la luz del sol ancestral, la luz del otro mundo. En cualquier caso, una vez establecidos como ancestros, estarán preparados para volver a participar en el gran despliegue de la conciencia. La forma más importante de honrar esta tercera etapa del proceso de ancestralización es hacer un espacio en tu vida y en tu corazón para renovar la relación con el ancestro. Para sugerencias, consulta el capítulo 3, "Contacto ancestral espontáneo", y la sección que aparece a continuación, "Cuidado ritual en el primer año después de la muerte". Una vez que sientas que tu amado difunto está bien en espíritu y se ha unido a otros antepasados de linaje vibrante, debería ser seguro interactuar con ellos directamente.

EJERCICIO DIECISIETE
PARTICIPACIÓN CONSCIENTE EN UN ENTIERRO

INTENCIÓN: Participar como aliado espiritual durante los ritos de muerte que conducen a un entierro.

Este ejercicio te dará sugerencias básicas para la participación durante un funeral y/o entierro. La progresión que se presenta a continuación está diseñada para los participantes que están al menos en un grado de distancia del difunto (es decir, no están entre los dolientes principales).

1. **Prepárate para la ceremonia.** Al igual que otros grandes cambios, una muerte en la familia puede suscitar energías pesadas y difíciles. Antes de ir al funeral o al entierro, haz lo necesario para protegerte energéticamente. Esto puede implicar que te pongas en contacto con tu cuerpo, que llames a tus guías y que lleves algún talismán protector. El objetivo es estar a la vez protegido y disponible a nivel emocional.

2. **Al llegar**, no sientas que tienes que sintonizar con el espíritu de quien ha muerto. No es necesario que te acerques al difunto ni que hagas nada para ayudarle a convertirse en un antepasado. Estás ahí para presenciar y apoyar un proceso natural. En lugar de tratar de hacer que algo suceda, puedes orar para que los brillantes y queridos antepasados de quien ha muerto estén presentes para recibirlo en el momento que corresponda.

3. **Apoya a los que están de duelo.** Recuerda que el duelo proporciona un impulso para la transición de los muertos. Permite que tu propio duelo fluya de forma natural, y cuando te sientas preparado, ponte a la disposición de los demás. Esto puede implicar afirmar (a menudo sin palabras) que el dolor y las lágrimas que han derramado son bienvenidos. Aquellos que estén sufriendo intensamente podrían beneficiarse de una presencia estabilizadora y de saber que no están solos. De esta manera, podrás ayudar a regular el flujo del duelo, lo que a su vez beneficia a los muertos en transición.

4. **En el lugar del entierro**, podrías reconocer al espíritu guardián del cementerio, y lo que es más importante, a la Tierra directamente, dando las gracias a esta por recibir a los muertos. Esto puede hacerse de una manera discreta si es necesario y pudiese cambiar la energía de la ceremonia de forma sutil. Puedes ofrecer flores u otra ofrenda natural en la tumba una vez que el cuerpo haya sido bajado; confía en lo que te parezca respetuoso.

5. **Antes de que concluya la ceremonia o el entierro**, incluye una oración para que el difunto se desprenda de cualquier vínculo inútil con su

cuerpo físico. Imagina que los antepasados amorosos y a cualquier otro guía útil están presentes para recibir el espíritu del difunto. Esta es quizá la parte más importante de este ejercicio: llamar a los antepasados amorosos y a otros poderes de ayuda para que reciban al fallecido. Esto no significa que vaya a ocurrir algo concreto durante el funeral, porque el momento de la transición no depende de los vivos; sin embargo, los deseos sinceros de que el muerto sea recibido sí importan. Cuantos más puedan mantener esta intención de forma natural y humilde, mejor.

6. **Después de la ceremonia,** haz un ritual de limpieza y cuidado de ti mismo y de los demás. Puedes quitarte la ropa que llevabas puesta y darte un baño con hierbas o aceites. Libérate de las energías del día y deja que tu limpieza complete el ritual.

Recuerda confiar en tus instintos para honrar estas transiciones sagradas. La muerte es desordenada, impredecible y a menudo está entretejida de intenso dolor y emoción. La muerte también es muy personal. Los símbolos y el ejercicio antes presentados son simplemente sugerencias, catalizadores para fomentar el amor, la creatividad y la capacidad de respuesta ante el Misterio.

Ritual de seguimiento durante el primer año después de la muerte

Si has experimentado la muerte de un familiar, sabrás que las pérdidas importantes requieren tiempo para que la mente y el corazón las metabolicen. Inmediatamente después de un fallecimiento, es primordial atender tu bienestar personal, y una combinación de autocuidado tenaz y confianza en tus amigos y familia puede marcar la diferencia. Además, no hay que avergonzarse de recibir ayuda de psicoterapeutas, curanderos, sacerdotes y otros profesionales. Existen excelentes recursos, a menudo gratuitos, en forma de libros, grabaciones de audio, películas y grupos comunitarios que también pudiesen ayudarte a navegar por las aguas profundas del dolor. Utiliza todo lo que te ayude a sentirte sostenido y cuidado, y recuerda que, aunque nunca dejemos de echar de menos a nuestros queridos muertos, los meses y los años tienden a suavizar gradualmente la intensidad del dolor.

Aunque cada tradición religiosa caracteriza el viaje posterior a la muerte de manera diferente, considera una progresión básica de tres partes que se halla en muchas culturas: decir adiós, alejarse y reanudar el contacto. Cada etapa conlleva ciertos estímulos y precauciones, y entenderlos puede ayudarte a navegar con seguridad el primer año después del fallecimiento de un ser querido. Mientras leas, reflexiona sobre tus experiencias de relación con los seres queridos fallecidos y sobre tus creencias acerca de lo que te espera después de la muerte.

Decir adiós

La mayoría de las tradiciones espirituales reconocen un período de tiempo inmediatamente posterior a la muerte del cuerpo en el que el alma aún está presente. Este período suele durar entre unos días y dos semanas y por lo general incluye los principales ritos funerarios, así como la finalización de los rituales con el cuerpo. Tanto si se trata de echar tierra sobre un ataúd, como de presenciar la entrada del cuerpo de un ser querido en un horno crematorio o simplemente recibir sus cenizas, asegurarse de que el cuerpo ya no sea habitable suele desempeñar un papel importante en el proceso de despedida. ¿Pero qué pasa con los días previos? Tradicionalmente, *es un momento de despedida tanto para los vivos como para los difuntos.* Imagina que acabas de morir. ¿Por qué ibas a marcharte justo antes de que tus familiares y amigos más cercanos se despidan? Si se considera la sorpresa, la conmoción o la desorientación que experimentan muchos de los recién fallecidos, se puede ver que el reto no consiste en marcharse demasiado pronto, sino en asegurarse de partir hacia los reinos ancestrales una vez completada la despedida.

¿Cómo pueden los familiares y amigos tener en cuenta las enseñanzas básicas de la reverencia a los antepasados durante esta primera etapa? Para empezar, recuerda que no todos los muertos están bien de espíritu; por lo tanto, puede ser importante mantener un límite incluso después de la muerte. Cuando fallece un pariente abusivo o problemático, o en casos de muerte repentina y trágica, el recién fallecido puede estar demasiado consumido por su propia confusión como para participar de una manera amable en una despedida sincera. Incluso en los casos en los que sí desean comprometerse contigo, es posible que desees mantener un límite y navegar por tus emociones de forma distinta. Es tu elección, y es bueno que te respetes a ti mismo y a tus límites. En esta situación puedes seguir orando por el bienestar del fallecido e imaginar a sus elevados y amorosos antepasados aportando abundante apoyo y abriendo el camino para las siguientes etapas del viaje.

Cuando te sientas bien para comprometerte con el espíritu del recién fallecido y este esté disponible para el contacto, permítete disfrutar ese tiempo de calidad. Háblale en voz alta, si las personas vivas en tu espacio inmediato no lo consideran demasiado extraño. Deja que las lágrimas fluyan. Expresa todo lo que queda por decir del tiempo de este familiar en la Tierra, y mantente abierto al flujo mutuo del perdón (revisar el capítulo 8 y ejercicio 8 para sugerencias). Ámales poderosa y completamente, con la comprensión de que pronto todo será diferente. Cuando los ritos funerarios terminen y los antepasados estén listos para acompañar al difunto a su nuevo estado, déjalo ir. Si eres tú el que se prepara para morir, recuerda que, una vez completadas las despedidas con los vivos, llegará el momento de dirigir tu atención al otro mundo y abrazar a tus antepasados amorosos.

Alejarse

En muchas culturas, el ritual del entierro o la cremación marca el comienzo de un período de tiempo, a menudo entre unas semanas y un año, en el que los vivos apartan su atención del recién fallecido. En muchos linajes budistas, el tiempo aproximado que necesita la mayoría de las almas para pasar por los bardos (estados de transición entre mundos) antes de instalarse finalmente en una nueva encarnación aquí en la Tierra, en la vida como espíritu ancestral o en alguna otra forma, es de cuarenta y nueve días. En especial tras la muerte de un padre o madre, la tradición judía designa un año como período de luto ritual. Es el intervalo de tiempo estándar prescrito antes de desvelar la lápida o el monumento. Sobre la perspectiva maya tz'utujil, Martín Prechtel escribe: "Después de cuatrocientos días de iniciación en la siguiente capa, estos muertos se graduarían en el estatus de antepasados. En su nueva forma podrían ayudarnos aquí en este mundo"[11].

El famoso viaje posterior a la muerte de Jesús de Nazaret, tal como se presenta en el Nuevo Testamento, sigue esta antigua progresión del alma de este mundo al siguiente. Después de que su cuerpo fuera plantado en la fría oscuridad de la tumba, se levantó para enfrentarse a los vivos. Al tercer día después de su crucifixión, los Evangelios informan de que Jesús abandonó la tumba y se levantó de entre los muertos. Las interpretaciones varían en cuanto al grado en que la resurrección fue en carne y hueso o en forma de espíritu tangible, pero, en cualquier caso, la mayoría de los cristianos creen que Jesús se les apareció a varios discípulos durante los siguientes cuarenta días y luego ascendió al cielo. Durante esta ventana de cuarenta días, Jesús se le apareció a María Magdalena, y le dijo: "No me toques, porque aún no he subido a mi Padre"[12]. Este pasaje da la impresión de que, tras levantarse de la tumba, Jesús estaba aún entre los mundos, que su nueva condición era tenue o transitoria, y que se estaba despidiendo por última vez y hablando con sus familiares y devotos antes de reunirse con sus compañeros en el cielo.

Las costumbres de alejamiento temporal reconocen que si se llama prematuramente a los muertos recientes para que vuelvan al mundo de los vivos, se corre el riesgo de interrumpir su transformación. Cuando los familiares y amigos deciden alejarse del difunto durante un tiempo, están mostrando su confianza en la transformación. A menos que tú y el difunto compartan una tradición específica sobre el tiempo que hay que esperar antes de reanudar el contacto, considera la posibilidad de dejar pasar un año completo. Incluso si no intentamos llamar su atención para que vuelvan a este mundo, los muertos pueden decidir dirigirse a nosotros tanto en sueños como en encuentros durante la vigilia en el transcurso de este tiempo de transición. Si vienen a ti, honra ese contacto; intenta no exigirles nada ni animarles a que se queden a menos que estés seguro de que han ocupado su lugar entre los antepasados brillantes. Si te indican que están sufriendo o que aún no se han unido a los antepasados brillantes, trata de entender qué papel puedes desempeñar para ayudarles, si es que lo hay, y tú pide asistencia si es necesario. Una vez que los antepasados hayan recibido a los nuevos difuntos, reanuda la práctica de dar espacio y apartarte respetuosamente hasta que se asienten en su nueva condición. Si te estás preparando personalmente para la muerte, recuerda que cuando se haya completado tu despedida, el viaje al reino ancestral requerirá amor, valor y confianza en tu propia capacidad para navegar por las grandes aguas de esta realidad mayor. Recuerda que no estás solo y que los antepasados te están animando y esperando con los brazos abiertos.

Reanudación del contacto

En esta tercera etapa, los muertos recientes se asientan lo suficiente en el otro mundo como para retomar el contacto con los vivos de forma segura. Desde la perspectiva del otro mundo, los antepasados mayores conceden privilegios de visita a los antepasados recién establecidos. Estos recién graduados ancestrales pueden acercarse de forma espontánea o responder calurosamente cuando se les contacta a través de la oración, la meditación y el ritual. Si el contacto se reanuda y se siente positivo, procura experimentar este antepasado en el contexto del linaje brillante y amoroso, para honrar su nuevo estatus como uno de muchos. Comprueba si hay ofrendas que él o ella disfrutaría, o si hay otras formas de honrar la conexión. Deja espacio para la continuidad y el cambio a medida que la relación encuentre un nuevo equilibrio.

El hecho de que los muertos se instalen en su nuevo estatus de antepasados no significa que todos los familiares vivos vayan a tener inmediatamente un potente sueño de reconexión ancestral o que sabrán cuándo sus queridos muertos hayan llegado de verdad. Esta falta de contacto puede ocurrir por numerosas razones, incluso cuando los muertos están bien en espíritu, y no es necesariamente una señal de problemas. Los antepasados pueden estar más centrados en el otro mundo que en los asuntos terrenales. Puede que respeten la sensibilidad de los vivos y no quieran imponerse; puede que todavía estén aprendiendo a contactar con los vivos a través de los sueños, las sincronías y las visiones de vigilia. Es posible que los vivos aún estén inmersos en su duelo, lo que dificulta la reanudación del contacto. Además, los parientes vivos pueden carecer de un marco para la relación continua con los antepasados y pueden no estar particularmente abiertos al contacto renovado.

El siguiente ejercicio presenta una forma de honrar el aniversario de la muerte de un ser querido.

༄

EJERCICIO DIECIOCHO

Ritual para el primer aniversario de una muerte

INTENCIÓN: Invitar a la reconexión con un ancestro querido un año después de la muerte.

QUÉ NECESITAS: Un espacio tranquilo, ofrendas y cualquier cosa que te ayude a conectar con tus antepasados.

Este ejercicio te guiará para honrar el primer aniversario de la muerte de un ser querido. También es una forma de evaluar si se encuentra bien en espíritu, y si no es así, te ayudará a determinar qué papel desempeñar para ayudarle. Si tu tradición religiosa te informa sobre cómo reanudar el contacto, respeta esa orientación y aplica simplemente lo que te resulte útil del ejercicio.

Ten en cuenta también que el primer aniversario de la muerte pudiese transcurrir antes de que sea beneficioso retomar el contacto. Por el contrario, el antepasado en cuestión puede estar profundamente en paz mucho antes de que haya pasado un año. Este ejercicio presupone que no has estado en contacto regular antes del primer aniversario, y que aún no estás seguro de la salud de este antepasado.

1. **Antes de confirmar que vas a proceder con el ritual**, reserva un tiempo para dedicarte a la oración, a emplear tu intuición y a pedirles apoyo a tus guías. Pregunta si en definitiva el difunto está bien de espíritu o si todavía está en transición. Si es necesario, consulta el ejercicio 4, "Armonizar tus cuatro líneas primarias" (página 94), para aprender a indagar con seguridad. Si llegas a la conclusión de que este antepasado ya está bien en espíritu, continúa con el paso 2.

   Si determinas que este antepasado aún no está bien en espíritu, pregúntales a los guías qué papel desean que desempeñes en este proceso. Las posibles acciones podrían incluir solicitar el apoyo de un practicante establecido, iniciar un ciclo de trabajo de reparación ancestral si el difunto que lo necesita es un ancestro (revisar los capítulos 5 al 9), hacer ofrendas a los guías luminosos y amorosos en nombre de la persona, y simplemente orar por su felicidad mientras se le da más tiempo y espacio. Confía en lo que te digan los guías y respeta su valoración.

2. Después de confirmar que los guías apoyan la reconexión, **resuelve los aspectos prácticos del ritual**. Confía en tus instintos y en tu guía en las siguientes cuestiones:

- ¿Ofrecerás este ritual solo, o hay otras personas que deseas invitar? Si es así, considera primero aclarar las invitaciones con tus guías.

- ¿Dónde ofrecerás este ritual de homenaje: en la tumba, en tu altar de ancestros, en algún lugar tranquilo de la naturaleza, o simplemente en un espacio interior tranquilo y propicio?

- ¿Qué vas a llevar? Puede ser flores, incienso o salvia, tabaco, velas o algo de comida y bebida que tu antepasado disfrutaría.

- ¿Qué necesitarás para cuidarte emocionalmente? ¿Estás abierto a dejar fluir las lágrimas y a hablar desde el corazón con tus antepasados?

3. **Abre el espacio ritual** de la manera que te funcione. Llama a tus antepasados amorosos y a otros espíritus ayudantes y guías. Presenta cualquier ofrenda y permite un momento de silencio y escucha. Reconfirma con los antepasados que el ser querido con el que deseas reconectar esté bien de espíritu.

Cuando te sientas preparado, **invita a los guías a mantener el espacio para que te relaciones directamente con el espíritu de tu querido difunto**. Empieza por escuchar lo que tu antepasado recién llegado desea transmitir, y cuando te sientas conmovido, háblale en voz alta. Acoge las lágrimas producto de un espíritu de reconexión. **Observa a los ancestros mayores y a los guías que sostienen un espacio para que ocurra lo que sea necesario.**

Ya sea en este momento o más tarde, pregunta para entender mejor de qué manera este antepasado recién llegado experimenta su linaje de muertos queridos. ¿Hay alguna ofrenda que le gustaría recibir de ti? Si las tienes disponibles, considera hacer una segunda ronda de ofrendas ahora como parte de la ceremonia de reconexión. Si te parece bien, puedes pedirle a este una bendición para tu vida.

4. **Termina con el ritual de homenaje y reconexión** dándole las gracias al antepasado y viendo cómo se reincorpora a la comunidad más amplia de los ancestros que se encuentran bien en espíritu. Agradece a todos ellos, hazles saber que has terminado con ellos por ahora, y atiende a cualquier rito final. Reflexiona sobre tu experiencia y considera la posibilidad de tomar notas sobre cualquier mensaje o petición.

En las horas posteriores al ritual, fíjate en aquello que te ayude a integrarte y a sentirte arraigado. Si necesitas hacer una transición posterior al tiempo en el espacio ritual, considera la posibilidad de cambiarte la ropa que llevabas. Muchas personas también utilizan el agua como forma de limpieza y restablecimiento después de los momentos de contacto con el espíritu (por ejemplo, lavarse las manos y la cara, o darse un baño de limpieza con hierbas o aceites). Comer una comida completa y saludable es ideal si necesitas sentirte más enraizado en tu cuerpo. Mantente abierto al contacto ancestral en sueños después de la ceremonia.

5. **En los días y semanas posteriores al ritual, reflexiona sobre qué nivel de contacto con este antepasado te parece adecuado.** No asumas que solo porque puedas interactuar directamente con él significa que debas hacerlo. Algunas personas no se relacionaron mucho en vida, así que no hay mucho contacto regular después de la muerte, y eso está bien, no hay problema. Otros antepasados recientes mostrarán entusiasmo por apoyar nuestras vidas en la Tierra. En esos casos, comulga tan a menudo como sea bueno para ti. Permite que cualquier contacto durante los sueños también informe de la conexión y mantén todo en buen estado. Si no estás seguro de la frecuencia con la que deseas llamar a este ancestro, puedes hacer la intención de celebrar un ritual de homenaje al año siguiente.

DISTINGUIR LA PSICOSIS
DE LA PRÁCTICA DE HABLAR
CON LOS ESPÍRITUS

Como doctor en Psicología y psicoterapeuta licenciado, así como practicante de las tradiciones que honran a la Tierra, soy consciente de las formas en que estos dos dominios de la práctica en ocasiones no se alinean. La psicología moderna tiende a ser escéptica, o incluso a patologizar a los individuos que afirman hablar con los espíritus de los muertos. Eso es lamentable ya que la mayoría de los contactos con los antepasados, ya sean reales o imaginarios, no tienen nada que ver con la psicosis. Las personas que se encuentran en medio de un proceso psicótico suelen experimentar algún tipo de ruptura con la realidad que deteriora su capacidad de funcionamiento. Ese cambio casi siempre es evidente para aquellas personas cercanas al individuo.

Cuando las personas experimentan una psicosis clínica (temporal o continuada), pudiesen afirmar que se relacionan con los espíritus de los muertos, pero esa no es una característica inusualmente prevalente de la psicosis. Las investigaciones de la antropóloga de Stanford Tanya Luhrmann sobre pacientes esquizofrénicos en Estados Unidos, Ghana y la India sugieren que la cultura local determina en gran medida cómo se sienten los individuos con respecto a las voces que escuchan y qué otras culturas suelen estar más dispuestas a entablar contacto con los espíritus. La psicología occidental desaconseja relacionarse con las denominadas alucinaciones auditivas como espíritus reales, por miedo a que esto refuerce los delirios, pero las formas culturales más antiguas de tratamiento sugieren que estar dispuesto a comprometerse, en especial con las voces útiles, puede suponer un apoyo para quienes ya las escuchan.

Más comúnmente, los individuos contactados de manera espontánea por los antepasados pudiesen creer que se están "volviendo locos" simplemente porque carecen de un marco para relacionarse con los espíritus. Estos individuos no suelen tener otros síntomas de psicosis o de ruptura con la realidad; simplemente no tienen forma de explicar lo que están experimentando, y por tanto se preguntan si están perdiendo la cabeza. Las personas que se encuentran en esta circunstancia suelen beneficiarse de la validación, la amabilidad y el apoyo. Dado que no todos los muertos están bien de espíritu, una persona que no esté bien puede correr un mayor riesgo de contacto con los muertos problemáticos. En estos casos, los curanderos tradicionales, los sacerdotes y los trabajadores espirituales pueden ser llamados a colaborar con psicoterapeutas y psiquiatras para aclarar la naturaleza del contacto y reducir su intensidad.

Los clientes que buscan el apoyo de profesionales de la salud mental tienen derecho a que se respeten sus creencias y experiencias espirituales, incluido el contacto real o percibido con los antepasados. La mayoría de los terapeutas se mostrarán curiosos y respetuosos, aunque no sepan relacionarse ellos mismos. Si esta no es tu experiencia, puedes invitar a los profesionales a que se informen sobre las prácticas de reverencia a los antepasados, o si es necesario, puedes buscar otro profesional que sea más comprensivo. A partir de mis experiencias como paciente de psicoterapia y como terapeuta matrimonial y familiar, creo que gran parte del sufrimiento que los profesionales de la salud mental pretenden tratar puede trabajarse como patrones intergeneracionales, karma familiar o influencia ancestral. Nuestros antepasados amorosos son capaces, están disponibles y han invertido en buenos resultados para la sanación familiar y personal, y cada vez más profesionales de la salud mental están abiertos o se han formado para apoyar a los pacientes a través de diversos tipos de experiencias espirituales.

Si tienes un historial de enfermedades mentales que incluya psicosis y te preocupa que tus síntomas estén volviendo, o si las personas en las que confías te dicen que no te estás relacionando con los antepasados de forma equilibrada, considera la posibilidad de buscar otras opiniones. Si es posible, busca la orientación de un profesional de la salud mental que respete la posibilidad de contacto con los espíritus. Ve despacio hasta que tengas claro lo que está pasando. A pesar de los desafíos, relacionarse con los antepasados debería ser una fuente de bendiciones, belleza y sanación en tu vida.

NOTAS

Introducción

1. Fischer et al., *"The Ancestor Effect"*, 11–16.
2. Sociedad Nacional de Consejeros Genéticos (National Society of Genetic Counselors), *"Your Genetic Health"*.
3. Luskin, *Forgive for Good*.
4. Kellerman, *"Epigenetic Transmission of Holocaust Trauma"*.

Uno
Mi travesía personal con mis antepasados

1. Iglesia de la Sanación de la Tierra (The Church of Earth Healing), *"The Church of Earth Healing"*.
2. Véase Blain, *Nine Worlds of Seid-Magic*, y Paxson, *Essential Asatru*.

Dos
¿Quiénes son los antepasados?

1. Harvey, *Animism*, 125.
2. Huffington Post, "El espeluznante número de estadounidenses que cree en los fantasmas (*Spooky Number of Americans Believe in Ghosts*)".
3. Epega y Niemark, *The Sacred Ifa Oracle*, 194.
4. Alianza de Medicina de la Tierra (Earth Medicine Alliance), "Voces de

la Tierra: Entrevista a Malidoma Somé, Parte 3 de 6 (*Voices of the Earth: Malidoma Somé Interview, Part 3 of 6*)".

5. *Ibid.*

6. Hetherington and Reid, *The Climate Connection*, 64.

7. Mayell, "¿Cuándo surgió el comportamiento 'moderno' en los humanos? (*When Did 'Modern' Behavior Emerge in Humans?*)".

8. Highman *et al.*, "*The Earliest Evidence for Anatomically Modern Humans in Northwestern Europe*".

9. La Naciones Unidas, "*World's Population Increasingly Urban with More than Half Living in Urban Areas*".

Tres
Contacto ancestral espontáneo

1. Jung, *Synchronicity*.

Cinco
Investigación familiar e inicio de la sanación ancestral

1. Moore, *Facing the Dragon*.

2. Abrahamian, *A History of Modern Iran*.

3. BBC News, "*Se anuncia la cifra de muertos en la guerra de Bosnia (Bosnia War Dead Figure Announced)*".

4. BBC News, "Ruanda: cómo ocurrió el genocidio (*Rwanda: How the Genocide Happened*)".

5. ABC News, "Hasta 100.000 muertos en la guerra civil de Sri Lanka: ONU (*Up to 100,000 Killed in Sri Lanka's Civil War: UN*)".

Seis
Encuentro con guías ancestrales

1. Prechtel, *The Unlikely Peace at Cuchamaquic*, 404–5.

2. 1 Reyes 19:12.

3. Odigan, *Chosen by the Spirits*, 34–35.

4. *Ibid.*, 34.

Siete
Antepasados del linaje y los muertos colectivos

1. Prechtel, *Long Life Honey in the Heart*, 7.
2. Traducción realizada por John Tarrant mediante enseñanzas personales.
3. Sanh. 4:9 o Sanh. 37a.
4. Somé, *The Healing Wisdom of Africa*, 219.
5. Somé, *Of Water and the Spirit*, 57.
6. Alianza de Medicina de la Tierra (Earth Medicine Alliance), "Voces de la Tierra: adaptación de las ceremonias a lo largo del tiempo y de los antepasados (*Voices of the Earth: Adapting Ceremonies over Time and Ancestors*)".

Ocho
Ayudar a los muertos recordados

1. Luskin, *Forgive for Good*.
2. Horn, *Ancestral Lines Clearing*, 34. Usado con permiso de Maryphyllis Horn.
3. Odigan, *Chosen by the Spirits*, 75.
4. Somé, *The Healing Wisdom of Africa*, 133.
5. Odigan, *Chosen by the Spirits*, 91.
6. Somé, *The Healing Wisdom of Africa*, 196.
7. Prechtel, *Long Life Honey in the Heart*, 7–8.
8. Centros para el Control y la Prevención de Enfermedades (*Centers for Disease Control and Prevention*), "Centro Nacional de Estadísticas de Salud FastStats: Decesos y Muertes (*National Center for Health Statistics FastStats: Deaths and Mortality*)".
9. Chief FAMA, *Sixteen Mythological Stories of Ifa*, 42–46.
10. Ingerman, *Soul Retrieval*.

Nueve
Integración y trabajo con la familia viva

1. La traducción al árabe fue realizada por Jihan Amer y Nevin Belbeisi; al chino por Lydia Ridgway; al francés por Phillippe Levy; al ruso por Julia

Bernard; y al español por Azucena Lemus.

2. Odigan, *Chosen by the Spirits*, 28, 40, 251.

3. *Ibid.*, 28, 44–45.

4. Blain, *Nine Worlds of Seid-Magic*, 33.

5. Paxson, *Esssential Asatru*, 125.

6. Somé, *The Healing Wisdom of Africa*, 196.

7. Jung, *The Archetypes and the Collective Unconscious*, 188.

8. Somé, *The Healing Wisdom of Africa*, 195.

Diez
Antepasados y lugares

1. Anderson, *Tending the Wild*, 363–64.

2. Sehee, *"Green Burial"*.

3. Administración Nacional de Seguridad Vial (*National Highway Traffic Safety Administration*), "Datos breves 2014 (*Quick Facts 2014*)".

4. Centros para el Control y la Prevención de Enfermedades (*Centers for Disease Control and Prevention*), "Suicidio: un vistazo a los hechos 2015 (*Suicide: Facts at a Glance 2015*)".

5. Centros para el Control y la Prevención de Enfermedades (*Centers for Disease Control and Prevention*), "Centro Nacional de Estadísticas de Salud FastStats: Agresión u homicidio (*National Center for Health Statistics FastStats: Assault or Homicide*)".

6. Basso, *Wisdom Sits in Places*, 86.

7. *Ibid.*, 91.

8. Odigan, *Riding Windhorses*, 173–77.

9. Herrera, "Espíritus del lugar (*Spirits of Place*)".

Once
Antepasados por afinidad,
almas múltiples y reencarnación

1. Halifax, *The Fruitful Darkness*, 193.

2. Odigan, *Chosen by the Spirits*, 109.

Doce
Unirse a los antepasados

1. Viegas, "¿Creían los neandertales en una vida despés de la muerte? (*Did Neanderthals Believe in an Afterlife?*)".

2. Somé, *The Healing Wisdom of Africa*, 213.

3. *Ibid.*, 209.

4. Salami, *Yoruba Theology and Tradition*, 208.

5. Prechtel, *Long Life Honey in the Heart*, 7.

6. Rilke, *Selected Poetry*, 163.

7. Foxwood, *Tree of Enchantment*, 84–85.

8. Cirlot, *A Dictionary of Symbols*, 26–28.

9. Pettitt, *The Palaeolithic Origins of Human Burial*, 59.

10. Abram, *The Spell of the Sensuous*, 221.

11. Prechtel, *Long Life Honey in the Heart*, 7.

12. Juan 20:17 (Biblia del Rey Jacobo).

BIBLIOGRAFÍA

ABC News. "Hasta 100.000 muertos en la guerra civil de Sri Lanka: ONU (Up to 100,000 Killed in Sri Lanka's Civil War: UN)". Última modificación: 20 de mayo de 2009. http://www.abc.net.au/news/2009-05-20/up-to-100000 -killed-in-sri-lankas-civil-war-un/1689524.

Abrahamian, Ervand. *A History of Modern Iran*. Cambridge, Reino Unido: Prensa de la Universidad de Cambridge (Cambridge University Press), 2008.

Abram, David. *The Spell of the Sensuous: Perception and Language in a More-Than-Human World*. Nueva York: Vintage, 1997.

Administración Nacional de Seguridad del Tráfico en Carreteras. "Datos breves 2014" (National Highway Traffic Safety Administration. "Quick Facts 2014"). Consultado el 7 de marzo de 2016. http://www-nrd.nhtsa.dot .gov/Pubs/812234.pdf.

Anderson, M. Kat. *Tending the Wild*. Berkeley, California: Prensa de la Universidad de California (University of California Press), 2005.

Alianza de Medicina de la Tierra (Earth Medicine Alliance). "Voces de la Tierra: Adaptación de las ceremonias a través del tiempo y los antepasados (Parte 4/7) (Voices of the Earth: Adapting Ceremonies over Time and Ancestors (Part 4/7))". Última modificación: 19 de abril de 2011. http://www.youtube.com/watch?v=Wszu9aKXa1Q.

———. "Voces de la Tierra: Entrevista a Malidoma Somé, Parte 3 de 6 (Voices of the Earth: Malidoma Somé Interview, Part 3 of 6.)". Última modificación 17 de febrero de 2013. http://www.youtube.com/watch?v=zGKf-tSAK4M&lis t=PLF03504E0C350F15B&index=3.

Basso, Keith. *Wisdom Sits in Places*. Albuquerque, Nuevo México: Prensa de la Universidad de Nuevo México (University of New Mexico Press), 1996.

BBC News. "Se anuncia la cifra de muertos en la guerra de Bosnia (Bosnia War Dead Figure Announced)". Última modificación: 21 de junio de 2007. http://news.bbc.co.uk/2/hi/europe/6228152.stm.

BBC News. "Ruanda: cómo ocurrió el genocidio (Rwanda: How the Genocide Happened)". Última modificación: 17 de mayo de 2011. http://www.bbc.com/news/world-africa-13431486.

Blain, Jenny. *Nine Worlds of Seid-Magic.* Londres: Routledge, 2002.

Centros para el Control y la Prevención de Enfermedades (Centers for Disease Control and Prevention). "Centro Nacional de Estadísticas de Salud FastStats: Agresión u homicidio (National Center for Health Statistics FastStats: Assault or Homicide)". Consultado el 7 de marzo de 2016. http://www.cdc.gov/nchs/fastats/homicide.htm.

———. "Centro Nacional de Estadísticas de Salud FastStats: Decesos y Mortalidad (National Center for Health Statistics FastStats: Deaths and Mortality.)". Consultado el 7 de marzo de 2016. http://www.cdc.gov/nchs/fastats/deaths.htm.

———. "Suicidio: un vistazo a los hechos 2015 (Suicide: Facts at a Glance 2015)". Consultado el 7 de marzo de 2016. http://www.cdc.gov/violenceprevention/pdf/suicide-datasheet-a.pdf.

Chief FAMA. *Sixteen Mythological Stories of Ifa.* San Bernadino, California: Ilé Ọrúnmìla Communications, 1994.

Ching, Elise Dirlam. *"When the Rain Begins".* En el libro de Elise Dirlam Ching y Kaleo Ching, *Faces of Your Soul: Rituals in Art, Maskmaking, and Guided Imagery.* Berkeley, California: North Atlantic, 2006.

Cirlot, J. E. *A Dictionary of Symbols.* Segunda edición. Traducida por Jack Sage. Mineola, Nueva York: Dover, 2002 [1962].

Epega, Afolabi A., y Philip John Niemark. *The Sacred Ifa Oracle.* San Francisco: HarperSanFrancisco, 1995.

Fischer, Peter, Anne Sauer, Claudia Vogrincic y Silke Weisweiler. "El efecto de los antepasados: pensar en nuestro origen genético mejora el rendimiento intelectual (The Ancestor Effect: Thinking about Our Genetic Origin Enhances Intellectual Performance)". *European Journal of Social Psychology* 41, no. 1 (2011): 11–16.

Foxwood, Orion. *Tree of Enchantment: Ancient Wisdom and Magic Practices of the Faery Tradition.* San Francisco: Red Wheel/Weiser, 2008.

Halifax, Joan. *The Fruitful Darkness.* Nueva York: HarperCollins, 1993.

Harvey, Graham. *Animism: Respecting the Living World*. Nueva York: Prensa de la Universidad de Columbia (Columbia University Press), 2005.

Herrera, Catherine. "Los espíritus del lugar". Presentación en la Conferencia Anual de la Alianza de la Medicina de la Tierra ("Spirits of Place". Presentation at the Annual Conference of Earth Medicine Alliance), San Francisco, 22–23 de octubre de 2011.

Hetherington, Renée, y Robert G. B. Reid. *The Climate Connection: Climate Change and Modern Human Evolution*. Cambridge, Reino Unido: Prensa de la Universidad de Cambridge (Cambridge University Press), 2010.

Highman, Tom, Tim Compton, Chris Stringer, Roger Jacobi, Beth Shapiro, Erik Trinkaus, Barry Chandler, Flora Gröning, Chris Collins, Simon Hillson, Paul O'Higgins, Charles FitzGerald y Michael Fagan. "La evidencia más temprana de humanos anatómicamente modernos en el noroeste de Europa (The Earliest Evidence for Anatomically Modern Humans in Northwestern Europe)". *Nature* 479 (2011): 521–24.

Horn, Maryphyllis. *Ancestral Lines Clearing*. autoeditado, 1996.

Huffington Post. "El espeluznante número de estadounidenses que cree en los fantasmas (Spooky Number of Americans Believe in Ghosts)". Última modificación: 8 de febrero de 2013. http://www.huffingtonpost.com/2013/02/02/real-ghosts-americans-poll_n_2049485.html.

Iglesia de la Sanación de la Tierra (The Church of Earth Healing). Consultado el 5 de marzo de 2016. http://www.church-of-earth-healing.org.

Ingerman, Sandra. *Soul Retrieval: Following Your Soul's Journey Home*. Nueva York: HarperOne, 1994.

Jung, C. G. *The Archetypes and the Collective Unconscious*. Traducido por R. F. C. Hull. Princeton, Prensa de la Universidad de Princeton (Nueva Jersey: Princeton University Press), 1968.

———. *Synchronicity: An Acausal Connecting Principle*. Translated by R. F. C. Hull. Princeton, Prensa de la Universidad de Princeton (Nueva Jersey: Princeton University Press), 1973.

Kellermann, Natan P. F. "Transmisión epigenética del trauma del Holocausto: ¿pueden heredarse las pesadillas? (Epigenetic Transmission of Holocaust Trauma: Can Nightmares Be Inherited?)". *Israel Journal of Psychiatry and Related Sciences* 50, no. 1 (2013): 33.

Luskin, Frederic. *Forgive for Good: A Proven Prescription for Health and Happiness*. Nueva York: HarperCollins, 2002.

Mayell, Hillary. "¿Cuándo surgió el comportamiento 'moderno' en los humanos? (When Did 'Modern' Behavior Emerge in Humans?)". National Geographic News, 20 de febrero de 2003. http://news.nationalgeographic.com/news/2003/02/0220_030220_humanorigins2.html.

Moore, Robert L. *Facing the Dragon: Confronting Personal and Spiritual Grandiosity.* Wilmette, Illinois: Chiron, 2003.

Naciones Unidas. "La población mundial es cada vez más urbana y más de la mitad vive en zonas urbanas (World's Population Increasingly Urban with More Than Half Living in Urban Areas)". 10 de julio de 2014. http://www.un.org/en/development/desa/news/population/world-urbanization-prospects-2014.html.

Odigan, Sarangerel. *Chosen by the Spirits: Following Your Shamanic Calling.* Rochester, Vermont: Destiny Books, 2001.

———. *Riding Windhorses: A Journey into the Heart of Mongolian Shamanism.* Rochester, Vermont: Destiny Books, 2000.

Paxson, Diana. *Esssential Asatru.* New York: Citadel Press, 2006.

Pettitt, Paul. *The Palaeolithic Origins of Human Burial.* Nueva York: Routledge, 2011.

Prechtel, Martín. *Long Life Honey in the Heart.* Berkeley, California: North Atlantic Books, 1999.

———. *The Unlikely Peace at Cuchamaquic.* Berkeley, California: North Atlantic Books, 2011.

Rilke, Rainer Maria. *The Selected Poetry of Rainer Maria Rilke.* Traducido y editado por Stephen Mitchell. Nueva York: Vintage, 1989.

Salami, Ayo. *Yoruba Theology and Tradition: The Man and the Society.* Autopublicado, 2008.

Sehee, Joe. "El entierro verde: es natural (Green Burial: It's Only Natural)". Property and Environmental Research Center Report 25, no. 4 (2007). Consultado el 7 de marzo de 2016. http://www.perc.org/articles/green-burial-its-only-natural.

Sociedad Nacional de Consejeros Genéticos (National Society of Genetic Counselors). "Su salud genética: Información para el paciente (Your Genetic Health: Patient Information)". Consultado el 5 de marzo de 2016. http://nsgc.org/p/cm/ld/fid=51.

Somé, Malidoma. *The Healing Wisdom of Africa.* Nueva York: Jeremy P. Tarcher/Putnam, 1998.

————. *Of Water and the Spirit*. New York: Jeremy P. Tarcher/Putnam, 1994.

Viegas, Jennifer. "¿Creían los neandertales en una vida después de la muerte? (Did Neanderthals Believe in an Afterlife?)". Discovery News, 20 de abril 2011. http://news.discovery.com/history/archaeology/neanderthal-burial-ground-afterlife-110420.htm.

ÍNDICE ANALÍTICO